Lyrical Ballads 1805

William Wordsworth
Samuel Taylor Coleridge

지은이

윌리엄 워즈워스 William Wordsworth, 1770.4.7~1850.4.23.

윌리엄 워즈워스는 잉글랜드 북서부 호수지방에서 태어나 케임브리지 대학교를 졸업하였고 영국의 계관시인을 지냈다. 그는 영국 낭만주의 문학의 지평을 열고 완성한 시인으로서, 영국 문학에서 '시의 대중화'는 그에게 힘입은 바가 크다. 자연과 인간의 합일을 추구하는 워즈워스의 시 세계는 근본적으로 동양의 범신론적 자연관 및 인간관과 일맥상통하는 측면이 많다.

S. T. 콜리지 Samuel Taylor Coleridge, 1772.10.21~1834.7.25.

사무엘 테일러 콜리지는 잉글랜드 남서부의 한 시골 마을에서 태어나 케임브리지 대학교에서 공부하였다. 그는 현대의 초현실주의를 방불케 하는 신비롭고 초자연적인 세계를 탐색한 시인이자, 사회비평가, 문학평론가, 신학자, 심리학자로서, 인간과 사회, 문학의 본질과 의의, 우주의 창조원칙 등을 해명하고자 부단히 노력한 백과사전적인 인물이었다.

엮고 옮긴이

김천봉 金天峯, Kim Chun-bong

1969년에 완도에서 태어나 항일의 섬 소안도에서 초·중·고를 졸업하고, 숭실대 영문과에서 학사와 석사, 고려대 대학원에서 박사학위를 받았다. 숭실대와 고려대에서 영시를 가르쳤으며, 19~20세기의 주요 영미 시인들의 시를 우리말로 번역하여 소개하고 있다. 『윌리엄 블레이크, 마음을 말하면 세상이 나에게 온다』, 『에밀리 디킨슨-나는 무명인! 당신은 누구세요?』, 『사라 티즈데일-사랑 노래, 불꽃과 그림자』, 『에이미 로웰-이 터질듯한 아름다움』, 『W. B. 예이츠-술은 입으로 들어오고 사랑은 눈으로 들어온다』, 『월트 휘트먼의 노래』, 『D. H. 로렌스-생기의 잔물결』과 『영미여성시인선-사랑이 전부는 아니에요』를 냈다.

소명출판영미시인선 09
윌리엄 워즈워스 · S. T. 콜리지 시선집

서정민요 1805

초판발행 2025년 12월 10일

지은이 윌리엄 워즈워스 · S. T. 콜리지
엮고 옮긴이 김천봉

펴낸이 박성모
펴낸곳 소명출판
출판등록 제1998-000017호
주소 서울시 서초구 사임당로14길 15 서광빌딩 2층
전화 02-585-7840
팩스 02-585-7848
이메일 somyungbooks@daum.net
홈페이지 www.somyong.co.kr

ISBN 979-11-7549-022-2 03840
정가 20,000원

ⓒ 소명출판, 2025

잘못된 책은 구입처에서 바꾸어드립니다.
이 책은 저작권법의 보호를 받는 저작물이므로 무단전재와 복제를 금하며,
이 책의 전부 또는 일부를 이용하려면 반드시 사전에 소명출판의 동의를 받아야 합니다.

소명출판영미시인선 09

윌리엄 워즈워스·S. T. 콜리지 시선집

서정민요 1805
Lyrical Ballads 1805

윌리엄 워즈워스·S. T. 콜리지 지음

김천봉 엮고 옮김

차례

서정민요 1805 007

충고와 대답 011
입장 전환 013
동물적 평온과 노쇠 015
구디 블레이크와 해리 길 017
마지막 양 024
한 주목-나무 밑의 좌석에 남긴 시 030
유모의 이야기 034
가시나무 038
우리는 일곱 054
아버지들을 위한 일화 059
우리 집에서 조금 떨어진 곳에서 쓴 시 063
여자 부랑자 066
이른 봄에 쓴 시 079
사이먼 리 081
나이팅게일 087
백치 소년 094
사랑 120
미친 어머니 126
노수부 132
틴턴 애비 위쪽으로 몇 마일 거리에서 쓴 시 169
수사슴-뛰는 샘 178
한 소년이 있었지 189
형제 191
엘렌 어원 216
묘한 격정을 나는 경험했다 220
그녀는 인적 뜸한 지역에서 살았다 222

3

잠이 나의 영혼을 봉하여 223
폭포와 들장미 224
참나무와 금작화 227
어느 버려진 인도 여인의 한탄 233
루시 그레이 238
사랑 때문에 죽은 이들이 있다고 들었다 242
한가한 목동들 245
가여운 수잔 252
비문 254
연필로 돌에 쓴 시 256
교회지기에게 258
앤드루 존스 260
루스 263
돌에 석필로 쓴 시 278
자연이, 좋아하는 자식을 위해 280
두 4월 아침 283
분수 287
열매 따기 292
그녀는 3년을 자랐다 295
애완-양 298
독일에서 쓴 시 303
자식 없는 아버지 306
컴벌랜드의 늙은 거지 308
시골 건축물 318
어느 시인의 비문 320
단장 324
장소의 명명에 관한 시편들 327
저녁에 보트 타고 항해할 때 쓴 시 341
콜린스에 대한 기억 343
두 도둑 345
회오리바람이 언덕 뒤에서 349
방랑하는 유대인을 위한 노래 351
마이클 353

윌리엄 워즈워스 377

죄수 379
어떤 인물 383
외로운 추수꾼 385
그녀는 기쁨의 유령이었다 387
아름다운 저녁이다 389
1802년 런던 390
1802년 9월 3일, 웨스트민스터 다리에서 지은 시 391
우리는 세상살이에 너무 치우쳐 392
수선화 393
뻐꾸기에게 395
무지개 397
불멸 송가 398

사무엘 테일러 콜리지 411

지하 감옥 413
류티 415
한 아이의 물음에 답하다 420
사라에게 421
장미 423
이 라임-나무 그늘 나의 감옥 425
한밤의 서리 430
아이올로스의 풍금 434
쿠블라 칸 438
잠의 고통 442
오터강에게 445
묘비명 446

서정민요 1805

『서정민요』와 윌리엄 워즈워스

〈틴턴 애비와 와이 강 상류〉, 윌리엄 하블(William Havell), 1804.

『서정민요』는 1798년에 익명으로 출간된 초판(*Lyrical Ballads with a Few Other Poems*)부터, 1800년에 윌리엄 워즈워스(William Wordsworth, 1770~1850)의 유명한 「서문」(Preface)과 자작시 1권을 더하여 2권으로 출간된 2판(*Lyrical Ballads with Other Poems*), 1802년에 2판의 여러 시와 「서문」을 보완하고 '시어'에 관한 내용을 부록으로 첨가하여 새로 출간된 3판(*Lyrical Ballads with Pastoral and other Poems*), 그리고 1805년에 2판~3판과 크게 다르지 않은 내용으로 다시 출간된 마지막 4판(*Lyrical Ballads with Pastoral and other Poems*)까지 네 종이다.

문학사적으로, 워즈워스와 S. T. 콜리지(Samuel Taylor Coleridge, 1772~1834)의 『서정민요』'공저'는 매우 중요한 업적으로 꼽힌다. 그래서 『서정민요』 초판이 출간된 '1798년'은 낭만주의 문학사조의 시발점으로, 1800년의 2판과 1802년의 3판에 수록된 워즈워스의 「서문」은 낭만주의 문학의 선언문으로 통한다. 그러나 초판을 제외하고, 2판~4판의 저자가 모두 워즈워스(By W. WORDSWORTH)로 찍혀있고, 2판~4판의 제2권이 모두 워즈워스의 작품들임을 고려하면, 두 시인의 공저는 사실상 초판에서 끝났다고 할 수 있다. 물론, 적은 편수나마 『서정민요』에 수록된 콜리지의 시들이 모두 그만의 독특한 문학적 향기를 뿜어내는 명작들로, 이 작품들이 후대에 미친 지대한 영향을 생각하면 '공저'라는 말에 딱히 이의를 달 사람은 없겠지만, 『서정민요』 2판~4판은 온전히 워즈워스의 헌신과 노력의 결과물이기 때문이다.

워즈워스의 시가 지닌 큰 매력 중 하나는 매우 열악한 환경에서 애달프게 살아가는 하층민들을 시의 주인공으로 내세워서 그들의 이야기를 공감 어린 시선으로 다루었다는 점이다.* 매슈 아널드(Matthew Arnold)는 「추도의 시」(Memorial Verses)에서 그런 워즈워스 문학의 특징을 '대단한 위로의 목소리'(such soothing voice)로 규정하였다. 낭만주의 문학의 효시로 통하는 시집 『서정민요』(1798)에서 '민요'(Ballads)란 그런 '하층계급 사람들의 수용 능력에 부합하여' 특화된 한 형식이요, '서정성'(Lyrical)이란 그네의 아픈 사연들을 전달하는 효과적인 매개로, 이 두 요소를 합한 '서정민요'는 워즈워스 자신이 의도적으로 고안한 독특한 형식과 내용을 아우르는 문학 용어에 가깝다.**

워즈워스에게 '좋은 시는 모두 강력한 감정의 자연스러운 흘러넘침'(「서문」)이다. 그러나 이 정의는 시인의 시 쓰는 방식에 관한 기술이라기보다는, 완성된 시가 독자에게 전달되는 호소력 또는 전반적인 효과에 가깝다. 시는 "고요 속에서 회상된 정서에서 유래한다"라는 그의 유명한 말마따나, 그의 시들은 근본적으로 자신의 구체적인 경험에 대한 반성의 산물이기 때문이다. 「서문」 초반부에서 워즈워스는 『서정민요』의 시들이 "저마다 가치 있는 목적을 지니고 있다"라고 밝히고 있다. 가령, 「백치 소년」(The Idiot Boy)과 「미친 어머니」(The Mad Mother)는 모성애를, 「어느 버려진 인도 여인의 한탄」(The Complaint of a Forsaken Indian Woman)에서는 죽음을 앞둔 한 인간의 마지막 몸부림을 보여주고자 했다. 이렇게, 워즈워스의 시들은 그의 경험 또는 경험담이 차분한 회상과 반성의 과정을 거쳐서 일정한 목적이나 의도에 맞게 '재구성된 결과물들'이다. 자신의 경험이나 기억을 상상력으로 채색하여 평범한 일들을 특별한 방식으로 표현하는 것이 워즈워스의 방식이었다.

'자연의 시인'으로 통하는 워즈워스의 주요 작품들에 그려진 자연의 풍경도 그의 눈에 보이는 대로의 풍경이라기보다는 그의 의

---

* 이 문장부터 마지막 단락까지는 등재 학술지 『문학과 환경』 제18권 2호(2019)에 실린 옮긴이의 논문 「낭만시의 녹색 읽기—워즈워스의 「여자 부랑자」를 중심으로」(111~138쪽)의 '서론' 부분을 일부 수정한 것이다.

** 『서정민요』에 수록된 콜리지의 「노수부의 노래」 또는 「노수부」는 대체로 전통적인 민요형식(강세 4개의 약강행이 강세 3개의 약강행이 번갈아 오되, 2행과 3행이 각운을 이루는 형식의 4행연구)을 따르고 있으나, 워즈워스의 4행연구(quatrain)는 강세에서 많이 자유롭고 2행과 4행뿐 아니라 1행과 3행도 서로 각운을 이룬다. 무엇보다, 콜리지의 경우는 「노수부의 노래」가 유일하게 민요형식을 따르고 있다. 따라서 '서정민요'는 워즈워스에게 더 특화된 형식이라고 할 수 있겠다.

도와 목적에 맞게 재구성된 자연에 가깝다. 가령, 「틴턴 애비 위쪽으로 몇 마일 거리에서 쓴 시」(Tintern Abbey)에서 워즈워스는 '숲에서 피어오르는 연기'를 보며 "집 없이 방랑하며 숲에서 지내는 사람들, / 아니면 모닥불가에 홀로 앉아 있는 어떤 은자의 / 동굴이 있다고 일러주는 듯하다"(21행~23행)라고 표현한다. 그러나 비평가 제임스 머큐직(James McKusick)은 『녹색 글쓰기 – 낭만주의와 생태학』(Green Writing : Romanticism and Ecology)에서 그 연기가 '작품에 명시되어 있는 은자의 동굴이나 부랑자들이 피운 게 아니라, 떠돌이 숯쟁이들의 숯가마에서 나온 연기일 가능성이 크다'라며 '1790년대에 이미 와이 강변에 소규모 공업지대가 조성되어, 그곳의 산업체들에서 흘러나온 독성 물질들로 강이 심하게 오염되어 있었기 때문에, 주철공장에서 사용할 숯을 만드는 숯쟁이들이 숲속에서 피운 연기로 보는 것이 옳다'는 식으로 반박한다.(66쪽)

워즈워스의 「틴턴애비」 집필에 크게 영향을 준 문서로 자주 언급되는 책이 길핀(William Gilpin)의 『와이 강 관찰보고서』(Observations on the River Wye, 1789)인데, 워즈워스 자신도 이 책의 내용을 익히 알고 있었고 자신의 직접 방문을 통해 그 실태를 목격했을 가능성도 크다. 그러나 워즈워스는 있는 사실들을 그대로 묘사하기보다는, 이 시의 길고 긴 원제목 「1798년 7월 13일 짧은 여행 중에 와이 강둑을 재방문했을 때, 틴턴 애비 위쪽으로 몇 마일 거리에서 쓴 시」(Lines Written a Few Miles Above Tintern Abbey on Revisiting the Banks of the Wye during a Tour, July 13, 1798)에도 나타나듯이, 실제 산업화의 현장에서 '아주 멀찍이 떨어져서' 눈에 들어오는 '보다 완전한 풍경의 묘사'로 대체한다. 인클로저 운동(enclosure movement)을 암시하는 '산울타리들의 행렬'마저 "이 산울타리들, 산울타리라기보다는 거칠게 뻗은 / 장난스러운 나무의 작은 행렬들"(16행~17행)이라고 묘사하며, 그의 표현대로, "상상력으로 채색하여" 실제 풍경에서 산울타리를 거의 지워버리는 '사유지의 공유화'를 통해, "야생의 녹색 풍경"(15행)을 완성하고 있다. 가까운 곳에서 있는 그대로의 풍경을 묘사했다면, 차마 "오, 숲속의 와이 강! 숲을 헤쳐가는 방랑자여, / 얼마나 자주 나의 마음은 너를 향했던가!"(57행~58행)라는 그리움과 반가움의 표현은 하지 못했을 것이다. "틴턴 애비 위쪽으로 몇 마일 거리에서" 썼다는 구체적인 문구 자체가 워즈워스식의 시 쓰기에 대한 일종의 설명이자, 그런 거리두기를 전제로 그의 시를 읽어보라는 제언이라 하겠다.

충고와 대답
Expostulation and Reply

"왜, 윌리엄, 그 칙칙한 잿빛 돌에,
그렇게 오랫동안 하루의 절반이나,
왜, 윌리엄, 그렇게 자네 홀로 앉아,
자네의 시간을 꿈처럼 흘려보내나?

자네의 책들은 어디에 있나? — 그 빛을
허망하고 무감한 다른 존재들에게 버려두다니!
일어나게! 일어나! 죽은 사람들이
그들의 동족에게 불어넣는 정신을 들이켜게.

자네의 어머니 대지를 둘러보는 중이군,
마치 그녀가 목적 없이 자네를 낳은 듯이,
마치 자네가 그녀의 맏아이라서
자네 전에는 아무도 살지 않았던 듯이!"

어느 아침에 그렇게, 에스웨잇* 호숫가에서
삶이 달콤했던 시절에, 뜬금없이

---

*   워즈워스의 고향 호수지방(Lake District)에 있는 호수.

나에게 나의 좋은 벗 매슈가 말하기에.
이렇게 내가 대꾸했다:

"눈이라는 것은 보지 않을 수 없고,
우리가 귀한테 잠자코 있으라 할 수도 없네.
우리 온몸이 느끼니까, 그 몸이 어디에 있든,
우리의 의지에 반하든, 동하든.

그에 못지않게 나는 우리 마음에
자국을 남기는 다양한 힘이 있어서,
우리가 이것을 슬기롭게 받아들여
마음을 살찌울 수 있다고 생각하네.

생각해 보게, 끊임없이 말을 거는
이 위대한 온갖 사물 중에서
절로 다가오는 것은 아무것도 없네,
우리가 계속 찾아 나설 수밖에 없잖나?

— 그러니 묻지 말게, 어째서, 여기서, 홀로
내 마음대로 대화를 나누며,
내가 이 칙칙한 잿빛 돌에 앉아
나의 시간을 꿈처럼 흘려보내는지."

입장 전환

The Tables Turned : An Evening Scene, on the same Subject

일어나게! 일어나! 친구, 얼굴 좀 펴게,
왜 이리도 고생하고 근심하는가?
일어나게! 일어나! 친구, 자네의 책들을 치우게,
안 그러면 필시 곱사등이 되고 말 것이네.

태양이, 산의 머리 위에서,
싱그럽게 무르익은 광채를
긴 녹색 들판 곳곳에 뿌려놓았네,
초저녁의 다감한 노란 물감을 말이네.

책들! 그것은 지루하고 끝없는 투쟁이네.
나오게, 숲 홍방울새 소리를 들어보게,
얼마나 즐거운 음악인가! 장담컨대
그 소리에 더 많은 지혜가 들어 있네.

들어보게! 지빠귀가 얼마나 기쁘게 노래하나!
그는 절대로 귀찮은 설교자가 아니네.
어서 사물들의 빛 속으로 나오게,

자연을 자네의 스승으로 삼게나.

자연은 풍요의 세상을 마련해놓고
우리의 마음과 가슴을 축복하지 ―
건강한 숨결로 자발적인 지혜를,
명랑한 숨결로 진리를 불어 넣지.

봄의 숲에서 얻는 자극 하나가
자네에게 인간에 대해, 도덕적인
악과 선에 대해, 숱한 현자들보다
더 많이 가르쳐 줄 수 있네.

자연이 베푸는 지식은 달콤하지만,
우리의 참견하는 지성은
사물들의 아름다운 형상들을 일그러뜨리지
― 우리는 해부하려고 살해하니까.

이젠 학문도 기술도 지긋지긋하네,
그 불모의 책장들을 덮어버리게.
어서 나오게, 바라보고 수용하는
마음만 품고 오게.

동물적 평온과 노쇠
Animal Tranquility and Decay : A Sketch

     한길 따라 쪼고 있는
작은 산울타리 새들도 그를 주시하지 않는다.
그는 계속 나아가고, 그의 얼굴, 발걸음, 걸음걸이에
한 가지 표정이 배어들어, 모든 팔다리,
그의 눈길과 구부정한 몸이, 모두 고통을 안고
나아가는 게 아니라, 생각을 품고 나아가는
사람임을 시사한다. 그는 감지하지 못할 만큼
안정된 고요에 잠겨 있다: 그는 모든 노력을
다 잊어버린 듯한 사람 같다. 오랜 인내 끝에
저토록 차분한 평정심을 얻은 사람이라서,
그 인내마저 이제는 그에게 전혀 필요 없는
어떤 물건 같다. 그가 천성의 인도로 정녕
완전한 평화에 이르렀으니, 젊은이가 부러워하며,
노인이 거의 느끼지 않는 것을 주시하는 것이리라.
— 내가 그에게 어디로 가는 길인지, 여행의
목적이 무엇인지 물어보았다: 그가 아직
가야 할 길이 많이 남았다며, 수병으로,

해전에 참전했다가 팰머스*로 이송되어,
그곳의 한 병원에서 죽어가는 자기 아들의
마지막 임종을 지켜주러 가는 길이라고 대답했다.

---

* 팰머스는 영국 콘월주 서남부의 항구도시.

구디 블레이크와 해리 길
Goody Blake and Harry Gil : A True Story

오! 무슨 일일까? 무슨 일일까?
젊은 해리 길을 괴롭히는 게 뭘까?
언제나 그의 이가 달각달각,
달각달각, 달각달각, 끊임없이 달각달각.
해리에게는 조끼에, 회색의 좋은 더플코트,*
촉감 좋은 플란넬 옷까지, 부족한 게 없는데,
몸뚱이에 담요를 두르고, 아홉은
질식시킬 만큼 외투도 겹겹이 입었는데.

삼월에도, 십이월에도, 칠월에도,
해리 길에게는 언제나 똑같다고,
이웃들이 말하네, 정말이라고 말하네,
그의 이가 달각달각, 끊임없이 달각달각.
밤에도, 아침에도, 한낮에도,
해리 길에게는 언제나 똑같다고,
햇빛 아래에서도, 달빛 아래에서도,
그의 이가 달각달각, 끊임없이 달각달각.

---
* 후드가 달려 있고 무릎까지 내려오는 방한 코트.

젊은 해리는 건장한 가축 상인이었는데,
누가 그처럼 아주 억센 팔다리를 지녔으랴?
그의 뺨은 볼그족족한 클로버처럼 빨갛고,
그의 목소리는 세 사람의 목소리 같았네.
늙은 구디 블레이크는 늙고 가난했네,
잘 먹지도 못하는 데다, 엷은 옷을 입었네.
그녀의 문간을 지나치는 사람은 누구나
어찌나 초라한 오두막인지 알 수 있었네.

온종일 그녀는 그 초라한 집에서 실을 잣고,
그 후 밤에도 세 시간을 더 일했다네!
아! 그것은 딱히 얘깃거리도 아니었네,
어쩌면 촛불 값이 아까울지 모르겠지만.
— 이 여인은 도싯셔*에 살고 있었는데,
그녀의 오두막이 추운 산비탈에 있었네.
그런데 그 시골에서는 석탄이 귀하다네,
바람과 물결 타고 멀리서 들어오기 때문이네.

바로 그 불로 진한 수프를 끓여 먹는
가난한 노파가 둘이라면, 왕왕 그러듯,

---
* 영국 남부의 주로, 주도는 도체스터.

아담한 한 오두막에서 같이 살겠지만,
가난한 여인! 그녀는 홀로 살았네.
여름이 오면 그런대로 괜찮았네,
길고, 따뜻하고, 밝은 여름날에는.
그때는 그 *명랑한* 부인이 문간에서
즐거운 홍방울새처럼 앉아 있곤 했다네.

그러나 얼음이 강물에 족쇄를 채울 때,
오! 그때는 그녀의 늙은 뼈가 어찌나 덜덜대는지!
여러분도 그녀를 만났다면, 이렇게 말했으리,
구디 블레이크에게 어려운 시절이 닥쳤구나.
저녁마다 몸이 얼얼하게 마비되었네,
사정이 참 딱했군, 다들 그리 생각하리,
너무 추워서 잠자리에 들더라도,
추워서 잠 한숨 자지 못할 테니.

오 그녀에게 기쁨을! 겨울이면 수시로
바람이 밤에 야단법석을 떨며,
수많은 생나무 잔가지들과 수많은
썩은 가지들을 사방에 흩뿌려놓았네.
그러나 그녀는, 건강하든 아프든,
그녀를 아는 모든 사람이 말하듯이,

나무든 토막이든, 사흘 남짓 그녀의 몸을
녹여줄 땔감을 미리 쌓아둔 적이 없었네.

그런데, 서리가 견디기 힘들 지경으로,
그녀의 가련한 늙은 뼈를 아리게 할 때,
해묵은 산울타리보다 구디 블레이크의
마음을 유혹할 만한 게 또 있으랴?
그래서, 미리 일러두는데, 간간이,
그녀의 늙은 뼈가 추워서 으스스할 때면,
그녀가 화로를 떠나거나, 침대를 두고
나와서, 해리 길의 산울타리를 찾곤 했다네.

마침 해리는 늙은 구디 블레이크의
이 침해를 오랫동안 의심해왔기에,
그녀의 소행임을 밝혀서, 그녀에게
복수하고 말겠다고 다짐한 터였네.
그래서 그도 가끔 따듯한 난로를 두고 나와,
들 쪽으로 길을 잡아 나갔다가,
그곳에서, 한밤에, 서리와 눈 속에서,
늙은 구디 블레이크를 붙잡으려고 망을 보았네.

그러던 어느 날, 보리 건초더미 뒤에 숨어,

해리가 그렇게 망을 보며 서 있었네.
달이 만월이라서 맑게 빛나고 있었고,
그루터기만 남은 땅에 서리가 내려 바스락거렸네.
— 그가 무슨 소리를 듣고 — 정신을 곤두세우네 —
또? — 그가 발끝으로 언덕을 내려가서
살금살금 다가가네 — 바로 구디 블레이크였네,
그녀가 해리 길의 산울타리를 붙들고 있었네.

그녀를 보자 그가 속으로 쾌재를 불렀네.
구디가 나뭇가지를 하나씩 끌어당겼네.
그녀가 앞치마에 수북이 채울 때까지,
그는 딱총나무 덤불 뒤에 숨어있었네.
그녀가 그 나뭇짐을 품고 돌아서서,
다시 샛길로 막 들어서는 순간에,
그가 버럭 소리치며 뛰쳐나와
가엾은 구디 블레이크를 와락 덮쳤네.

그리고 그는 그녀의 팔을 사납게 붙들고,
그녀의 팔을 단단히 부여잡은 채,
그녀의 팔을 사납게 뒤흔들며,
소리쳤네, "내가 드디어 범인을 잡았군!"
그러자 구디가, 아무 말 없이 있다가,

앞치마에서 나뭇단을 떨어뜨리고,
그 나뭇가지들 위에 무릎을 꿇으며,
만물의 재판관인 신께 기도하였네.

그녀가 메마른 손을 쳐들고 기도하는 동안
해리는 그녀의 팔을 붙들고 있었네 —
"언제나 듣고 계시는 신이시여!
오 그에게 더 없는 온정을 베풀게 하소서!"
그녀의 머리 위에 떠 있는 차갑고, 차가운 달에,
그렇게 무릎을 꿇고, 구디가 기원하였네.
젊은 해리는 그녀의 기도를 다 듣고도,
얼음처럼 차갑게 외면하고 말았네.

그는 다음날 내내 앓는 소리를 했네
춥다고 으슬으슬 너무 춥다고.
그의 얼굴은 침울했고, 가슴도 슬펐네,
아아! 해리 길에게 그날은!
그날 그는 승마 코트를 입고 있었네,
그러나 눈곱만큼도 따뜻하지 않았네.
목요일에 또 한 벌을 꺼내 입고,
안식일 전에 또 세 벌째 껴입었네.

다 헛수고였네, 다 소용없는 짓이었네,
담요도 여러 겹이나 꼭꼭 둘렀지만,
그의 턱도 이도 끊임없이 달각달각,
마치 바람통에 열려있는 창문 같았네.
그리고 해리의 몸이 갑자기 여위었네,
그래서 그를 보는 사람마다 말하네,
아무래도, 그가 살아있는 동안은,
몸이 다시 따듯해지기는 글렀나보다고.

침대에 누워도 일어나도, 젊은이에게나
늙은이에게나, 누구에게도 말 한마디 없이,
혼잣말로 하염없이 그는 중얼거린다네,
"가엾은 해리 길은 너무 추워."
침대에 누워도 일어나도, 밤에도 낮에도,
그의 이가 달각달각, 끊임없이 달각달각.
이제라도, 농부들이여 모두, 부디,
구디 블레이크와 해리 길을 떠올리기를.

마지막 양
The Last of the Flock

먼 시골에서 여기저기 다녔지만,
건강한 남자, 다 큰 사내가
공공 대로에서 홀로 우는 모습은
좀처럼 본 적이 없었다.
그런데 그런 사람을, 영국 땅의
드넓은 한길에서 만났다.
그 넓은 한길을 따라 다가온
그의 뺨이 눈물에 젖어있었다.
그는 슬펐지만, 건장해 보였고,
두 팔에 양 한 마리를 안고 있었다.

그가 나를 보고는, 자기 모습을
숨기고 싶은 듯이, 얼굴을 돌리더니,
외투 자락으로 그 짠
눈물을 애써 훔쳐냈다.
내가 그를 따라가며 물었다, "이보게,
뭣 때문에 괴로운가? 왜 그리 우나?"
―"부끄럽구려, 형씨! 이 튼튼한 양,

요놈만 보면 눈물이 흐르는구려.
오늘 바위산에서 요놈을 데려왔는데,
이놈이 내 양 떼 중 마지막이라네.

내가 미혼의 젊은 사내였을 때,
청춘의 바보짓들을 일삼으며
별 근심 걱정 없이 싸돌아다니다가,
이래저래, 암컷 양 한 마리를 샀고,
그 양이 낳은 다른 양들을 키웠다네,
누가 보더라도 건강한 양들이었지.
그 후에 나는 결혼했는데,
더 바랄 나위 없는 부자였지.
내 양이 족히 스무 마리나 있었고,
해마다 그 수가 늘어났으니까.

해마다 나의 가축이 늘어났다네,
요놈, 요 암컷 양 한 마리에서 시작하여
족히 쉰 마리의 예쁜 양을 길렀는데,
풀 뜯는 모습이 참 고운 양 떼였지!
그놈들은 산에서 풀을 뜯어 먹으며
쑥쑥 자랐고, 우리 집도 부유해졌는데.
이 튼실한 양이 내 가축 중에서

유일하게 살아남았다네.
그래서 이제는 우리가 죽더라도,
가난해서 다 죽더라도 난 상관없네.

이보게! 난 여섯 자식을 부양해야 했는데,
궁핍한 시절에 힘겨운 일이었지!
자존심이 꺾여, 서러움에 젖어있다가,
교구 교회에 구조를 요청했네.
그들이 나더러 부자라고 말하더군.
내 양들이 산에서 풀을 뜯고 있으니,
내가 그 양들로 우리의 빵값을
마련하는 것이 도리라고 그랬지.
"그렇게 하게, 빈민들에게 나눠줄 몫을
어찌 자네한테 주겠는가?" 호통을 쳤네.

그들의 말대로, 나는 양을 한 마리 팔아서,
어린 자식들에게 빵을 사다 주었고,
그들은 저마다 음식을 먹고 건강했지만,
내게는 — 내게는 아무 도움도 되지 않았네.
나에게는 정말 비참한 시절이었지,
내 모든 노력의 결실, 노고를 마다하지 않고
정성을 다해 키웠던 어여쁜 양 떼의

최후를 지켜봐야 했기에, 그 양 떼가
눈처럼 녹아 사라지는 것을 보았기에!
나에게는 정말 비참한 시절이었네.

또 한 마리! 그리고 또 한 마리!
새끼 양, 그다음에는 그 새끼의 어미!
마치 절대 지혈되지 않는 핏줄 같았네 —
내 심장의 핏방울처럼 양들이 빠져나갔지.
채 서른 마리가 남아 있지 않을 때까지
양의 수가 하나씩 줄어들고, 줄어들자,
여러 번이나, 그놈들이 모조리
사라져버렸으면, 그런 생각마저 들더군.
그놈들이 하나씩 줄어들었으니,
나에게는 정말 비참한 시절이었네.

내가 사악한 짓들을 저지를 것 같았지.
사악한 망상들이 내 마음을 넘나들어서,
내가 우연히 만나는 모든 사람이
나의 어떤 악행을 안다고 착각했으니까.
어떤 평화, 어떤 위로도 찾지 못한 채,
집안에서도 밖에서도, 불편한 마음으로,
미친 듯이, 녹초가 되도록,

나는 일감을 찾아서 돌아다녔다네.
가끔 도망쳐버릴까 생각하곤 했지,
나에게는 정말 비참한 시절이었으니까.

여보게! 나에게는 귀중한 양 떼였네,
나의 자식들만큼이나 소중했지.
나날이 내 가축의 수가 늘어감에 따라
나의 자식들도 더더욱 사랑했으니까.
아아! 참으로 흉악한 시절이었네.
나를 저주해서 지독한 고통에 빠뜨린
신께 빌었지만, 날이 갈수록
나의 자식-사랑이 줄어드는 것 같았고,
주가 바뀌고, 날이 바뀔 때마다
내 양 떼도 녹아 없어지는 것 같았네.

수가 줄어드는데, 이보게, 슬픈 광경이었네!
열에서 다섯으로, 다섯에서 셋으로,
새끼 양, 병든 양과 어미 양으로.
그러다가 결국, 셋에서 둘로 줄었고,
나의 쉰 마리 양 중에서, 어제
겨우 한 마리만 남게 되었는데,
여기 내 품에 누워있는 양이네.

아아! 이제 내게는 한 마리도 없다네 —
오늘 바위산에서 데려온
이놈이 나의 양 떼 중 마지막이니까."

한 주목-나무 밑의 좌석에 남긴 시

Lines left upon a Seat in a Yew-tree which stands

near the Lake of Estwaite, on a desolate part of the shore,

yet commanding a beautiful prospect

아니, 여행자여! 쉬게나. 이 외로운 주목-나무는
모든 인간의 거처에서 멀리 떨어져 있네: 여기에
파릇한 풀을 퍼뜨리는 반짝이는 시내가 없으면 어떤가?
이 메마른 가지들을 즐겨 찾는 벌이 없으면 어떤가?
그래도, 바람이 부드럽게 숨 쉬면, 그 꼬불꼬불한 파도들*이,

기슭에 부딪혀 부서지며, 허공에서 간직했던
일념의 여릿한 충동으로** 그대의 마음을 달래주리니.

        이 돌들을 쌓고,
먼저 이끼 뗏장으로 휘덮은 후에, 이 늙은 나무에게
거뭇한 팔들을 구부려서 둥그스름한 그늘을
드리우는 법을 알려주었던 사람을
나는 생생하게 기억하네. 그는 평범하지 않은

---

* 메마른 나뭇잎들.
** 나뭇가지에 매달려있으려는 충동, 삶에 대한 욕구나 미련.

영혼을 지닌 사람이었네. 젊은 시절에 학문의 보살핌을 받고,

자연의 인도로 야생의 광경에서
고귀한 소망들을 체득한 채, 세상으로 나간 그는
천성적으로 성스럽지 않은 욕망을 모르는
타고난 호남으로, 방탕한 말들과 질투와
증오와 경멸의 오염, 그리고 기다렸다는 듯이
무시로 일관하는 온갖 적들과
맞닥뜨리게 되었네. 그로 인한 분개심에 그는
곧장, 몸을 돌려 떠나와서,
자존심을 영혼의 양식으로 삼아 고독하게
살았네. 낯선 이여! 이 음울한 나뭇가지들에
매료되어, 여기서 그는 즐겨 앉아 있었다네,
그의 유일한 손님은 낙오한 양,
검은딱새나, 반짝이는 깝짝도요뿐이었고,
노간주나무와 히스와 엉겅퀴가
드문드문 덮여 있는 이 황량한 돌밭에서
내리뜬 눈을 고정한 채, 그는 많은 시간을
음울한 쾌락을 살찌우며, 여기에서
자신의 헛된 삶을 대변하는 표상을 쫓다가,
머리를 쳐들고, 아득히 머나먼 정경을
응시하곤 했네 — 아마 그대의 눈에도

정말 아름답게 보일 텐데 — 그 정경이 더욱
아름답게 변해서, 그의 가슴이 더한층
아름다운 그 미경을 감당하지 못할 지경까지
그는 계속 응시하곤 했다네. 그럴 때,
자연이 그의 마음을 달래서 품어주면,
그도 자비심을 발휘해서 따뜻한 마음을
지닌 존재들을 잊지 않았기에,
세상과 인간 자신이 친밀한 사랑으로 얽힌
한 정경으로 보였네. 그럴 때면, 자기가
좀처럼 느끼지 못하는 것들을 남들은
느꼈다는 생각에, 구슬픈 기쁨의
한숨을 내쉬곤 했네. 그렇게, 허망한 사람!
공상의 환영 같은 전망들을 먹고살다가,
끝내 눈물을 흘렸네. 이 깊은 계곡에서
그는 죽었네 — 이 좌석이 그의 유일한 기념비라네.

그대가 젊은 상상력의 성스러운 형상들을
순결하게 간직해온 가슴을 지니고 있다면,
 낯선 이여! 이제부터라도 경계하고 기억하게, 자존심이란,
 아무리 위엄을 갖춘 듯이 보여도,
 편협일 따름이고, 모든 생명체에게 경멸을 느끼는

사람한테도 타고난 기능들이 있지만
쓰지 않았을 뿐이라네. 그런 이의 사고는
유년기에 머물러 있지. 눈으로 자기만
계속 응시하는 사람은, 자연의 작품들에서
아주 미미한 존재에 불과한 한 사람, 지혜가 늘
잘못이라고 여기기에 현자의 비웃음을 살 수밖에 없는
한 사람만 바라본다네. 오 더 현명해지게, 그대여!
진정한 지식은 사랑으로 이어지고,
진정한 위엄은, 내적인 사색의 고요한 시간 속에서,
겸손한 마음으로, 자기 자신을 끊임없이 의심하며,
끊임없이 존중할 수 있는 사람과만 함께
머문다는 것을 배우기를 바라네.

유모의 이야기

The Foster-mother's Tale : A narration in dramatic blank verse★

그런데 저 입구는 뭐야, 엄마!

유모

엿듣는 사람 없지? 아주 위험한 얘기라서!

마리아

아무도 없어.

유모

내 시아버님이 나한테 들려준 얘긴데,
 가련한 레오니! — 천사들이 그분의 영혼에 안식을 주기를!
 그분은 나무꾼이셨단다, 튼튼한 팔로 나무를 베어 넘어뜨리고 톱질을 했지. 너도 저 오래된 교회의 위쪽 벽을 지탱하는 커다란 둥근 들보를 알 거야. 그 들보가 아직 살아 있는 나무였을 때, 그 밑에서

★ S. T. 콜리지의 시로, 『서정민요』 초판의 도입부 15행이 삭제되었다.

그분이 이끼에 싸여 있는 웬 아기를 발견했는데,
이끼에 엉겅퀴-수염과 얼마 되지 않는 양털 같은
머리칼이 마치 검은 딸기나무에 걸린 듯이
붙어있더래. 아무튼, 그분이 아기를 집에 데려가서,
당시 벨레즈 경의 원조를 받아 그 애를 키우셨지.
그렇게 해서 그 아기가 어여쁜 소년으로 자라났단다,
참 어여쁜 소년이었는데, 지지리도 말을 안 들었지 —
절대 기도를 배우지 않고, 묵주도 세지 않았는데,
새들의 이름은 잘도 알아서, 그 노래들을 흉내 내며,
자기가 무슨 새라도 되는 양, 휘파람을 불어댔지.
그리고 가을이 올 때마다 야생화 씨앗을 모아서,
그것들을 나무들의 밑동에 심고 흙을 덮어
물을 주는 것이 그의 유일한 놀이였지.
숲에서 약초를 찾아다니던 수사가 있었는데,
백발의 노인이었어. 그분이 이 소년을 아꼈고,
걔도 수사를 좋아했지 — 그래서 수사가 가르쳐주자,
소년이 금시에 펜으로 글을 쓰게 되어, 그때부터
주로 수도원이나 성城에서 살게 되었단다.
그렇게 소년은 아주 박식한 젊은이가 되었지.
그런데 오! 가엽게도 — 그는 읽고, 읽고, 또 읽다가,
머리가 돌아버려서, 스무 살도 되기 전에
세상만사에 대해 그릇된 생각들을 품게 되었단다.

그 소년도 기도했지만, 성도들과 함께 기도하거나,
성스러운 장소에 들어가는 것을 아주 싫어했지.
그렇지만 그의 말씨가 하도 부드럽고 달콤해서,
돌아가신 벨레즈 경도 개랑 있으면 지루한 줄 몰랐지.
그래서 두 사람이 교회의 북쪽 모퉁이에
함께 서서, 깊은 대화에 빠져 있다가,
땅이 엄청나게 웅웅대면서 발밑에서 부풀어 올라,
벽이 휘청거리며, 하마터면 그들의 머리를
덮칠뻔한 적도 있었어. 우리 영주님이 너무 놀라서,
열병에 걸릴 지경이었는데, 그분이 그런 심판을
초래한 온갖 이단적이고 비율법적인 대화에 대해
고백하는 바람에, 그 젊은이가 붙잡혀서
저 독방에 내던져졌단다. 내 시아버님은
아이처럼 흐느꼈지 — 가슴이 터질 것 같았거든.
한번은 그 독방 부근에서 그분이 일하고 있는데,
웬 목소리가 선명하게 들리더래. 그 젊은이의 목소리였지,
녹색 들판에 대한 구슬픈 노래를 불렀다는데,
호수나 야생의 대초원에서, 먹을 것을 사냥하며,
벌거벗은 사내가 되어, 자유롭게 이리저리
돌아다니면 얼마나 행복할까 하는 노래였지.
레오니는 청년을 맹목적으로 사랑했는데, 이제

그의 사랑이 절망으로 변해서, 죽음을 무릅쓰고.
내가 얘기했던 그 기묘한 입구로 들어가
그 젊은이를 도피시키고 말았단다.

마리아

감동적인 얘기네요.
그럼 그는 어떻게 되었어요?

유모

그는 배를 타고,
담대한 모험가들과 함께 황금의 땅을
찾아 나섰지. 레오니의 남동생도
갔는데, 그분이 스페인으로 돌아와서
레오니에게 얘기했대. 그 불쌍한 미친 청년은
그 신세계에 도착하자마자,
그의 만류에도 불구하고, 작은 배를 강탈해서
홀로, 고요한 달빛 받으며, 바다처럼 거대한,
커다란 강을 거슬러 올라갔고,
다시는 소식을 듣지 못했는데, 아마도
야만인들과 함께 살다가 죽었을 것이라고.

가시나무
The Thorn

1

한 가시나무가 있네 — 너무 늙어 보여서,
사실, 자네가 보아도 한창때가
있었는지조차 말하기 어려울 만큼 —
아주 늙은 고목처럼 보이지.
겨우 두 살배기 아이만 한 키의
이 늙은 가시나무가 똑바로 서 있는데,
이파리 하나 없고, 뾰족한 가시도 없는
옹이진 마디들의 집합체,
가련하고 처량한 물체일 뿐이지.
그 나무가 똑바로 서 있는데, 돌처럼
이끼에 무성하게 덮여 있다네.

2

바위나 돌처럼, 꼭대기까지

무성한 이끼에 뒤덮여서,
성긴 이끼 다발이 대롱거리는 모습이
꼭 침울한 까까머리 같지.
이 이끼들이 땅에서 기어 올라와,
이 가엾은 가시나무를 아주 바짝
감싸 껴안고 있는데, 자네도 보면 아마,
그것들이 분명하고 뚜렷한 의도로,
나무를 땅으로 끌어당겨, 모두 합심해서
일거에 이 가엾은 가시나무를 영원히
묻어버리려 했던 모양이라고 말할 거야.

3

한 산의 높디높은 산마루 고지대,
이따금 험악한 겨울 질풍이
마치 낫처럼 베며, 구름을 헤치고
계곡에서 계곡으로 휩쓸어가는 그곳,
산길에서 다섯 보도 안 되는 거리에,
왼쪽을 보면 이 가시나무가 있네.
다시 왼쪽으로, 세 발짝쯤 가면
절대로 물이 마르지 않는

작고 탁한 연못이 보이지.
한쪽 물가에서 다른 쪽까지 재보았는데,
길이가 3피트고, 폭이 2피트였네.

4

그리고 이 늙은 가시나무 바로 옆에,
싱그럽고 사랑스러운 광경,
겨우 반 피트 높이로,
아름답게 쌓인 이끼 둔덕이 있다네.
거기 가면 온갖 사랑스러운 색조들,
그간 보았던 색조들이 다 보이지.
게다가 이끼가 그물처럼 엮여 있는데,
마치 고운 숙녀의 손길로
정성 들여 짜놓은 작품 같고,
금시에 눈을 사로잡는 꽃받침들이
주홍색으로 아주 진하게 물들어 있다네.

5

아아! 어찌나 사랑스러운 색조들인지!
꽃차례에, 가지들에, 별꽃들에 배어있는
황록색과 밝은 진홍색,
녹색, 붉은색과 진주처럼 하얀 색조들.
그 가시나무 바로 옆에 보이는
무성한 이끼의 이 흙 둔덕이
아름다운 색조들로 물들어 아주 멋진데,
자그마한 것이 마치 그럴싸하게
꾸며놓은 웬 아기의 무덤 같지.
하지만 결코, 결코 그 어디에도,
그토록 고운 아기 무덤은 없었을 거야.

6

당장 이 늙은 가시나무, 이 연못과
아름다운 이끼 둔덕을 보고 싶더라도,
아주 신중하게 그 산을 언제
횡단할지 시간을 정해야만 할 것이네.
가끔, 진홍색의 망토를 걸친
웬 여인이, 아기의 무덤만 한
크기의 그 둔덕과 내가 말한

그 연못 사이에 앉아서,
홀로 이렇게 울부짖곤 하니까,
"오 고통이여! 오 고통이여!
아 나의 비애여! 아 고통이여!"

7

밤이나 낮이나 시시때때로
이 비참한 여인이 거기로 가기에,
모든 별과, 불어오는 모든 바람이
그녀를 잘 알고 있다네.
하늘에 파란 한낮 햇살이 있을 때도,
그 언덕에 회오리바람이 불거나,
서리 같은 공기가 조용히 뼈에 스밀 때도,
그 여인이 그곳의 가시나무 옆에 앉아,
홀로 이렇게 울부짖곤 하니까,
"오 고통이여! 오 고통이여!
아 나의 비애여! 아 고통이여!"

8

"그런데 왜 그렇게, 낮에도 밤에도,
비가 오고, 폭풍이 치고, 눈이 와도,
그렇게 그 황량한 산-꼭대기로
이 가엾은 여인은 가는가?
하늘에 파란 한낮 햇살이 있을 때도,
그 언덕에 회오리바람이 불거나,
서리 같은 공기가 조용히 뼈에 스밀 때도,
왜 그 여인은 그 가시나무 옆에 앉아,
어이하여 울부짖는 건가? ─
오 왜? 어이하여? 내게 말해주게 왜
그녀가 반복해서 그리 애절하게 울부짖나?"

9

난 말해줄 수 없네. 나도 그러고 싶네만,
진짜 이유를 아무도 모르니까.
하지만 자네가 그곳을 보고 싶다면,
그녀가 찾아가는 그곳의
아기 무덤 같은 그 둔덕과
그 연못 ─ 그리고 아주 늙은 고목

가시나무를 정말로 보고 싶다면,
그녀의 집 문 — 거의 열려있지 — 을 지나가다가
혹시 그녀가 자신의 오두막 안에 있거든,
그러면 얼른 그 지점으로 가보게! —
그녀가 그곳에 있을 때 누가 그 지점에
다가갔다는 소리는 들어보지 못했으니까.

10

"그런데 왜 그 산-꼭대기로
이 불행한 여인은 간단 말인가,
하늘에 별이 뜨든 말든,
바람이 불든 말든 말이네."
골 썩이지 말게 — 다 헛일이니까,
내가 아는 것을 다 말해주겠네.
다만 그 가시나무와 그 너머로
몇 발짝 떨어져 있는 연못으로,
자네도 가보기를 바라네.
혹시, 자네가 그 장소에 있으면,
그녀의 사연을 알아낼지도 모르니까.

11

내가 자네한테 최대한 도움을 주지.
자네가 그 산에 올라가기 전에,
그 음산한 산-꼭대기에 오르기 전에,
내가 아는 것을 다 얘기해주겠네.
그녀가 (이름이 마사 레이인데)
처녀의 진실하고 선한 의지로
스티븐 힐을 동반자로 삼은 것도
벌써 스물두 해가 지나갔군.
당시 그녀는 쾌활하고 명랑했지,
그리고 행복했었지, 스티븐 힐을
생각할 때면 더없이 행복했었지.

12

이윽고 그들은 결혼 날짜를 잡았고,
아침에 결혼식을 올릴 예정이었지.
그런데 스티븐은 다른 처녀에게
또 다른 맹세를 한 상황이었고,

지각없는 스티븐은 이 다른 처녀랑
교회로 가버리고 말았다네 —
가엾은 마사! 그 비참한 날에,
괴롭고, 괴로운 불길이 그녀의
뼛속까지 태웠다고, 다들 말한다네.
그 불길에 그녀의 몸이 뜬 숯처럼 말라붙고,
그녀의 뇌도 거의 부싯깃으로 변해버렸다고.

13

이 일이 있고 꼬박 여섯 달이 지나,
여름 나뭇잎들이 아직 녹색이었을 때,
그녀가 그 산-꼭대기로 올라가서,
거기 있는 모습이 자주 보였다더군.
그즈음에 누가 봐도 알아볼 정도로
자궁에 아이가 들어 있었던 모양이야.
그녀는 아이를 밴 상태에서, 미쳐버렸지만,
슬프게도 자신의 극심한 고통 때문에
이따금 정신을 차리곤 했다네.
아아! 수만 번이나 나도 그자가,
그 잔인한 아비가 죽어버렸으면 했네!

14

그런 뇌로 꿈틀거리는 아기와
교감을 나누다니 얼마나 딱한가!
생각해 보게, 그토록 사나운 뇌를 지닌
여인이었으니 얼마나 딱한가!
지난 성탄절에 함께 이 얘기를 나눈
늙은 농부 심슨이 주장하더군,
그녀의 자궁 속에 있는 아기가
어미의 가슴을 헤집어서, 그녀의
오감을 되찾아주었다고 말이야.
그래서 마침내 출산 시간이 임박하자,
표정이 침착했고, 정신도 또렷했다고.

15

그 이상은 나도 모르네, 알면,
내가 자네한테 다 얘기해주련만,
이 불쌍한 아이가 어떻게 되었는지

아는 사람이 아무도 없고,
아이가 태어났는지 아닌지도
얘기해 줄 만한 사람도 없고,
태어난 애가 살아있었는지 죽어있었는지도,
내가 말했듯, 아무도 모르니까.
그래도 몇 명은 똑똑히 기억하더군,
마사 레이가 이 무렵에
그 산을 자주 올라가곤 했다고 말이야.

16

그리고 그해 겨울, 밤에 바람이
그 산-꼭대기에서 불어올 때마다,
어둠 속에서라도, 잠시
교회 묘지 길로 나가보면
여러 번이나 자주, 그 산-머리에서
울부짖는 소리가 들려오곤 했다더군.
때로는 분명히 살아있는 목소리였고,
때로는, 여러 사람이 장담했는데,
죽은 사람들의 목소리였다고.
그들의 말이 다 생각나지는 않지만,

모두 마사 레이와 관련된 말이었지.

17

그런데 지금도 그녀는 이 늙은 가시나무,
내가 자네한테 얘기한 그 가시나무로 가서,
진홍색 망토를 입고 거기에 앉아 있다네,
내가 맹세하는데 정말이네.
어느 날 내 망원경으로,
넓고 밝은 대양을 바라보려고
처음으로 이 고장에 왔을 때는,
마사의 이름을 듣지 못한 상태에서,
그 산의 정상에 올라갔지,
폭풍이 몰아쳐서, 내 무릎 높이 이상의
물체를 분간할 수가 없었네.

18

안개와 비, 폭풍과 비가 몰아치는데,
나는 피할 은신처나 담도 찾지 못한 채,

바람까지! 정말로, 열 배 이상으로
아주 강력한 바람이었지.
나는 주변을 둘러보다가, 돌출한 바위를
본 듯해서, 머리를 앞으로 수그린 채,
몰아치는 비를 뚫고, 내달려서
그 바위 은신처에 다다랐는데,
나도 사내이긴 하네만,
내가 발견한 것은, 돌출한 바위가 아니라,
땅바닥에 앉아 있는 웬 여인이었지.

19

나는 말없이 ― 그녀의 얼굴을 보았는데,
사실 그것으로도 나에게는 충분했네.
내가 막 돌아섰는데 그녀가 울부짖더군,
"오 고통이여! 오 고통이여!"
그렇게 그녀는 거기 앉아 있다네, 달이
맑은 푸른 하늘의 절반을 지나갈 때까지.
그리고 산들바람이 그 연못의
물을 살랑살랑 흔들 때면,
이 고장의 주민들이 다 알고 있듯이,

그녀가 떨면서, 울부짖는 소리가 들리지,
"오 고통이여! 오 고통이여!"

20

"그런데 그 가시나무는 뭔가? 연못은 뭔가?
또 그 이끼 둔덕은 그녀랑 무슨 상관인가?
살랑살랑 불어와서 그 작은 연못을
흔드는 산들바람은 또 뭔가?"
나는 말해줄 수 없네만, 어떤 이는
그녀가 자기 아기를 그 나무에 매달았다고,
어떤 이는 그녀가 몇 발짝 떨어진
그 연못에 아기를 익사시켰다고 주장하지.
그렇지만 다들 하나같이 동의한다네,
그 어린 아기는 그토록 고운
이끼 둔덕 바로 밑에 묻혀있다고.

21

나는, 이끼가 그 불쌍한 아기의

핏방울에 붉게 물들었다고 들었네.
하지만 난 그녀가 갓 낳은 아기를
그렇게 죽였으리라고 생각하지 않네.
어떤 이는, 그 연못에 직접 가서,
그곳을 물끄러미 응시하고 있으면,
웬 아기의 그림자가 어렴풋이 나타나,
웬 아기와 웬 아기의 얼굴이
당신을 바라볼 것이라고, 당신이
눈길을 줄 때마다, 분명 그 아기도
당신을 다시 바라볼 거라고 주장하지.

22

또 어떤 이들은 맹세코 그녀에게
공공의 정의를 실현해야 한다며,
그 어린 아기의 뼈를 찾기 위해
삽으로 파헤치려고 했지.
그런데 그때 그 아름다운 이끼 둔덕이
그들의 눈앞에서 꿈틀대기 시작하더니,
오십 보 이내의 주변에서 자라는
초목이 땅 위에서 흔들흔들했다더군.

하지만 다들 변함없이 단언하지
그 어린 아기는 그토록 고운
이끼 둔덕 바로 밑에 묻혀 있다고.

23

어찌 된 영문인지 나도 말해줄 수 없네만,
분명한 것은, 그 가시나무가 자기를
땅으로 끌어당기려고 애쓰는
성긴 이끼 다발에 묶여 있다는 것이네.
또 내가 아는 것은, 정말 여러 번이나,
그녀가 그 높은 산에 있을 때면,
낮에도, 모든 별이 맑고 밝게
반짝이는 고요한 밤에도, 나 역시
그녀가 울부짖는 소리를 들었다는 것이네,
"오 고통이여! 오 고통이여!
아 나의 비애여! 아 고통이여!"

우리는 일곱
We are Seven

가벼이 숨을 들이쉬고
온 팔다리로 삶을 느끼는
순진한 아이, 귀여운 남동생 짐,
그가 죽음에 대해 뭘 알까?

나는 한 시골집의 소녀를 만났다.
그녀는 여덟 살이라고, 말했다.
숱이 많은 곱슬곱슬한 머리칼이
머리 주변에 알알이 맺혀 있었다.

시골, 숲의 분위기를 풍기고,
야생의 옷차림을 하고 있었는데,
두 눈이 고왔다, 아주 고왔다.
소녀의 아름다움이 나를 기쁘게 했다.

"꼬마 아가씨, 자매와 형제는
몇 명이나 있니?"
"몇이요? 모두 일곱이요," 그녀가 말하고

이상하다는 듯이 나를 쳐다보았다.

"그럼 걔들은 어디에 있니, 말해줄래?"
그녀가 대답했다, "우린 일곱이에요
우리 중 둘은 콘웨이에서 살고요,
둘은 바다로 떠났어요.

우리 중 둘은 교회 묘지에 누워있죠,
내 여동생과 내 남동생이에요.
교회 묘지 오두막에서, 나는
엄마랑 걔들 가까이에서 살아요."

"네가 둘은 콘웨이에서 살고,
둘은 바다로 떠났다고 했는데,
일곱이라니, 내게 말해주겠니,
예쁜 아가씨, 어째서 그런지?"

그러자 꼬마 아가씨가 대꾸했다,
"우리는 일곱 소년과 소녀예요,
우리 중 둘은 교회 묘지에 누워있어요,
교회 묘지 나무 밑에요."

"넌 뛰어다니잖니, 꼬마 아가씨,
너의 손발이 살아있어서 그런 거야.
둘이 교회 묘지에 누워있다면,
그러면 너희는 다섯일 뿐인 거야."

"걔들의 무덤이 녹색이라서, 다 보여요."
그 꼬마 아가씨가 대꾸했다,
"엄마네 집 문에서 열두 발짝쯤에
걔들이 나란히 누워있어요.

거기서 나는 가끔 내 스타킹도 뜨고,
거기서 내 손수건 가장자리도 감쳐요,
또 저 땅바닥에 앉아 있기도 하고요 —
앉아서 걔들한테 노래를 불러주죠.

또 가끔 해가 지고 나서, 아저씨,
날이 밝고 맑을 때면,
나의 작은 죽 그릇을 가지고 가서
거기에서 저녁을 먹기도 하고요.

먼저 죽은 애가 꼬마 제인이었어요,
침대에서 끙끙거리며 누워있다가,

마침내 하나님이 걔의 고통을
덜어주시어 떠나게 되었죠.

그래서 교회 묘지에 누웠어요.
그리고 메마른 여름 내내,
그녀의 무덤 주변에서 우린 함께 놀았어요,
나의 남동생 존과 내가요.

그러다가 땅이 눈으로 하얗게 덮여서,
내가 내달리며 미끄럼탈 수 있게 되었을 때,
나의 남동생 존도 떠날 수밖에 없었어요,
그래서 걔도 그녀 곁에 누워있는 거예요."

"그렇다면 너희는 몇 명일까," 내가 말했다,
"그 둘이 하늘나라에 있다면?"
그 꼬마 아가씨가 대꾸했다,
"오 아저씨! 우린 일곱이에요."

"하지만 걔들은 죽었어, 그 둘은 죽었다고!
그들의 영혼이 하늘나라에 있잖아!"
다 허튼소리에 지나지 않았다. 여전히
그 꼬마 아가씨가 고집을 피우며

말했다, "아니야, 우리는 일곱이야!"

아버지들을 위한 일화

Anecdote for Fathers Showing

how the practice of Lying may be taught

나에게 다섯 살 난 아들이 있다.
얼굴이 곱상하니 기운차 보이고
팔다리도 아름답게 잘 빠졌는데,
걔가 끔찍이도 나를 사랑한다.

어느 아침에 조용한 우리 집이
훤히 내다보이는 마른 샛길에서
둘이 함께 산책하다가, 늘 그러듯
간간이 얘기를 나누었다.

예전의 기쁨들이 계속 떠올라서
나는 오래전, 아주 오래전
봄이 시작될 무렵, 킬브의 즐거운 해변,
우리의 유쾌한 집을 생각했다.

내가 마음에 간직한 채 생각하고
생각하고 또 생각하는 시절,

내게 아주 많은 행복을 베풀어줘서,
고통을 모르고 살았던 시절이었다.

내 아들이 옆에 있었는데, 소박한
옷차림의 여릿하고 단아한 모습!
이따금 내가 아이에게 말을 걸었는데,
자질구레한 얘기들이었다.

어린 양들이 귀여운 경주를 펼치고,
아침 해가 밝고 따사롭게 빛났다.
"킬브도 참 즐거운 곳이었는데,
리스윈 농장도 그렇구나." 내가 말했다.

"귀여운 아들, 넌 어디가 더 좋니,"
내가 말하며, 아들의 팔을 잡았다 —
"킬브의 즐거운 바닷가 우리 집,
아니면 여기 리스윈 농장 집?"

"말해보렴, 넌 어디서 살고 싶었니,"
내가 말하며 아들의 팔을 잡았다,
"초록 바닷가 킬브의 반반한 해변,
아니면 여기 리스윈 농장에서?"

내가 조용히 팔을 붙잡고 있었는데,
무심한 눈길로 아들이 나를 쳐다보다가
말했다, "난 이 리스윈 농장보다는
킬브에서 살고 싶었어."

"자, 귀여운 에드워드, 왜 그리 말할까,
귀여운 에드워드, 내게 이유를 말해줘."
"난 말할 수 없어, 나도 모르니까."
"거참, 이상한 말이네," 내가 말했다.

"여기도 숲과 따듯한 녹색 언덕들이 있잖아.
네가 행복한 리스윈 농장보다
초록 바닷가 킬브에서 살고 싶다면
분명 무슨 이유가 있을 것 아니니."

이 말에, 내 아들이 고개를 수그리며,
부끄러워서 얼굴을 붉힌 채, 대답하지 않자,
다섯 번이나 그 아이에게 내가 말했다,
"왜? 에드워드, 내게 이유를 말해줘야지?"

그가 고개를 들었다. 지붕 위에서,
널찍한 금빛의 풍향계가 반짝반짝
빛나고 있었는데 — 그게 시야에 들어와서,
눈을 붙들었는지, 그가 그것을 빤히 응시했다.

이윽고 아들이 입을 열더니
나에게 이렇게 대답했다,
"킬브에는 바람개비가 없었잖아,
그것이 바로 이유야."

오 사랑하는, 사랑하는 아들아! 내가
너한테서 배우는 것에서 100분의 1이라도
알려줄 수 있다면, 다시는
그보다 좋은 지식을 갈망하지 않으마.

우리 집에서 조금 떨어진 곳에서 쓴 시

Lines written at a small distance from my house,

and sent by my little boy to the person to whom they ared addressed

3월 들어 처음으로 온화한 날이네.
순간순간마다 더욱 상쾌해지네.
울새가 우리 집 문 옆에 서 있는
커다란 낙엽송에서 노래하네.

대기에 배어있는 축복이,
헐벗은 나무들과 휑뎅그렁한 산과
녹색 들판의 초목에,
기쁨의 감각을 선물하는 듯하네.

나의 누이가! (나의 바람대로)
이제 아침 식사를 끝냈으니,
어서, 아침 작업을 접어두고,
밖에 나가 햇살을 느끼자는군.

에드워드도 데려오게, 제발,
잽싸게 숲의 옷으로 갈아입고

책은 가져오지 말게. 오늘 하루는
그냥 다 같이 빈둥거릴 테니.

기쁨이 없는 어떤 관습도
우리의 생체달력을 통제하지 못하네.
우리는 바로 오늘을, 친구여,
올해의 시작 일로 삼세.

사랑이, 지금 만물에서 태동하며,
가슴에서 가슴으로, 대지에서 인간으로,
인간에서 대지로 엄습하고 있네 —
바야흐로 격정의 시절이네.

지금 한순간이 반-백 년의 지성보다
우리에게 더 많은 것을 줄 수 있네,
우리의 마음이 모든 기공에서
계절의 기운을 빨아먹게 하세.

우리 가슴이 고요한 법칙들을 만들어,
그것들에 오랫동안 복종하게 하세:
우리가 오늘 체득하는 기질을
다가오는 해에도 간직할 수 있도록.

그리고 주변에서, 밑에서, 위에서
굽이치는 그 성스러운 힘으로
우리 영혼의 선율을 지어보세.
우리 영혼을 사랑으로 조율해보세.

또 내 누이가! 어서, 나오라네, 제발,
잽싸게 숲의 옷으로 갈아입고 —
책은 가져오지 말게, 오늘 하루는
그냥 다 같이 빈둥거릴 테니.

여자 부랑자
Female Vagrant

"내 아버지는 착하고 경건한 사람이었어요,
정직한 부모 밑에서 자란 정직한 사람이었죠.
그래서 내가 혀짤배기소리를 시작하자마자,
나를 내 침대 옆에 무릎 꿇게 하고 거기서
내가 올리는 기도를 듣고 계셨던 것 같아요.
그 후에, 내 선한 아버지의 가르침을 받아서,
나는 글을 읽었고, 내가 읽은 책들을 좋아했죠.
이웃집마다 들러서 책들을 구했어요. 내 마음에
그보다 달콤한 기쁨을 주는 것은 없었으니까요.

스무 번의 여름 태양이 춤추며 지나갔어요 —
아! 거의 흔적도 없이 어찌나 빨리 흘러갔는지.
그 무렵에 우리 숲속에 웅대한 저택이 솟았고,
오두막들이 하나둘 그 집의 영향력을 인정했어요.
이웃집을 방문하거나, 그 집의 주인이 취득해서
사유지로 변한 목초지를 배회해도 기쁘지 않았어요.
아버지는 감히 그의 탐욕스러운 요구를 거절했죠.
그는 대대로 물려받은 외진 땅을 사랑하셨고,

나도 그리 슬픈 이별을 생각하면 마음이 아팠어요.

하지만, 아버지는 제안받은 금화를 거절했고,
그 후로 잔혹한 상처의 희생양이 되고 말았죠,
그가 무엇을 사고팔든 아픈 상처로 돌아왔어요.
날이 갈수록 그의 근심들이 쌓이다가,
결국 그의 재산을 모두 잃고 말았죠.
그들은 아주 매정하게 그를 대했고, 그는 그들의
마음을 움직여보려 했지만 ─ 소용없었어요 ─ 그들이
그가 가진 모든 것을 압류했으니까요. 결국, 나란히
울면서, 우리는 상처 없이 머물 집을 찾아 나섰죠.

정말 비참한 순간이었어요. 내 아버지는
마지막 언덕-꼭대기에서, 나무들을
넘어다보며, 그의 결혼식 날에 행복한 음악을
들려주었던 교회 첨탑을 바라다보았어요.
그 순간까지도 그는 나의 어머니 바로 옆에,
그분들 고향의 나무 그늘에 뼈를 묻고 싶었죠.
나에게 신을 믿으라며, 그는 서서 기도했어요 ─
 난 기도할 수 없었죠 ─ 소나기처럼 떨어지는 눈물 사이로
 더 이상 우리 것이 아닌, 소중한 우리 집이 보였어요.

내가 사랑하지 않은 날이 없다고 할 만큼,
아주 오랫동안 사랑한 청년이 있었어요.
녹색의 산속에서 우리 둘은, 마치 오월의
즐거운 새들처럼, 많고 많은 노래를 불렀죠.
유치한 놀이에 싫증이 나기 시작할 때도
우리는 서로를 더욱 아끼는 것 같았어요.
우리는 결혼과 결혼식 날에 관해 얘기했고,
나는 진심으로 그를 오빠처럼 사랑했어요,
다시는 그런 남자를 만날 수 없을 테니까요.

먼 도시로 나간 그이가 부지런히 배워서
기술자로 일한 지 2년이 지난 시점이었어요.
그때까지 몰랐던 너무나 괴로운 슬픔의 눈물들!
마지막 슬픈 키스를 미루고 나눈 사랑의 맹세들!
우리는 그에게 향했어요 — 달리 도와줄 사람이 없었죠.
부활한 사람처럼, 나는 그의 목에 매달려 울었고,
그는 기쁘게 사랑했던 여인에게, 슬픔 속에서
제대로 사랑할 수 있다고 말했어요. 그는 신의를
지켰고, 내 아버지는 다시 조용한 집에서 잠이 들었죠.

4년을 평화롭고 편안하게 살며, 매일같이,
끊임없는 노동으로 얻은 빵에 감사드렸어요.
세 명의 사랑스러운 아기들이 내 가슴에 누웠는데,
가끔, 그 고운 미소를 바라보며, 나도 모르게
한숨짓곤 했죠. 나의 행복한 아버지는 슬픈 가난 때문에
자식들의 밥을 줄였을 무렵에 돌아가셨어요.
그 죽음으로 무덤이 빈 베틀, 차가운 난로와
고요한 물레바퀴, 인내가 치유하지 못하는 병 때문에
흘린 눈물도 숨겨줬을 테니, 세 배나 행복하셨으리!

괴로운 변화였어요. 악독한 시절이 찾아왔죠.
우리에겐 희망이 없었고, 구제를 받을 수도 없었어요.
그런데 갑자기, 매일같이, 시끄러운 북이 요란하게
울리며, 궁핍과 고통의 거리를 휩쓸고 지나갔어요.
내 남편은 두 팔이 뒤틀리더라도 자기 눈앞에서
굶고 있는 나와 자식들을 부양해야만 했어요.
너무도 절박해서 내 기도와 눈물은 소용없었죠.
그 비참한 병사들과 합류하려고 남편은 떠났고,
우리는, 더 많은 수의 사람과, 해변으로 가게 되었어요.

거기서, 우리는 오랫동안 방치된 채, 선대가
닻을 올릴 때까지 많은 슬픔을 겪었죠.

우리 앞의 녹색 들판과 고국의 해변에
창궐한 역병의 독기를 들이켜고 사람들이
죽었으나 그 때문에 울리는 조종은 없었죠. 우리는
떠나기를 기도하고, 바라고 바랐죠—아무것도 모른 채
질긴 병의 한가운데서, 그 바람은 계속 지연되었고,
더 행복한 시절은 다시는 보지 못할성싶었는데.
분리 신호가 떨어졌고, 마침내 육지가 뒤로 물러났죠.

그러나 고요한 여름철이 이미 지난 시점이었어요.
우리는 계속 나아갔는데, 적도 부근의 심연이
으르렁거리는 돌풍을 만나 산처럼 높이 치솟아서,
많은 사람이 회오리바람에 휩쓸려 죽었어요.
우리는 공포에 질린 눈으로 죽은 이들의 음산한 잠을
응시했죠. 머지않아 그런 격통이 잇따라 닥쳐서,
우리의 희망이 그런 불행의 수확물을 거두게 되면,
우리도 똑같이 파도의 자비를 애걸할 운명이었지만요.
우리는 서방세계에 도착했어요, 가련하고 비참한 승객들.

숲이나 황야에서, 야영지나 도시에서,
우리의 머리에 내리 덮친 고통과 전염병들,
질병과 기아, 극도의 고통과 공포,

그 얘기만 들어도 당신의 뇌가 터질 지경일 거예요.
모두 죽었어요 — 모두, 무자비한 한 해에,
남편과 자식들이! 한 명 또 한 명, 검과
탐욕스러운 역병에, 모두 죽었어요. 눈물조차
말라버렸죠. 암담하고, 비참한 상태로, 어느 영국 배의
갑판에서 나는 깨어났어요, 혼수상태에서 깨어난 거죠.

동트는 태양의 최초 빛살들이
찍혀 있는 끝없는 벌판처럼 평화롭게,
반짝이는 대양이 고요한 햇살 속에 잠들어 있었죠.
바로 그 대양한테도 휴식의 시간이 있지요.
나도 평온하긴 했지만, 몹시 괴로웠어요!
아, 그런데 하늘과 대양은 어찌나 고요하던지!
내 가슴도 속에서 치유되어, 다행스럽게도,
고요한 허공을 하염없이 바라보고 있자니,
하늘이 나의 절망에 어떤 기쁨을 가져다주는 듯했어요.

아 참 다른 기분이었죠. 그간의 끔찍했던 잠!
괴로운 굶주림의 격노에 울부짖은 신음들!
묻히지도 못하고 쌓여서 곪아가는 시체들!
연기처럼 피어올라 독기를 내뿜는 역병!
먼 전장에서 터져 나온 날카로운 비명!

광산의 무서운 지진, 그리고 폭탄의 끊임없는
천둥-타격에 쫓겨서 비탄의 고통이 나뒹굴고,
희망이 죽고, 공포마저 괴로움에 길을 잃어버리는
역겨운 지하 묘지로 내몰린 핼쑥한 군인들을 생각하면!

한밤에 다시 그 폭풍 같은 군대가 나타났지만,
나는 우리를 쫓아와서 도망치는 우리에게
다가왔던 그 비참한 광경, 총검, 군인과
불꽃을 모두 직시할 수 있었어요,
강간과 살인이 유령 같은 빛으로
공동 전리품인 어머니와 딸을 와락 덮치던 순간도요!
그런데 이런 생각들도 사라지더군요. 밤부터
밤까지, 낮부터 낮까지, 바람이 순하고 부드럽게
불고, 순항하는 배에 하늘과 태양이 미소했으니까요.

이별의 어떤 거대한 심연을 건너서,
다른 세상으로 이송된 기분이었어요 —
조급한 선원이 돛대에서 돛을 펼치고,
휘파람을 불며, 고요한 바다에 물결 한 줄
일으키지 않는 바람을 소리쳐 불렀을 때,
고통스럽게 생각을 접었어요. 즐거운 집 생각들과
모든 희망으로부터 나는 영원히 추방되었기에.

나로서는 — 대지의 항구에서 멀리 방랑하는 것이
최선이었죠, 사람이 나타나는 곳을 피할 수만 있다면요.

가끔 (나의 공상이 하도 강력해서) 드디어
내가 쉴 곳을 찾았다고 생각하고, 이렇게
말하곤 했어요, '여기서 살며, 평생
한없는 바다를 두루두루 방랑하자,
여기서 살자 — 모든 친구와 인연을 끊은 채,
여기서 양양한 대양을 두루 방랑하자.' —
배가 목적지에 도착하자 내 꿈은 부서지고 말았죠:
집도 없이 나는 수천의 집 근처에 서서,
수천의 식탁 근방에서 한탄하며, 음식을 탐했죠.

고통에 쇠약해진 나는 황량한 바위에
팽개쳐진 선원처럼 무력하게 떠돌았는데,
그날은 내 입에 음식 한 입 못 넣었고,
차마 남의 집 문을 두드릴 수도 없었어요.
나는, 쌀쌀맞은 암탉 짝들과 함께, 수탉이
헛간 십자형 가로장에 앉아 있는 곳에, 누웠는데,
그날 밤 도시의 괘종이 어찌나 울적하게 울던지!
아침에 배가 고팠지만 내 병든 가슴을 자극하지
못했고, 내 혀로 거지의 언어를 흉내 낼 수도 없었어요.

그렇게 또 하루를 보내고, 셋째 날도 보내며,
붐비는 번화가를 뒤져보았으나 헛수고였어요.
꿈틀대는 무서운 욕구들 때문에 깊이 절망한 채
해변 근처 어느 황폐한 요새까지 가게 되었죠.
결국, 더 이상 체력으로 버틸 수 없는 고통이
맹목과 연합해서, 나의 장기들을 급습했고,
가증스러운 감각마저 가물가물하다가 여러 번
까무러쳤죠. 나는 쓰러져서, 기어갈 수조차 없는
상태로 있다가, 부근의 한 병원으로 이송되었어요.

음식을 먹고 회복되었지만, 여전히, 나의 뇌는
무기력했고, 과거에 대한 기억도 없었죠.
이웃들이, 침대에 누워서, 온갖 불평을
늘어놓아도, 나는 신경 쓰지 않았어요.
기쁨에 들떠 부산 떨며 계속 돌아다녀도,
통상적인 친절을 찾아볼 수 없는 표정들에도,
무심하고 잔인하게 제공되는 서비스에도,
열이 나서 힘없는 심장이 화끈거려도,
죽은 사람도 화들짝 놀라게 한다는 신음에도요.

이런 것들이 무기력한 감각을 자극했을 뿐,

내 가슴에 고통이나 동정심을 유발하진 않았어요.
나의 기억과 체력이 회복되자, 거기서
쫓겨난 나는, 다시 멀건 대낮에, 집들,
사람들과 햇빛을 멍청하게 응시했어요.
나는 골목들을 탐색하다가, 해가 질 무렵에,
장작불이 타는 나무 밑으로 가게 되었는데,
그 여행자들이 우는 나를 보더니, 사연을 묻고,
음식과 — 그보다 반갑고, 절실했던 휴식을 제공해주었죠,

처음으로 나를 도와준 이 사람들, 야생의
집 없는 방랑자들을 생각하면 가슴이 뭉클해요.
그들이 어찌나 다정하게 방랑 생활의 안락함과
슬픔을 겁내지 않는 긴 축일을 묘사하던지!
모든 게 공동 소유였고, 각자가 주인이었으니까요.
힘써서 쟁기질하지 않고, 달그락대는 길에서
짐마차를 몰지 않더라도, 노란 곡식 단이
계곡마다 가득 쌓여서 그들에게 기쁨을 선사했고,
들판마다 그들의 낙농장이 우유로 흘러넘쳤다면서요.

그들은 나귀 등에 걸치는 짐 바구니 같은
옹기들을 들고 집집이 돌아다녔는데,

나에게는 그보다 행복한 삶과 다른
기쁨들을 묘사하며 나의 상상을 부추겼죠.
명랑한 유월이 따사롭고 온화한 달님을
하늘길 따라서 빠르게 굴려 갈 때면,
백파이프가 한밤 광야에서 울려 퍼지며,
헛간에 불을 피우고, 멋들어진 동무들이
아득한 숲속 빈터에서 만나 마음껏 흥청망청한다고요.

그러나 나랑은 맞지 않았어요. 야밤에 황야와
산을 넘어가서, 한밤 도둑질을 일삼았거든요!
충실하게 짖어대는 험악한 집 개를 호리거나.
빗장이 열린 집에서 살금살금 돌아다니는 짓도,
음침한 호롱 등과 검푸른 성냥 불빛,
거뭇한 위장, 날카로운 경고의 휘파람 소리도,
밤마다 귀를 바짝 긴장한 채 경계하는 짓도
내키지 않았어요, 나쁜 일은 일어나지 않았지만요.
게다가, 나는 새삼스럽게 떠오른 슬픔에 골몰해 있었어요.

고립무원의 저주받은 내가 어찌 살겠어요?
불쌍한 아버지! 당신의 벗들도 다 돌아가셨고,
죽은 남편의 친척들도 기껏해야

돕는 시늉을 하다가, 나처럼 결혼하고 나면,
친절을 베풀기는커녕 거들떠보지도 않는데요.
그때 나는 힘든 노동과 허드렛일에 병들어 있었어요.
아무리 애를 써도 흐르는 눈물을 막을 길이 없어서,
길가에 아무렇게나 앉아 종일토록
쓸모없는 두 팔을 모아 슬픔을 훔쳐내곤 했어요.

나는 들판에서 방랑하며 살았어요.
만족하기도 하고, 때로는 자신을 저주하며,
되는대로 주어지는 은혜에 기대어 살았어요,
때로는 냉정하게 받고, 때로는 완전히 박대당했죠.
나는 번번이 땅을 내 잠자리 삼아 지냈어요.
그러나 내 평화를 예리한 후회로 괴롭히는 것은,
나의 내적 자아를 학대하며 살았다는 거예요,
두려움 없는 젊은 시절 고향에서는 한결같이
 진실하고 맑고 솔직한 영혼의 기쁨을 간직하고 살았
는데요.

3년을 그렇게 방랑하면서, 이따금 눈물에 젖어,
나의 가련한 가슴에서 아련하게 잊혀가는
고향 마을 쪽으로 떠가는 해를 바라보곤 했죠.
이제 이 광야 저편으로 발길을 잡아 보려는데 —

오! 어디로 가면 좋을까요? — 이 대지에
벗 하나 없는데요." — 여인이 말을 멈추고, 울면서
돌아섰다, 마치 그녀의 이야기가 다 끝나서
우는 듯이 — 그녀의 영혼을 짓누르는 저 끝없는
삶의 무게에 대해 더 이상 해줄 말이 없어서.

이른 봄에 쓴 시
Lines Written in Early Spring

즐거운 생각들이 마음에 슬픈 생각들을
떠올리게 하는 그런 묘한 기분에 젖어서,
작은 숲속에 드러눕듯 앉아 있다가,
수없이 뒤섞인 음성들을 들었다.

자연이 자신의 공평한 작용들에
내 몸속을 흐르는 인간 영혼을 연결하자,
문득 사람이 사람에게 해온 일들이
떠오른 내 가슴이 너무나 아팠다.

그 향긋한 나무 그늘에서, 앵초 덤불 헤치고,
일일초가 화환을 끌며 뻗어나갔는데,*
꽃 한 송이 한 송이가 들이마시는
공기를 즐기는 것 같았다.

---

* 일일초(periwinkle)의 속명은 빈카(Vinca)로, 맨다 또는 연결한다는 뜻의 라틴어(vincire)에서 유래하였다. 30~60cm 정도 자라는 다년초로, 줄기가 직립해서 잘 분지한다. 2.5~5cm에 이르는 긴 타원형의 잎을 지녔고, 7~9월에 흰색, 적색 등, 다양한 색의 꽃을 피운다. 매일 한 송이씩 핀다고 하여 '일일초'라는 이름이 붙었다.

새들이 내 주변에서 폴짝대며 놀았다.
내가 새들의 생각을 헤아릴 수는 없지만 —
그 새들이 하는 미세한 몸짓마저
짜릿짜릿한 기쁨처럼 보였다.

싹트는 잔가지들이 부채꼴로 퍼져나가,
산들산들 부는 바람을 만나는 순간,
거기에도 기쁨이 배어있었다고
나는 생각할 수밖에 없었다.

내가 이런 생각들을 막지 않고,
그것들을 내 신조의 지도로 삼는다면,
사람이 사람에게 해온 일들을
새삼스럽게 슬퍼할 이유가 없을까?

사이먼 리

Simon Lee, The Old Huntsman

with an incident in which he was concerned

아름다운 카디건주의, 즐거운
아이버 저택에서 멀지 않은 곳에
한 노인이 사는데, 자그마한 남자로,
예전에는 키가 컸다고 들었다.*
아마, 세월의 무거운 짐이
그의 등을 짓누르고 있으리라.
그는 예순에 열을 더한 나이라지만,
다른 이들은 여든이라고 그런다.

그에게 긴 청색 제복-코트가 있는데
뒤도 아름답고, 앞도 아름답다.
하지만, 어디서 그를 만나든, 여러분도 금방
그가 가난하다는 것을 알아차리리라.
그는 꼬박 스물 하고도 다섯 해를

---

* 워즈워스와 여동생 도로시 워즈워스(Dorothy Wordsworth, 1771~1855)는 서머싯의 올폭스덴 하우스(Alfoxden House)에서 1797년부터 1798년까지 2년간 살았다. 카디건(Cardiganshire)은 웨일스 서부의 옛 주로, 1974년에 신설된 디버드주(Defed)에 편입되었다.

명랑한 돌이 사냥꾼으로 살았다.
이제는 한쪽 눈밖에 없지만
그의 뺨은 여전히 버찌처럼 붉다.

그보다 뿔 나팔을 잘 부는 사람도,
그렇게 환희에 찬 사람도 없었다.
최소한, 주변의 네 마을에서는
사이먼 리의 명성이 자자했었다.
그의 영주님이 죽어서, 이제는 아무도
아이버 저택에서 살지 않는다.
사람들, 개들과 말들도 모두 죽고,
그가 유일한 생존자다.

그는 깡마른데다 병까지 들어서,
줄어든 몸이 반으로 굽었다.
양 발목이 부어서 두툼한데
두 다리는 여위고 깡말랐다.
젊었을 적에는 농사도 경작도
거의 모르고 살았는데, 이제는
일을 할 수밖에 없다, 허약하지만 —
마을에서 가장 허약하지만.

그는 그 고장에서 가장 빠른 사내로,
사람은 물론 말도 앞지를 정도였는데,
가끔, 경주가 끝나기도 전에,
휘청대며 돌처럼 몽롱해지곤 했다.
그래도 아직 세상에 그의 마음을
기쁘게 하는 무언가가 있는 모양이다.
딸랑대는 사냥개들이 뛰쳐나올 때면,
그 짖어대는 소리를 끔찍이도 좋아하기에!

여러분도 보면 알겠지만, 그는 사냥에서 혁혁한
공을 세우다가 오른쪽 눈을 잃었다.
그런 공을 세운 팔다리였건만 이제
남은 것은 가난한 노인 사이먼 리!
그에게는 아들은커녕, 자식 하나 없고,
그의 아내, 늙은 여인이
폭포 근처, 마을 공유지에서
그와 함께 살고 있다.

늙은 루스가 문밖에서 함께 일하는데,
사이먼이 할 수 없는 일을 한다.
그리 튼튼한 팔다리는 아니지만,
둘 중에는 그녀가 더 튼튼하기에.

여러분이 최대의 수완을 발휘해도
둘을 노동으로부터 떼어내지 못하리라.
슬프게도! 아주 하찮은 일이라도,
부부가 함께 할 수 있는 유일한 일이기에.

그들은 이끼-무성한 오두막 흙집 옆에,
문간에서 스무 보도 안 되는 곳에
작은 땅뙈기를 가지고 있지만,
그들은 빈자 중에서도 극빈자다.
이 땅뙈기는 그가 더 힘센 사내였을 때,
황야에 울타리를 쳐서 확보해둔 것인데,
더 이상 땅을 일굴 수 없는 그들에게
그 땅이 무슨 소용이 있겠는가?

그는 살날이 몇 달 안 남았다고,
여러분에게도 얘기하리라,
일을 하면 할수록, 그의 가련하고
늙은 발목이 계속 부어오른다며.
나의 점잖은 독자여, 여러분이 정말
참을성 있게 기다려준 것은 알지만,
혹시라도 대단한 이야기를 하려나 보다
고대할까 봐 두려움이 앞선다.

오 독자여! 여러분도 마음속에
조용히 생각해 볼 만한 일들이 쌓이면,
오 상냥한 독자여! 여러분도
이야기의 전후 사정을 알고 싶으리라.
내가 덧붙일 얘기는 짧으니, 부디
여러분이 친절하게 받아들여 주기를.
별 얘기는 아니지만, 생각해 보기를,
어쩌면 여러분도 할 만한 얘기일 테니.

어느 여름날에 우연히 고목의
뿌리, 썩은 나무의 그루터기를
붙들고 안간힘을 쓰고 있는
이 노인을 보았다.
그의 손에 들린 곡괭이가 흔들거려서
애를 써도 아무런 보람도 없이
그 고목의 뿌리를 붙들고
한없이 매달려있을 것 같았다.

"무리하셨네요, 성실한 사이먼 리,
내게 연장을 줘봐요," 내가 그랬더니,
그 말에 금시에 화색이 돌면서

그가 나의 도움 제의를 받아들였다.

내가 내리치자, 단방에

그 뒤엉킨 뿌리가 떼어졌다.

그 가련한 노인이 그리 오랫동안

애를 썼어도 소용없는 일이었는데.

눈물이 그의 두 눈에 맺혔고,

감사와 찬사의 말이 그의 가슴 밖으로

연달아 뛰쳐나올 것 같았는데, 나는 그 말들이

소임을 다하지 않았으면 싶었다.

나는 친절한 행위들에도 계속 냉랭하게

반응하는 매정한 가슴들에 대해 들었다.

슬프게도! 사람들의 감사가

나를 슬프게 한 적이 더 많았다.

나이팅게일

Nightingale written in April, 1798*

구름도, 가라앉은 해의 잔광도,

흐릿한 빛의 길고 가느다란 조각도, 거뭇하게

떨리는 색조들도 서쪽을 표시해주지는 않네.

자, 여기 이끼 낀 오래된 다리에 기대세!

저 아래 냇물의 가물거리는 빛을 보게,

졸졸 소리는 들리지 않지만, 바닥의 연한 초목을

넘어 조용히 흘러가지. 만상이 고요한,

훈훈한 밤일세! 별들이 희미하지만,

우리 함께 녹색 대지를 기쁘게 하는

봄의 소나기를 떠올리며, 함께 별들의

아득한 빛 속에서 기쁨을 찾아보세.

그런데 들어보게! 나이팅게일이 노래를 시작하네,

"가장 음악적이고, 가장 우울한"** 새!

---

* 콜리지의 시.
** [원주] "가장 음악적이고, 가장 우울한." 밀턴의 이 표현에는 단순한 묘사 이상의 탁월성이 깃들어 있다. 즉, 이 표현은 우울한 인물의 말이므로, 극적인 타당성을 지닌다. 저자는 밀턴의 시구를 경솔하게 언급했다는 비난을 면하고 싶은 마음에 이를 언급한다. 저자가 밀턴을 비웃었다는 비난은 어쩌면 자신의 성서를 조롱했다는 비난에 버금가게 아주 고통스러운 일일 것이다.

우울한 새라고? 오 근거 없는 생각이네!
자연에는 우울한 것이 전혀 없으니까. ―
그저 밤에-배회하는 어떤 사람이, 괴로운
잘못에 대한 기억이나, 가벼운 우울증,
아니면 무시당한 사랑 때문에 가슴이 뚫려서
(가엾은 사람! 모든 것들을 자기 자신으로 채우고
온갖 부드러운 소리마저 슬픔으로 얼룩진 자신의
사연을 들려주게 만들어), 비슷한 사람끼리
처음으로 이 가락을 우울한 곡조라고 칭했겠지.
그리하여 글자로 운문을 지어온 많은 시인이
그 착상을 모방하는 것일 테고.
차라리 이끼 무성한 숲-협곡의
시냇가에 팔다리를 쭉 뻗고
햇빛이나 달빛 받으며, 자신의 노래와
자신의 명성을 모두 잊고, 온갖 형상들과 소리와
변화무쌍한 원소들의 유입에 자신의
온 영혼을 내맡기고 살았다면! 그의 명성이,
자연의 불멸성을 나누어가질 테니,
존경할 만한 일이요! 그의 노래도 온 자연을
더욱 사랑스럽게 만들 테니, 그 노래도
자연처럼, 사랑받으련만! ― *그러나 꼭 그렇지만은

---

* 이 시는 콜리지와 워즈워스의 '대화 형식'으로 이루어진 작품으로, 이

않네,

아주 시적인 청년들과 처녀들도

무도장과 열띤 극장에 있느라 봄날의

깊어가는 황혼을 놓치지만, 그래도 연민을

갈구하는 필로멜라의 가락에는 온화한 동정심으로

마음이 가득 차서 한숨을 쉬느까.*

나의 벗, 그리고 내 벗의 누이여!** 우리는 서로

다른 지식을 익혔네. 그렇다고 언제나

사랑과 기쁨이 충만한 자연의 고운 목소리들을

그렇게 더럽히지는 않네! 명랑한 나이팅게일이

두려운 듯이, 빠르고 굵직하게 지저귀며

구수한 음들을 그러모아, 다급하게

---

* 대목부터 6번째 행("... 한숨을 쉬느까.")까지만 워즈워스의 목소리다. 필로멜라는 아테네 판디온 왕의 딸로, 트라키아(또는 다울리스) 왕국의 왕이자 언니 프로크네의 남편 테레우스에게 능욕을 당한 후에, 그 비밀을 누설하지 못하도록 혀까지 잘려서 비밀의 방에 감금된 비운의 여인이었다. 언니 프로크네가 뒤늦게 이 사실을 알아차리고, 테레우스의 후계자로서 남편을 빼닮은 아들 이티스를 죽여서, 그의 살로 요리를 한 후에 그것을 남편한테 먹임으로써 복수의 종지부를 찍는다. 식사가 끝난 후에 필로멜라가 이티스의 머리를 식탁에 올려놓자, 이를 본 테레우스가 두 자매를 죽이려고 뒤쫓는다. 그리고 잡힐 듯 말듯 아슬아슬한 순간에 신이 개입해서 두 자매를 새로 변신시켜 도망치게 해준다. 본래 그리스신화에서는 프로크네를 나이팅게일로, 필로멜라를 제비로 변신시켰다고 묘사되지만, 『변신 이야기』의 작가 오비디우스를 비롯한 후대의 로마 시인들이 '음악을 사랑하는 여인'이라는 뜻의 필로멜라를 나이팅게일에 빗대면서부터 반대로 알려지게 되었다.

** "나의 벗"은 워즈워스, "내 벗의 누이"는 워즈워스의 여동생, 도로시를 가리킨다.

토해내는군, 마치 사월의 하룻밤이
그에게는 너무도 짧아서 자신의 사랑-노래를
내뱉어서, 음악으로 충만한 자기 영혼의 짐을
다 털어놓지 못할 듯이!* 나는 아주 넓은
한 숲을 알고 있네, 커다란 성이 아주 가까이 있는데
대지주는 그곳에서 살지 않지. 아무튼
이 숲은 덤불이 뒤엉켜 있는 야생의 숲으로,
잘 손질된 산책로가 군데군데 나 있고, 오솔길들에
잔디, 가느다란 꼴과 미나리아재비들이 자라지.
그렇지만 다른 곳에도 한 장소에 그리 많은
나이팅게일이 있는지 모르겠네. 멀고 가까운
그 넓은 숲 전역의 나무와 수풀 속에서
그 새들이 화답하며 서로의 노래를 부추기지 —
작은 접전이 벌어지는 변화무쌍한 악절과,
음악 같은 속삭임들과 재빠른 적적 소리와
아주 달콤한 외마디 저음의 날카로운 소리로 —

---

* 신화에서 필로멜라가 '공주'이기에 나이팅게일을 대개 '여성화'하지만, 여기서는 '남성화'하였다. 그래서 "굵직한 목소리"다. 이 대목에 대하여, '어쩌면, 이 무렵에 시적 화자인 콜리지가 누군가를 짝사랑하고 있었는지 모르겠다. 그래서 나이팅게일의 노래에 자신의 안타까운 심정을 이입한 것이리라.'라고 재미난 상상을 해볼 수 있겠다. 그러나 나이팅게일은 암컷이 아니라 수컷이 운다. 대체로, 밤에 우는 소리는 짝없는 수컷이 짝을 찾는 소리로, 새벽녘에 우는 소리는 자신의 세력권을 지키려는 소리로 간주 된다. 따라서 콜리지가 나이팅게일을 '남성화'한 것은 그런 생태 지식에 바탕을 둔 정확한 표현으로 볼 수도 있겠다.

그토록 아름다운 화성으로 대기를 휘저으니,
두 눈을 감고 있으면, 시간이 낮이었다는 사실도
깜빡 잊어버릴 지경이지!

무척 순한 처녀가

그 성 바로 옆에 있는 그녀의 인정 많은 집에서
사는데, 아주 늦은 저녁에,
(마치 그 숲에서 자연보다 대단한
무언가에 맹세한 후에 헌신하는 숙녀처럼)
오솔길을 스르르 지나가는데, 그녀는 그 새들의 음조를
다 알지, 그 온순한 처녀는! 그래서 이따금,
달이 구름 뒤로 사라질 때 생기는, 일순간의
정적에 귀를 기울이곤 했다네. 달이
다시 나타나서, 대지와 창공을 일깨워
들뜨게 하면, 그 잠 못 이루는 새들이,
마치 빠르고 갑작스러운 일진 질풍이
100개의 풍금風琴을 휩쓸 듯이, 일제히
합창을 부르기 시작했거든! 그러면 처녀는
수많은 나이팅게일이 미풍에 하염없이 흔들리는
꽃핀 잔가지에 아찔하게 앉아, 그 움직임에 맞춰,
마치 술기운에 흥겨워서 머리를 쳐들고 빙빙 돌리듯이,
분방한 각자의 노래를 조율하는 모습을 구경했지.

잘 있어라, 오 지저귀는 새야! 내일 저녁까지,
나의 벗들! 자네들도 안녕, 잠시만 안녕!
우리 함께 오랫동안 즐겁게 빈둥거리며 보냈으니,
이제 소중한 집으로 가야지. — 또다시 노래하는군!
정말 나를 붙잡고 싶은가 보네! — 내 귀여운 아기,*
그는 명료한 음절의 소리 하나 못 내지만, 흉내 내는
혀짤배기소리로 모든 말을 무용지물로 만들어버리지,
그 아이라면 아마 자기 귀에 손을 갖다 대고서,
그 작은 손, 작은 집게손가락을 치켜세우고
우리에게 들어보라고 하련만! 나는 그 아이를
자연의 놀이 친구로 키우는 게 현명하다고 생각하네.
그는 저녁별을 잘 아는데, 한번은 몹시 괴로운
기분으로 깨어났기에 (어떤 내적인 고통이
정말 괴이하게, 아기의 꿈을 채웠겠지)
애를 데리고 허둥지둥 과수원 잔디밭으로 갔지.
그런데 애가 달을 바라보더니, 금세 조용해져서
흐느낌을 멈추고, 아주 조용히 웃는 거야,
고운 두 눈이 미처 흘리지 못한 눈물을 가득 머금은 채
노란 달빛에 젖어서 반짝거렸지! 어쨌거나 —
그것은 아버지의 바람이지. 그래도 저 하늘이

---

* 콜리지의 아들 하틀리(Hartley Coleridge, 1796-1849).

내게 삶을 허락해준다면, 그의 어린 시절을
이런 노래들과 친하게 지내며 자라게 해서, 그런 밤에도
기쁨을 떠올렸으면 좋겠네! 다시 한번 안녕,
즐거운 나이팅게일아! 다시 한번, 나의 벗들도! 안녕.

백치 소년

The Idiot Boy

여덟 시 — 어느 청명한 3월 밤,
달이 높이 솟고 — 하늘은 푸르다.
달빛 허공에 새끼올빼미 소리,
아무도 모르는 데서 소리친다.
외로운 외침을 길게 내뽑는다,
여봐요! 여봐요! 여-봐-요-!

왜 그렇게 문간에서 부산떠는가,
왜 이렇게 부산떠는가, 베티 포이?
왜 이렇게 초조하게 안달복달인가?
그런데 왜 자네의 사랑하는 백치 아들,
그 소년을 말의 등에 태웠는가?

아주 밝게 빛나는 달 아래에서
베티 포이가, 지치도록,
뱃대끈과 등자*를 만지작만지작한다.

---

* 뱃대끈은 안장을 고정하는 띠. 등자는 안장의 양쪽에 늘어뜨리는 고리로, 기수의 발을 받치는 마구.

그런데 뭣 때문에 안장 위에
사랑하는 백치 아들을 태웠을까?

잠자리에서 일어난 영혼 하나 없는데,
착한 베티, 그 애를 도로 내려놔요.
그의 입술은 흥에 겨워 자네한테 버버버,
그렇지만 베티! 어떻게 그 아이가
등자, 안장이나, 고삐를 다루겠는가?

세상이 밤중에 정말 쓸데없는 짓을
한다며, 자네를 이상하게 여길 거네.
애 엄마는 없지만, 한 명도 없지만,
자네가 무슨 짓을 했는지 들으면,
오! 베티, 하나같이 기겁할 것이네.

그러나 베티의 의지는 확고했다.
그녀의 착한 이웃, 수잔 게일,
늙은 수잔, 홀로 사는 그녀가
아파서, 가엾게 신음하기에,
마치 그녀의 목숨이 끊어질 듯이.

5리 내에는 집 한 채 없고,

위험에 처한 그들을 도와줄 사람도 없다.
늙은 수잔이 침대에 누워 아파하고,
두 여인은 몹시 당혹스러운데,
그녀가 왜 아픈지도 그들은 알지 못하기에.

게다가 베티의 남편도 숲속에 있다.
머나먼 계곡의 나무꾼으로,
거기서 일주일을 머물 참이라,
가여운 수잔 게일을 도와줄 사람이 없는데,
어떻게 해야 하나? 무슨 일이 생기면 어쩌지?

그래서 베티가 샛길에서 그녀의
조랑말을 데려온 것이었다,
기쁘든 아프든, 그 길가에서
마음껏 풀을 뜯어 먹거나, 숲에서
장작을 날라 오는 순하고 착한 말.

게다가 그놈은 늘 안정적으로 걷기에,
달빛 아래에서, 베티 포이가
안장 위에 그녀의 사랑하는 아들,
백치 소년을 태운 것이었다,
여태 그런 적이 없었다고 들었는데.

소년이 지체하지 않고 서둘러
골짜기에 있는 다리를 건너고,
교회를 지나고, 고원을 넘어가,
읍내에서 의사를 데려오지 않으면,
늙은 수잔 게일은 죽고 말리라.

부츠도 박차도 필요 없다,
채찍도 막대기도 필요 없다,
조니에겐 호랑가시나무 가지가 있기에.
그가 즉시 야단법석 떨며
그 녹색 가지를 손에 쥐고 흔든다.

그러자 베티가 자신의 최고 기쁨인
소년에게 다시 또다시 일렀다.
어떤 길은 따라가고, 어떤 길은 피해라,
뭐는 하고, 뭐는 하지 마라,
왼쪽은 이렇게, 오른쪽은 이렇게 돌아라.

그리고 베티의 가장 특별한 당부는
바로 "조니! 조니! 다시 집으로
꼭 돌아오너라, 절대 멈추지 말고,

다시 집으로 돌아오너라, 무슨 일이 있어도,
나의 조니, 꼭, 제발 꼭 돌아오너라."

이 당부에 조니가 자신의 머리와
자신의 손으로 대답하고,
자랑스럽게 고삐도 흔들고 나서,
조잘조잘! 적잖은 말들이었지만,
베티는 그 말들을 잘도 이해하였다.

이윽고 조니가 정말 떠날 시간이 되자,
베티는 몹시 당혹스럽지만,
자신의 백치 아들이 타고 갈
조랑말의 옆구리를 다정하게 토닥이며,
더 이상 안달하지 않는 척한다.

그런데 조랑말이 다리를 움직이는 순간,
오! 저 가여운 백치 소년 좀 보게!
기쁨에 겨워서 고삐를 놓쳐버리고,
기쁨에 겨워서 머리와 발뒤축이 덜렁,
너무 기뻐서 그에게는 다 소용없다.

그리고 조랑말이 다리를 움직이는 동안,

조니의 왼손에 죽은 듯이
가만히 쥐어 있는 녹색 나뭇가지,
그의 머리 위에서 빛나는 달보다도
조용하고 말 없는 그의 모습.

그의 가슴이 환희로 가득 차서,
족히 50야드를 가도록,
자신의 호랑가시나무 채찍과
온갖 기마술도 까맣게 잊어버린
아! 행복한, 행복한, 행복한 존.

그리고 베티는 문간에 서 있고,
베티의 얼굴은 기쁨에 넘친다,
자신이 자랑스럽고, 아들이 대견해서.
훌륭하게 나아가는 그를 지켜본다,
그녀의 조니가 어찌나 조용히 나아가는지.

백치 아들의 그 침묵이 얼마나 많은
희망을 베티의 가슴에 전해주는지!
그가 이정표에 도달해 — 오른쪽으로 돈다.
그가 시야에서 벗어날 때까지 지켜보고,
그 후에도 베티는 자리를 뜨지 못한다.

버, 버 — 이윽고 조니의 입술이 버버버,
여느 방앗간이나, 그에 버금가게 시끄럽다.
조랑말은 양처럼 순하게 나아가고,
조니는 자기가 즐겨하는 소리를 내고,
베티는 귀를 기울여, 그 소리를 들으며 기뻐한다.

그녀는 다급하게 수잔 게일에게 간다.
그리고 조니는 흥겹게 노래한다,
새끼올빼미들은 부엉부엉, 가르랑가르랑,
조니의 입술은 버, 버, 버,
그가 달 아래에서 계속 나아간다.

그의 말과 그가 찰떡궁합이다.
이 조랑말과 관련하여 두 눈과
두 귀만 가리면, 1000년을
산다고 해도 절대로 성질을
부리지 않는다는 소문이 있듯이.

그렇기는 하지만 그는 생각하는 말이다!
그래서 생각할 때는 속도를 늦추는데,
당장은, 가여운 조니를 잘 알더라도,

평생이 가도 그는 자신의 등에
무엇을 태웠는지 식별하지 못한다.

그렇게 둘은 달빛 어린 길들을 지나,
달빛 어린 계곡으로 깊이 들어갔다가,
교회를 지나고, 고원을 넘어 나아간다,
읍내에서 의사를 데려와서,
가엾은 노인 수잔 게일을 편하게 해주려고.

그리고 베티는, 지금 수잔의 곁에서,
자신의 이야기를 늘어놓는 중이다.
조니가 곧 의사를 데려올 거라며,
조니의 재치와 조니의 멋진 모습에 관한
갖가지 재미난 얘기들을 곁들인다.

이윽고 베티가 수잔 곁에서 조용하다.
그제야 당혹감이 좀 진정되었는지
죽 그릇과 접시를 놓아두고 얌전하게
그녀가 앉아 있다, 마치 수잔의 운명 속에
자신의 목숨과 영혼도 숨어있는 듯이.

그러나 베티는, 가난한 착한 여인!

그녀는, 얼굴에 꾸밈없이 드러나듯,
행복한 마음으로 5년 이상
틈틈이 모아온 것이라도 필요하다면
누구에게나 빌려줄 수 있는 여인.

그렇지만 그런 베티의 마음도 내내
편치만은 않았던지, 수잔에게는
차마 말도 하지 못하고, 간간이
길 쪽으로 그녀의 귀를 향한 채, 거기서
들려오는 숱한 소리를 경청하는데.

가엾은 수잔이 끙끙댄다, 불쌍한 수잔이 신음한다.
"하늘에 달이 떠 있으니까 틀림없이,"
베티가 소리친다, "애가 다시 돌아올 거예요,
둘 다 여기에 도착할 거예요 ― 지금이 거의 10시니까 ―
둘 다 11시 전에는 여기에 도착할 거예요."

가엾은 수잔이 끙끙댄다, 불쌍한 수잔이 신음한다.
시계가 11시 경종을 예고하고,
종이 울린다 ― "조니가 가까이 왔다면,"
베티가 말한다, "곧 여기에 도착할 거예요,
하늘에 달이 떠 있으니까 틀림없이요."

시계가 12시를 치는데도,
조니는 아직 나타나지 않는다 —
하늘에는 여전히 달이 떠 있는데,
베티의 마음은 몹시 불안하고,
수잔에게도 무서운 밤이다.

그래서 베티는, 반 시간 전에,
조니에게 고약한 잔소리를 했다,
"한가하게 빈둥거리는 녀석 같으니!"
다른 악담들도, 끝없는 끈처럼 해댔다.
그러나 벌써 올 시간이 지났다.

그래서 베티의 가슴이 철렁 내려앉는다,
그 행복한 시간은 모두 지나가 버렸다,
"애가 왜 이렇게 늦어질까요?
의사가 그 아이를 기다리게 했을까요,
수잔! 다들 금방 여기에 도착할 거예요."

그런데 수잔은 점점 더 악화하고,
베티는 슬픈 당혹감에 빠져든다.
그런데도 그녀가 가봐야 할지 아니면

머물러야 할지 말해 줄 이도 없다.
— 그녀는 슬픈 당혹감에 빠져든다.

시계가 1시를 치는데도,
의사도 그의 길잡이도
달빛 어린 길을 따라 나타나지 않는다.
사방팔방에 말도 사람도 없고,
베티는 수잔 곁에서 조용하다.

그런데 수잔이 적지 않은
슬픈 불상사들을 우려하기 시작한다,
조니가 어쩌면 물에 빠졌거나,
길을 잃어, 혹시라도, 찾지 못하면,
두 사람 모두 영원히 슬퍼해야 할 텐데.

그녀가 무심코 이렇게 말문을 열었다,
"신께서 그리되지 않게 막아주시길!"
수잔이 내뱉은 첫마디 말을 듣고는
베티가 침대에서 일어나며 소리쳤다,
"수잔, 난 기꺼이 당신과 있고 싶지만.

나는 가봐야겠어요, 가야겠어요,

조니가 얼뜨기란 것을 아시잖아요.
수잔, 우리가 그 아이를 돌봐야 하잖아요,
혹시 다리라도 다쳐서 목숨이 위태로우면"—
"오 당치않아!" 가엾은 수잔이 소리친다.

"내가 어떻게 할까요?" 베티가 나가며 말한다,
"내가 어찌하면 당신의 고통을 덜어줄까요?
착한 수잔이 있으라고 하면, 그냥 있을게요.
당신의 상태가 더 나빠질까 봐 두렵네요,
그렇지만 내가 금방 다시 돌아올게요."

"아니네, 베티, 가게! 착한 베티, 가게,
내 고통을 덜어줄 수 있는 것은 없네."
그제야 그녀가 서둘러나간다, 그저
그녀가 다시 돌아올 때까지, 신께서
가엾은 수잔의 목숨을 살려주길 빌면서.

그리하여, 그녀는 달빛 어린 길을 지나서
달빛 어린 계곡으로 깊숙이 들어가는데,
그녀가 달리거니, 걷거니 하면서
혼잣말로 얘기했던 모든 것은
아무래도 지루한 이야기이리라.

고지대와 저지대, 위에서도, 밑에서도,
넓은 곳과 좁은 곳, 둥근 곳과 네모난 곳에서도,
나무와 탑에서도 조니가 보였다,
수풀 속과 덤불 속, 검은색과 녹색 속에도,
조니가 있었다, 곳곳에 조니가 있었다.

그녀는 계곡에 있는 다리를 지났는데,
문득 드는 생각이 그녀를 아프게 괴롭힌다,
조니가 혹시 말을 버려두고,
저 시냇물 속에 담긴 달을 쫓아가서,
더 이상 아무 소리도 듣지 못하면 어쩌나.

이내 그녀는 높은 고원에 다다라서,
드넓은 전망 한가운데 홀로 있는데,
고사리밭에도 가시금작화 수풀 속에도,
조니는 없고 그의 말도 없다,
의사도 없고 그의 길잡이도 없다.

"오 성자들이여! 그 애는 어찌 되었나요?
혹시 개가 웬 참나무에 올라갔다면,
죽을 때까지 거기에 있으려고 할 텐데.

아니면, 슬프게도 애가 길을 잘못 들어,
방랑하는 집시 무리에 끼었나.

아니면 그 사악한 조랑말이 그 아이를
어두운 굴, 도깨비의 소굴로 실어 갔나,
아니면 귀신들이 사는 성에서
자신의 죽은 유령을 쫓아다니고 있나,
아니면 폭포랑 장난치고 있을까."

그녀는 가엾은 노인 수잔에게 악담을
퍼붓고 나서, 읍내로 서둘러간다.
"수잔이 그렇게 아프지 않았다면,
아아! 내가 그 아이, 나의 조니랑,
죽는 날까지, 계속 함께 살았으련만."

가여운 베티! 이런 슬픈 가슴앓이에도,
의사 그자는 인정을 베풀지 않을 텐데,
쓸데없는 말을 지껄이며 소란을 피운다고.
가축 중에서도 아주 온순한,
조랑말조차 제 몫을 다 하건만.

마침내 그녀가 읍내로 들어서서,

그 의사의 집으로 서둘러간다.
사방이 아주 조용하다.
매우 긴 읍내, 매우 넓은 읍내도
하늘처럼 조용하다.

이윽고 그녀가 의사의 집 대문에 다다라서,
문고리를 들고 똑, 똑, 똑 두드린다.
의사가 창문에 나타나서 졸린 듯이
깜빡이는 눈으로 슬쩍 내다보며,
한 손으로 낡은 잠 모자를 긁적거린다.

"오 선생님! 선생님! 우리 조니는 어디 있어요?"
"내가 의사인데, 나한테 원하는 게 뭐요?"
"오 선생님! 저 아시죠, 베티 포이에요,
저의 불쌍하고 귀한 아들을 잃어버렸어요,
선생님도 아실 거예요 — 걔를 자주 보셨으니까.

보통 사람처럼 총명하지 않은 아이예요."
"악마가 총기를 빼앗은 게지!" 의사가
약간 험상궂게 내려다보며 말했다,
"이 여편네야! 내가 걔를 어찌 알아?"
그리고 투덜대며, 그는 침대로 돌아가 버렸다.

"아 비통하구나! 아 비통해!
여기서 죽어야지, 여기서 죽어야지,
여기에 오면 나의 조니를 찾을 줄 알았는데,
그 아이는 멀리에도 가까이에도 없으니,
오! 이리도 비참한 어미가 또 있을까!"

그녀가 말을 멈추고, 서서, 둘러보는데,
어느 길로 가야 할지 알 수가 없다.
가엾은 베티! 그녀에게 다시 문을 두드릴
용기라도 있다면 그녀의 고통이 덜어지련만.
시계가 3시를 친다 ― 음산한 조종 소리 같다!

이내 그녀는 마을을 따라 서둘러 올라간다.
그녀는 정신이 없었는데, 그도 그럴 것이
이 비참한 소식에 몹시 충격을 받아서,
가엾은 노인 수잔 게일을 위로해주려고
의사를 데리러 온 것도 까맣게 잊어버렸다.

다시 그녀는 높은 고원에 다다랐는데
5리 길이 훤히 내다보인다.
"아 잔인하구나! 거의 예순이 되도록,

이런 밤은 한 번도 없었는데,
사방팔방에 사람의 영혼 하나 없구나."

그녀는 귀를 기울여보지만, 말의 발굽 소리,
사람의 목소리도 들리지 않는다.
냇물이 아주 은은한 소리로 흘러가고,
가만히 귀를 기울이고 있으면
풀이 자라는 소리도 거의 들릴 지경이다.

새끼올빼미들이 길고 푸른 밤을 헤치고
서로에게 조용히 소리치고 있다.
다정한 연인들! 그런데 뭐가 틀어졌는지,
길게 울려 퍼지는 그들의 떨리는 흐느낌이
언덕에서 언덕으로 아득히 메아리친다.

가엾은 베티는 이제 모든 희망을 잃었기에,
죽을죄라도 저지르고 싶은 심정이다.
그녀가 녹색 풀-무성한 연못을 막 지나서
거기에 빠져 익사하지 않으려고
그 연못가를 재빨리 벗어난다.

그러고는 그녀가 털썩 주저앉아 운다.

여태 그런 눈물은 흘려본 적이 없었다.
"오 상냥하고, 상냥한 말! 사랑스러운 기쁨아!
오 나의 백치 아들을 싣고 돌아오너라!
그럼 다시는 너에게 많은 짐을 싣지 않으마."

한 가지 생각이 그녀의 머리에 떠오른다,
"그 조랑말은 온순하고 착한데다,
우리가 그 말을 항상 잘 대해줬으니까,
어쩌면 말이 골짜기를 따라서,
조니를 싣고 숲으로 갔는지 몰라."

마치 날개를 단 듯, 그녀가 벌떡 일어선다.
그녀는 더 이상 죽을죄를 생각하지 않는다.
50개의 연못이 베티를 쳐다보더라도,
거기에 빠져 익사하는 것은
그녀의 모든 생각 중 마지막이 되리라.

오 독자여! 이제 조니와 그의 말이
무엇을 하고 있는지 얘기해 줄 차례네!
그 둘이 내내 뭘 하고 있었는지,
오 그것을 내가 운문으로, 아주 즐거운
추적 이야기로 표현할 수 있으면 좋으련만!

아마, 그럴싸하게 상상해 볼 수 있으리라!
그가 그의 조랑말과 함께 지금 아주 높은
절벽과 산꼭대기를 배회하다가,
두 손으로 별 하나를 붙잡아서,
그것을 호주머니에 챙겨 넣는다고.

어쩌면 그가 몸을 돌려 앉아,
그의 얼굴을 말꼬리로 향한 채,
고요히 말없이, 경탄에 잠겨서,
마치 조용한 기마병-유령처럼,
계곡을 따라 나아가는지 모른다고.

또 어쩌면, 그가 양 떼를 사냥하는
아주 사납고 무서운 사냥꾼이 되어서,
저기 있는 아주 멋진 녹색 계곡도,
그가 나타나기만 하면, 다섯 달 만에
사막 같은 황무지로 변해버릴 거라고.

어쩌면, 머리와 뒤꿈치에 불이 붙어서,
그야말로 악마의 망령 같은,
그가 냅다, 냅다 내달리고 있다고,

그렇게 영원히 내달려서, 그 악귀를
두려워하는 모두의 골칫거리가 될 거라고.

나는 지난 14년을, 강력한 계약에 따라
뮤즈들에게 묶여있었다.
오 상냥한 뮤즈들이여! 그에게 일어난
일들의 절반만이라도 내가 말해주게 하소서,
그는 틀림없이 기이한 모험을 겪었을 테니.

오 상냥한 뮤즈들이여! 이것이 친절인가?
왜 이렇게 나의 간청을 거절하는가?
왜 더 이상 나를 도와주지 않는가?
이렇게 벗도 없이 나를 남겨두다니,
내가 너무나 사랑하는 뮤즈들이여!

저기, 저, 천둥 치듯 요란하게
곤두박질치는 폭포 근처,
아름답게 빛나는 달 밑에서,
풀을 뜯어 먹는 말 위에 허깨비처럼
무심하게 앉아 있는 이는 누군가?

자유롭게 풀을 뜯어 먹는 말에게

그는 고삐를 내맡긴 채, 달과
별들에도 무심한 듯하다.
우리가 숱한 로맨스에서 읽은 광경인데—
조니다! 조니! 정말 확실하다.

저 말도 바로 그 조랑말이다.
그녀는 어디 있나, 베티 포이는 어디 있나?
그녀는 감당할 수 없는 두려움 때문에,
으르렁거리는 폭포 소리를 듣지만,
아직 자신의 백치 아들을 발견하지 못한다.

자네의 말은 그 몸무게의 황금만큼 값지네,
그러니 두려워하지 말게, 베티 포이!
그녀가 나무들 사이에서 나오자,
마침내 시야가 확 트이면서 그녀도
사랑하는 아들, 그녀의 백치 아들을 본다.

그리고 베티는 그 조랑말도 본다.
왜 그렇게 서 있는가, 착한 베티 포이?
그건 도깨비가 아니네, 유령도 아니네,
자네가 그리 오랫동안 잃어버린 아들,
자네가 사랑하는, 자네의 백치 아들이네.

그녀가 다시 본다 — 두 팔을 쳐든다 —
그녀가 소리친다 — 기뻐서 움직일 수도 없다.
그녀가 급류처럼 쏜살같이 뛰어간다.
그 기세에 말을 넘어뜨릴 뻔했던
그녀가 자신의 백치 아들을 꼭 껴안는다.

그러자 조니가 버버대다가, 크게 웃는다,
잔꾀를 부리는지 기뻐서 그러는지,
나는 알 수 없지만, 그가 웃는 사이에,
베티는 백치 아들의 소리를 다시 들으며,
흠뻑 취하도록 기쁨을 들이켠다.

때로는 조랑말의 꼬리를 만졌다가,
때로는 조랑말의 머리를 쓰다듬다가,
때론 한쪽 옆구리를, 때론 다른 쪽 옆구리를
쓰다듬는 그녀의 행복감에, 벅차오른 듯한
슬픈 눈물 몇 방울이 베티의 눈에서 떨어진다.

그녀가 사랑하는 아들, 백치 아들에게
다시 또다시 키스한다,
그녀에게는 여기도 행복, 저기도 행복이다.

그녀의 몸 곳곳이 욱신거리지만,
기쁜 마음에 손발이 모두 살아난다.

그녀가 조랑말을 토닥여준다. 어디인지
몇 시인지도 모르지만, 행복한 베티 포이!
그 작은 조랑말도 아마 기쁘겠지만,
그녀보다도 훨씬 온순한
그의 기쁨은 아무도 짐작하지 못하리라.

"오! 조니, 의사는 걱정하지 마라,
네가 최선을 다했으니, 그걸로 충분해."
그녀가 그렇게 말하며, 고삐를 잡고,
부드럽게 조랑말의 머리를 돌려서
시끌벅적한 폭포를 등지게 했다.

이미 별들은 거의 사라졌고,
달도 언덕 위로 지고 있었는데,
너무 희미해서 거의 보이지 않았다.
작은 새들이 꿈틀거리기 시작했지만,
새들의 입은 아직 조용했다.

조랑말, 베티와 그녀의 아들이

나무 우거진 계곡을 천천히 헤쳐나간다.
그런데 마침 밖으로 나와, 저 가파르고
험한 길을 절뚝절뚝 올라오는 여인은 누군가?
누군가 했더니, 늙은 수잔 게일이잖아?

오랫동안 수잔은 수심에 잠겨 누워있었고,
온갖 두려운 공포들이 그녀를 괴롭히는
저승사자이자 간호사였다.
그래서 그녀의 정신이 악화하는 사이에
그녀의 몸이 점점 좋아졌다.

그녀는 침대에서 몸을 뒤척이며, 그녀에게
닥친 난제들과 두려움들을 이리저리
뒤집어보고, 조목조목 따져보았다.
그렇게 그녀의 정신이 싸우는 사이에,
그녀의 몸이 계속 나아진 것이었다.

"아이고! 그들은 어떻게 되었을까?
너무 두려워서 도저히 못 참겠다,
내가 숲으로 가봐야지." — 그 말을 하자마자,
수잔은 침대에서 벌떡 일어났다,
마치 마법으로 치유된 듯이.

그녀가 바삐 언덕을 오르내린 끝에,
마침내 그 숲에 도달해서,
벗들을 알아보고는, 소리쳐 인사한다.
아! 마치 천국에 안긴 듯이,
참으로 즐거운 만남이다.

올빼미들이 마지막 노래를 못 끝낸 시간에,
우리의 네 여행자는 집으로 나아갔다.
올빼미들이 밤새도록 부엉부엉 울었고,
내 노래는 그 올빼미 소리와 함께 시작해서,
그 올빼미 소리와 함께 끝나간다.

그 넷이 집으로 걸어가는 동안에,
베티가 소리쳤다, "조니, 우리한테 말해줘,
이 긴 밤 내내 너는 어디에 있었니,
무슨 소리를 들었고, 무엇을 보았니,
조니, 우리에게 사실대로 얘기해줘."

물론 조니도 밤새도록 올빼미들이
고운 선율로 합주하는 소리를 들었고,
틀림없이 달도 보았을 것이다.

그 달빛 속에서 그가 저녁 8시부터
아침 5시까지 돌아다녔기에.

베티의 물음에, 용감한 여행자처럼
그가 이렇게 대답하였다,
(그의 말을 그대로 소개한다)
"수탉들이 꼬끼오 투-후우, 투-후우 울고,
해가 너무 춥게 빛났어." ―
그렇게 조니가 자랑스럽게 대답했고.
그의 여행 이야기는 그것이 전부였다.

사랑
Love★

모든 생각, 모든 열정, 모든 기쁨,
무엇이 이 필멸의 몸을 뒤흔들어도
모두가 그저 사랑의 대행자들로,
그분의 신성한 불꽃을 북돋울 따름이에요.

가끔 생생한 꿈을 꾸며 나는
그 행복한 시간, 산 중턱의
파괴된 탑 옆에서 누워있었던
그때를 다시 살고는 합니다.

그 정경에 스며든 달빛이 어느새
저녁의 빛들과 뒤섞였고,
나의 희망, 나의 기쁨, 사랑하는
나의 제네비브가 거기에 있었어요!

그녀가 무장한 사내, 무장한
기사의 동상에 몸을 기댄 채,

★ S.T. 콜리지의 시.

가물거리는 빛 속에 서서
내 하프 소리에 귀를 기울였죠.

가슴에 슬픔을 거의 품고 있지 않은
나의 희망, 나의 기쁨, 나의 제네비브!
그녀는 나를 가장 사랑하는데, 나는
노래를 부를 때마다, 그녀를 슬프게 하죠.

나는 여릿하고 애절한 곡을 연주했어요.
나는 옛날의 감동적인 한 이야기 —
그 황량하고 오래된 폐허에 잘 어울리는
옛날의 저속한 곡을 노래했어요.

그녀가 살짝 얼굴을 붉히며 두 눈을
내리깐 채 얌전하게 귀를 기울였죠.
내가 그녀의 얼굴을 응시할 수밖에 없음을
그녀는 잘 알고 있었으니까요!

나는 방패에 불타는 횃불이 찍혀 있는
그 기사에 대해 들려주었어요.
10년의 오랜 세월 동안 그가
그 나라의 국모에게 구애했다고요.

얼마나 그가 슬퍼했는지 들려주었죠. 아!
나직하게, 깊게, 애원하는 음조로,
나는 다른 사내의 사랑을 노래하며,
나 자신의 사랑인 양 연기했어요.

가슴에 슬픔을 거의 품고 있지 않은
나의 희망, 나의 기쁨, 나의 제네비브!
그녀는 나를 가장 사랑하는데, 나는
노래를 부를 때마다 그녀를 슬프게 하죠.

그런데도 나는 이 용감하고 사랑스러운 기사를
미치게 만든 잔혹한 경멸을 말해줬어요,
그래서 그 기사가 낮에도 밤에도
쉬지 못한 채, 산-숲을 헤매고 다녔다고요.

때로는 황량한 굴에서,
때로는 음침한 그늘에서,
때로는 녹색의 해 밝은 골짝에서
어떤 아름다운 눈부신 천사가

느닷없이 불쑥 나타나서

그의 얼굴을 쳐다보곤 했는데,
알고 보니, 그것은 악마,
바로 이 비참한 기사였다고요!

또 어쩌다가, 그가 무슨 일을 하는지도 모른 채,
포악한 무리 속으로 뛰어들어,
죽음보다도 지독한 분노로
이 나라의 국모를 구하게 되었는지!

그래서 그녀가 울며 그의 무릎을 껴안고,
그녀가 헛되이 그를 돌보며 ―
그의 뇌를 미치게 만든 그 경멸을
속죄하려고 하염없이 노력하게 되었다고요.

그녀가 어느 동굴에서 그를 돌본 덕에,
그가 죽음을 앞두고 숲속의
노란 나뭇잎들 위에 누웠을 때
그의 광기가 다 사라졌다고 하면서

그가 죽어가며 남긴 말들 ― 너무나 애달픈
그 소곡에서 가장 애절한 가락에 이르렀을 때,
물론, 나의 흔들리는 목소리와 멈칫하는 하프가

동정심으로 그녀의 영혼을 어지럽혔지요!

영혼과 감각의 온갖 충동들이
나의 정직한 제네비브를 흥분시켰어요.
그 음악 소리와 애달픈 이야기,
그 풍요롭고 훈훈한 저녁

그리고 희망들과 희망을 불붙이는 두려움들이,
분간할 수 없는 한 무리를 이루었죠!
오랫동안 억누른 채, 오랫동안
억누른 채 간직했던 소망들까지요!

그녀가 연민과 기쁨의 눈물을 흘렸어요.
그녀가 사랑과 처녀의 부끄러움에 얼굴을 붉혔죠.
그리고, 어떤 꿈의 속삭임처럼,
그녀가 내 이름을 부르는 소리를 들었어요.

그녀의 젖가슴이 부풀며 — 그녀가 비켜섰죠.
내 눈길을 의식한 듯, 그녀가 걸음을 떼더니 —
갑자기 겁먹은 눈길로
내 품에 달려들어 울더군요.

그녀가 두 팔로 나를 거의 감싼 채,
부드러운 포옹으로 나를 껴안았죠.
그리고 고개를 뒤로 젖혀 쳐다보며,
나의 얼굴을 응시했어요.

사랑과 두려움이 뒤섞인 표정에,
수줍은 애교도 살짝 섞여 있었죠.
나는 보지 않고도, 부푸는
그녀의 심장을 느낄 수 있었어요.

두려움들을 진정시키고, 그녀가 차분해지자,
나는 순결한 긍지를 품고 사랑을 고백했어요.
그리하여 나는 나의 제네비브,
나의 빛나는 아름다운 신부를 얻었어요!

미친 어머니
Mad Mother

거친 두 눈, 훤히 드러난 머리,
햇볕에 숯처럼 까맣게 탄 머리칼,
녹 같은 얼룩이 있는 눈썹의
그녀는 대양 너머 먼 곳에서 왔다.
그녀는 아기를 안고 있었는데,
그렇지 않았다면 그녀 혼자였으리라.
따뜻한 건초더미 밑에서도,
푸른 숲 돌 위에서도, 숲속에서도
그녀는 수다를 떨고 노래를 불렀는데,
그 말소리가 다름 아닌 영어였다.

"예쁜 아가! 다들 내가 미쳤다고 하지만,
아니야, 내 가슴은 너무너무 즐겁단다.
그래서 슬프고 애절한 수많은 일을
마음껏 노래하면 나는 행복하단다.
그러니, 사랑스러운 아가, 두려워하지 마라!
제발 나를 두려워하지 말고,
이 품에서, 요람에 있듯 안전하게

있으려무나, 나의 사랑스러운 아가!
내가 너에게 얼마나 많이 의지하는데,
너에게 어떤 불행을 안길 수 있겠니.

언젠가 나의 뇌 속에 불이 나서,
나의 머릿속이 지끈지끈 아팠는데,
악마 같은 얼굴들이 하나, 둘, 셋,
내 젖가슴에 매달려, 빨아댔단다.
그런데 어느새 기쁜 광경으로 바뀌더니,
금시에 나에게 행운을 가져다주었지.
깨어나서, 내 귀여운 아들, 살과 피로
이루어진 내 귀여운 아들을 보았으니까.
오 그 모습을 보고 어찌나 기쁘던지!
세상에 그 아이, 그 아들밖에 없었거든.

빨아라, 귀여운 아가, 오 다시 빨아라!
그래서 내 피를 식히고, 내 뇌를 식혀주려무나,
네 입술이 느껴지는구나, 아가! 그 입술로
내 가슴에서 고통을 빨아내려무나.
오! 너의 작은 손으로 나를 꽉 눌러서,
내 가슴에 맺힌 응어리를 풀어주려무나.
죽은 듯이 딱딱한 그 젖무덤을 꽉꽉

누르는 너의 작은 손가락들이 느껴지는구나.
산들바람이 나무 안에 숨어있다가
나와서 내 아기와 나를 식혀주는구나.

오! 나를 사랑해다오, 사랑해다오, 귀여운 아들!
네가 네 엄마의 유일한 기쁨이란다.
둘이서 바다의 바위 끝을 넘어갈 때
그 밑의 파도를 두려워하지 마라,
울퉁불퉁한 높은 바위도, 으르렁대며
날뛰는 여울도 나를 해치지 못한단다.
내가 팔에 안고 가는 아기가,
그가 바로 내 소중한 영혼의 구세주란다.
그러니 행복하게 누워라, 나는 축복받았고,
내가 없으면 나의 예쁜 아기도 죽을 것이기에.

그러니 두려워하지 마라, 내 아들! 너를 위해
내가 사자처럼 용감해지고,
내가 언제나 너의 길잡이가 되어,
푹푹 꺼지는 눈밭과 넓은 강도 헤쳐갈 테니.
내가 인디언풍의 정자를 짓고, 내가 아는
잎들로 아주 푹신한 침대도 만들어줄게.
네가 나를 떠나지 않고,

내가 죽을 때까지 변함없이 진실하면,
나의 예쁜 것! 그럼 너도 봄날의
새들처럼 즐겁게 노래하게 될 거야.

네 아빠는 내 가슴을 좋아하지 않으니,
네 것이다, 고운 아가, 거기서 쉬어라.
다 네 것이다! 혹시 모양이 변할지
모르지만, 전에는 정말 고와 보였단다,
지금도 너에겐 괜찮지만, 나의 비둘기!
귀여운 아가, 나의 미모도 바랬다만,
네가 나랑 함께 살며 사랑해 줄 테니,
내 가여운 뺨이 갈색으로 변한들 어떠리?
나는 괜찮아, 그것이 너무 핼쑥하고
창백해지면 네가 알아볼 수 없을 테니.

남들의 조롱은 두려워하지 마라, 내 어린 목숨아!
나는 너의 아버지랑 결혼한 아내니,
널찍하게 퍼진 나무 밑에서
우리 둘이 정직하게 살자꾸나.
그이는 귀여운 아들을 버릴지언정,
나랑은 같이 살고 싶지 않았단다.
그래서 내 아기가 상처 입진 않겠지만,

가여운 남자! 그 사람도 비참할 테니,
매일 우리 둘이 멀리 떠나가 버린
그 사람을 위해 기도해 주자꾸나.

내가 내 아들에게 멋진 일들을 가르치고,
새끼올빼미의 노랫소리도 가르쳐줘야지.
나의 귀여운 아가! 네 입술이 조용하구나,
그래 네가 마음껏 빨아 먹었구나. —
나의 사랑하는 아이는 어디로 갔을까?
왜 그리 사악한 눈길로 보는 거니?
아아! 아아! 몹시 사나운 그런 표정을
나는 결코, 결코 지은 적이 없는데,
나의 예쁜 아들아, 네가 미치면,
그러면 나는 영원히 슬퍼해야 한단다.

오! 나에게 미소하려무나, 나의 어린양아!
내가 바로 너의 사랑하는 엄마니까.
내 사랑은 너로 인해 많은 시련을 겪었단다.
나는 멀리 널리 네 아버지를 찾아다녔지.
나는 응달의 독버섯들을 잘 알고,
먹어도 좋은 땅콩도 알고 있단다.
그러니, 예쁜 아가, 겁내지 마라.

우리 둘이 숲에서 네 아버지를 찾아보자꾸나.
자 즐겁게 웃으며, 숲으로 떠나자꾸나!
거기서, 내 아가, 둘이서 영원히 살자꾸나."

노수부

The Ancient Mariner : A Poet's Reverie★

1

보아하니 늙은 수부 같은데,
그가 세 명 중 한 명을 붙든다:
"당신의 긴 회색 수염과 빛나는 눈으로
지금 왜 나를 붙드는 거요?

신랑 집의 대문이 활짝 열려있고,
나는 가장 가까운 친척이요.
하객들이 모이고, 연회도 마련되었소 —
저 흥겨운 소리를 들어보시오."

그래도 그가 그 결혼식 하객을 붙든다 —
"배가 한 척 있었네," 그가 말한다 —

★ 콜리지의 시로, 1798년에 익명으로 출간된 『서정민요』(Lyrical Ballads with a few other poems) 초판에는 「노수부의 노래」(The Rime of the Ancient Marinere)라는 제목으로 수록되었으며, 이 「노수부」보다 10개 정도의 연이 더 많다. 초판의 6부에서 '죽은 선원들의 영혼'을 묘사하는 대목을 참고하길 바란다.

"글쎄, 재밌는 얘기가 있거든,
수부여! 나랑 같이 갑시다."

그가 말라빠진 손으로 하객을 붙들고,
말한다, "배가 한 척 있었네 — "
"글쎄 비켜, 이 회색 수염의 얼간이야!
내 지팡이를 피해 도망치지 않으려거든."

그가 번쩍이는 눈으로 하객을 붙든다 —
결혼식 하객은 꼼짝도 못 하고
세 살배기 아이처럼 경청한다:
그 수부의 뜻대로 되고 말았다.*

결혼식 하객이 돌 위에 앉았다,
그로서는 들을 수밖에 없다:
그리하여 그 노인, 빛나는 눈의
수부가 이야기를 이어갔다.

"배가 환호받으며 항구를 벗어났지 —
흥겹게 우리는 떠났네
교회 아래로, 언덕 아래로,

---

* 결혼식 하객이 노수부의 빛나는 눈빛에 홀려서 최면에 걸린 듯한 상황.

등대 지붕 밑으로.

태양이 왼쪽에서 솟아올랐네,
바다에서 빠져나왔지.
그리고 밝게 빛나다가, 오른쪽
바닷속으로 추락했지.

매일 점점 높이 솟아,
한낮에 돛대 바로 위까지 ― "
이즈음에 결혼식 하객이 가슴을 쳤다,
커다란 바순 소리를 들었기 때문에.

신부가 천천히 식장으로 입장했다,
장미처럼 불그스름한 그녀.
고개를 끄덕이며 신부를 앞서간다,
흥에 겨운 노래꾼들.

결혼식 하객이 가슴을 쳤다,
그러나 그는 들을 수밖에 없다:
그리하여 그 노인, 밝은 눈의
수부가 이야기를 이어갔다.

"그런데 북풍이 거세게 몰려왔네,
강력한 폭풍우가 몰려왔지!
그래서 남쪽으로 몇 날 몇 주나 하염없이
왕겨처럼 우리는 휩쓸려 다녔다네.

그런데 안개와 눈이 몰아치더니,
날씨가 엄청나게 추워졌지.
돛대 높이만 한 빙산이 떠다녔는데
에메랄드처럼 푸르스름했지.

그리고 눈발 사이로 눈 덮인 절벽들이
음산하게 빛을 발했지,
인간이나 짐승의 모습도 보이지 않고 —
온 사방에 얼음뿐이었네.

여기에도 얼음, 저기에도 얼음,
온 사방이 얼음 천지였지.
그게 갈라지며 으르렁대고 포효하며 울부짖었네,
사납게 끊임없이 울려 퍼졌지.

오래간만에 앨버트로스 한 마리가 날아왔네,
안개를 뚫고 찾아온 거지.

마치 그 새가 기독교도의 영혼이었던 듯이,
우리는 하나님의 이름으로 새를 환영했다네.

수부들이 새에게 비스킷-벌레들을 주고,
새는 빙빙 돌며 날아다녔지.
빙산이 천둥 발작하며 갈라졌고,
키잡이가 그 틈새로 배를 몰아갔네.

이윽고 이로운 남풍이 뒤에서 생겨났고,
그 앨버트로스도 따라왔네.
수부들의 어-이 소리에 맞추어
매일 먹이나 놀이를 위해 찾아왔지!

안개나 구름이 끼면 돛대나 돛 줄에
새는 아흐레 저녁이나 앉아 있었네,
그동안 밤새도록 하얀 안개-연무 속으로
하얀 달빛이 희미하게 빛났지."

"하나님이 노수부, 당신을 구해주시길!
당신을 그리 괴롭히는 마귀들로부터! ―
왜 그렇게 보시오?" ― "나의 쇠뇌*로

---

* "쇠뇌"는 방아쇠 장치가 장착된 자루 부분(시위를 놓는 부분)과 활 부분

내가 그 앨버트로스를 쏴버렸네."

2

"태양이 이제 오른쪽에서 솟아올랐네,
바다에서 빠져나왔지,
여전히 안개에 가려진 채, 왼쪽의
바닷속으로 추락했지.

아직은 뒤에서 이로운 남풍이 불었네,
그러나 뒤따르는 즐거운 새는 없었지,
더 이상 수부들의 어-이 소리에 맞추어
먹이나 놀이를 위해 찾아오지 않았지!

내가 흉악한 일을 저질러서,
그들에게 화를 미칠 것 같았네.
다들 순풍을 불어오게 한 새를
내가 죽여버렸다고 주장했으니까.

천사의 머리처럼, 흐리지도 붉지도 않은

이 교차하도록 고안된 중세시대의 무기.

찬란한 태양이 솟아올랐네.
그러자 다들 안개와 연무를 데려온 새를
내가 죽여버렸다고 주장했네.
안개와 연무를 데려오는 새를
죽인 것은 잘한 일이었어, 그러더군.

미풍이 불고, 하얀 거품이 흩어지고,
물이랑이 자유로이 따라왔네.
우리가 그 고요한 바다로
뛰어든 최초의 사람들이었지.

미풍이 가라앉아, 돛들이 내려지니,
정말 슬프기 짝이 없었네.
우리가 지껄이는 말소리만이
바다의 고요를 깨뜨렸을 뿐이지.

너무나 뜨거운 구릿빛 하늘에
핏빛의 태양이 한낮이면
돛대 바로 위에 멈춰 섰지,
달보다 크지 않은 태양이 말이네.

하루 또 하루, 하루 또 하루,

우린 꼼짝도 못 했네, 활기나 움직임도 없이
마치 그림 속의 바다에
그려진 배처럼 정지해 있었지.

물, 물, 온 사방이 물이었고,
갑판 전체가 오그라들었네.
물, 물, 온 사방이 물이었는데,
마실 물은 한 방울도 없었네.

그 심연도 썩었지. 오, 그리스도여!
세상에 이런 일이 다 있나!
게다가, 많은 다리의 미끈한 물체들이
미끈한 바다 위에서 기어 다니는 거야.

빙글, 빙글, 들락날락하며
밤이면 도깨비불들*이 춤을 췄지,
바닷물이, 마치 마녀의 기름처럼,
녹색 파란색 하얀색으로 불탔네.

---

* "도깨비불"은 폭풍 이는 밤에 배의 돛이나 삭구 주변에 일어나는 방전현상으로, 미신을 믿는 선원들은 이 현상을 '재앙'이나 '죽음'의 예시로 여긴다.

어떤 이는 꿈속에서 우리를 그렇게
괴롭히는 유령을 봤다고 주장했지.
아홉 길 심연의 그가 안개와 눈의
땅에서부터 우리를 따라왔다고.

이윽고 모두의 혀가 극도의 갈증으로
뿌리까지 말라버렸지,
우리는 더 이상 말을 할 수 없었네
마치 검댕으로 목이 콱 막혀버린 듯했지.

아 슬픈지고! 얼마나 사악한 눈총을
내가 늙은이와 젊은이들로부터 받았던지!
십자가 대신에 그 앨버트로스가
나의 목에 걸려 있었네."

3

"그렇게 지루한 시간이 흘러갔네. 저마다
목구멍이 바싹 마르고, 눈도 멍해졌는데,
내가, 서쪽을 바라보다가,
하늘에서 뭔가를 보았지.

처음에는 작은 반점 같더니,
이내 안개처럼 보이더군.
그게 계속 움직이더니, 마침내
어떤 형체를 띠는 걸 알게 되었네.

반점, 안개, 형체로 변한 거야!
그게 점점 가까이 다가오더니,
마치 물의 요정이라도 피하는 양,
잠수해서 이리저리 움직이더군.

목구멍이 바싹 마르고, 검은 입술이 타서
우리는 웃을 수도 울 수도 없었네.
극도의 갈증에 다들 멍하니 서 있었는데
내가 내 팔을 물어뜯어 피를 빨아먹고,
소리쳤지. 돛이다! 돛이다!

목구멍이 바싹 마르고, 검은 입술이 타서
다들 입을 떡 벌린 채 내 외침을 들었지.
황송하게도! 다들 기뻐서 싱글대며,
모두가 동시에 숨을 들이마셨네
마치 모든 것을 들이켜듯이.

'보게! 봐!' (내가 소리쳤지) '배가 항로변경 없이!
우리를 구하려고 이쪽으로 오고 있다
바람도 없고, 조류도 없는데
배가 용골을 세우고 서서히 다가온다!'

서쪽 파도가 온통 불타올랐네.
하루가 거의 끝나가고 있었지!
서쪽 파도 위에
넓고 밝은 태양이 막 얹히는 순간,
그 이상한 선체가 우리와 태양 사이로
느닷없이 질주해 왔지.

바로 그때 해가 줄무늬로 얼룩졌네
(하늘의 성모여 우리에게 은총을 베푸소서!)
마치 해가 지하 감옥의 쇠창살 사이로
드넓게 불타는 얼굴을 흘끔 들이미는 듯했네.

아! (나는 생각했네, 심장이 거칠게 고동쳤지)
배가 어찌나 빨리 점점 가까워지던지!
마치 요동치는 거미줄같이 햇살 속에서
번쩍이는 저것들이 *배의* 돛인가?

저것들의 *배의* 늑골들인가, 그 사이로 해가
마치 창살 사이로 새어들듯 들여다보는데?
저 *여인과 그녀의 짝*,*
저 두 명의 선원이 전부란 말인가?

그의 뼈들은 실금투성이에 새까맸지,
정말, 온통 새까맣고 휑뎅그렁했네.
칠흑같이 까맣고 휑뎅그렁했지, 곰팡이가 피어서
축축하고 납골당 더께처럼 녹슬어서
자주색과 녹색 반점이 생긴 부분만 빼고 말이야.

그녀의 입술은 붉고, *그녀의* 표정은 분방했네,
그녀의 머리칼은 황금처럼 노르스름했지.
그녀의 피부는 문둥이처럼 하얬는데,
그보다는 *그녀가* 훨씬 더 죽음을 닮아서,
그녀의 몸이 평온한 대기를 차갑게 만들었지.

그 헐벗은 폐선이 옆으로 다가왔는데

---

* 늑골(또는 늑재)은 배의 용골에서 위나 바깥쪽으로 갈비뼈처럼 구부러
져 뻗어 나와 있는 선체의 뼈대를 말하고, "저 여인과 그녀의 짝"은 각각
돛과 선체를 가리킨다. 헷갈리지 않게, 이후의 "그녀"(돛)와 "그"(선체)
의 묘사에 주의하길 바란다.

그 둘이서 주사위 놀이를 하고 있었지,
'게임은 끝났어! 내가 이겼어, 내가 이겼다고!'
그녀가 말하며, 휘파람을 세 번 불었네.

뒤에서 일진 돌풍이 일더니
그의 뼈들을 통과하며 휘파람 소리를 냈네,
그의 눈구멍과 입 구멍을 지나며
휘파람 같고 신음 같은 소리를 자아냈지.

작은 속삭임마저 없는 바다에서
그 유령선이 화살처럼 돌진하는 동안,
동쪽 수평선 위로 뿔 달린 달이
떠올랐네, 양 끄트머리 사이의 거의 중앙에
밝은 별 하나를 태우고서.

그 뿔 달린 달빛에 한 명 또 한 명이
(오 낯선 이여! 내 말 좀 들어보게)
소름 끼치게 고통스러운 얼굴을 돌리더니
각자의 눈으로 나를 저주했네.

50의 네 배나 되는 살아있는 사람들이
한숨이나 신음도 없이

묵직하게 쿵, 죽은 몸뚱이가 되어
한 명씩 한 명씩 쓰러졌지.

그들의 영혼이 몸에서 나와 날아갔네 —
행복 혹은 비애의 세상으로 날아갔겠지.
모든 영혼이 나를 지나쳐 갔네,
나의 쇠뇌처럼 윙 소리를 내면서."

4

"나는 당신이 두렵소, 노수부여!
당신의 뼈만 남은 손이 두렵소,
키다리에 홀쭉한 갈색의 당신이
꼭 이랑 진 바다의 모래사장 같소.

나는 당신과 당신의 반짝이는 눈
다갈색의 뼈만 앙상한 손이 두렵소 — "
"두려워 말게, 두려워 마, 결혼식 하객이여!
이 몸은 쓰러지지 않았네.

홀로, 홀로, 오로지 홀로

그 넓고 넓은 바다에 나 혼자였지.
그리스도조차 고뇌에 찬 내 영혼에
동정심을 베풀어주지 않았네.

그토록 아름다운 많은 사람들,
그들이 모두 죽어 누워있었네!
그리고 수백만의 미끈미끈한 물체들이
계속 살아 있었네 — 나도 그랬지.

나는 썩어가는 바다를 바라보았네,
그러다가 이내 눈을 돌려버렸지.
나는 섬뜩한 갑판을 바라보았네,
거기엔 죽은 사람들이 누워있었지.

나는 하늘을 쳐다보며 기도하려 했네,
그런데 기도가 터져 나오는가 싶더니,
사악한 속삭임만 터져 나오다가
내 가슴이 먼지처럼 말라버렸지.

나는 눈꺼풀을 닫고 꼭 감고 있었네,
눈알들이 맥박처럼 뛰며 쑤시더군.
하늘과 바다, 바다와 하늘이

마치 짐처럼 나의 지친 눈을 짓눌렀고,
시신들이 내 발치에 있었지.

식은땀이 그들의 수족에서 녹아내렸네,
그들은 썩지도 않고 악취를 풍기지도 않았지.
그들이 나를 바라보던 표정은
도무지 사라지지 않았네.

고아의 저주는 하늘에 사는 천사도
지옥으로 끌어내린다고들 하지.
그러나 오! 죽은 사람의 눈에 서린
저주는 훨씬 더 끔찍하다네!
7일 낮, 7일 밤이나 나는 그 저주를 보았지,
그러나 나는 죽을 수도 없었네.

움직이는 달이 하늘로 떠올라,
정처 없이 떠갔네.
살며시 달이 떠올랐고
그 곁에 한두 별도 보였네 —

달빛이 4월의 하얀 서리처럼 펼쳐진
뜨거운 대양을 비웃었지.

그러나 배의 거대한 그림자가 누워있는
마술 걸린 물은 계속 탔네
고요하고 끔찍한 붉은빛으로.

배의 그림자 너머로 나는
물뱀들을 지켜보았네.
그것들이 하얗게 반짝이는 해로에서 움직였지.
그놈들이 몸을 치켜세울 때면, 요정 같은 빛이
회백색의 불똥들처럼 떨어졌지.

배의 그림자 안에서 나는
그놈들의 화려한 차림을 구경했네
푸른색, 빛나는 녹색과 벨벳 검은색의
뱀들이 사리를 틀며 헤엄쳤는데, 해로마다
금색의 불꽃이 번쩍거렸네.

아 행복한 생물들! 어떤 말로도
그놈들의 아름다움을 표현하지 못할 걸세.
사랑의 샘이 내 가슴에서 분출해서,
나도 모르게 그것들을 축복했지!
필시 나의 상냥한 성자가 나를 가엾게 여겨서,
나도 모르게 그것들을 축복했겠지!

그와 동시에 나는 기도할 수 있었네.
그러자 내 목에서 앨버트로스가 풀려서
떨어져 나가더니, 마치 납처럼
바닷속으로 가라앉았지."

5

"오 잠이여, 잠은 남극에서
북극까지 사랑받는 평온한 것!
성모 마리아께 찬미를 드리니,
그녀가 천상에서 평온한 잠을 보내서
내 영혼 속으로 스르르 들어왔네.

나는 갑판에 아주 오랫동안 놓여 있던
소박한 양동이들이 이슬로
가득 채워지는 꿈을 꾸다가
깨어났는데 비가 내리고 있었네.

내 입술이 젖어있고, 목도 차가웠네,
나의 옷도 온통 축축했지.

분명 내가 꿈속에서 물을 마셨는데,
아직도 내 몸이 빨아들이고 있었지.

내가 움직였는데 사지에 감각이 없었네,
내 몸이 너무 가벼운 나머지, 거의
내가 잠을 자다가 죽어서,
축복받은 혼이 된 기분이었지.

이내 나는 포효하는 바람 소리를 들었네,
바람이 가까이 다가오지는 않았지.
그런데 바람이 그 소리로
아주 얇게 마른 돛들을 흔들었네.

위쪽의 대기가 갑자기 활기를 띠고,
수백의 불-깃발들이 반짝거리며,
이리저리 다급하게 움직였네.
그리고 이리저리, 들락날락하며
희미한 별들이 그 사이에서 춤을 췄지.*

다가오는 바람이 더 크게 포효했고,
돛들이 사초처럼 한숨을 토했네.

---
* 남극광(남극지방에서 볼 수 있는 발광현상)을 묘사하는 대목.

비가 한 조각 먹구름에서 쏟아졌고,
달이 그 구름 끝에 걸려 있었지.

그 짙은 먹구름이 갈라졌고, 여전히
달은 그 옆구리에 걸쳐 있었네.
마치 드높은 바위산에서 쏟아지는 물처럼,
번개가 갈지자ㄹ도 그리지 않고
깎아지른 넓은 강처럼 추락했네.

그 아우성치는 바람이 배에 이르지도 않았는데,
배가 계속 나아갔지!
번개 불빛과 달빛 아래에서
죽은 사람들이 신음을 토했네.

그들이 신음하며, 꿈틀대다가, 벌떡 일어나더니,
아무 말도 하지 않았고, 눈도 움직이지 않았네.
그렇게 죽은 자들이 일어나는 모습을
꿈에서 봤다고 해도, 이상했을 것이네.

키잡이가 키를 잡았고, 배가 전진했지.
그러나 불어오는 바람은 없었네.
수부들이 모두 밧줄 작업을 시작했지,

다들 전에 일하던 자리에서 말이네.
그들이 수족을 뻣뻣한 연장처럼 들어 올렸지 —
우리는 유령 선원들이었네.

내 형의 아들 시체가
내 옆에서 무릎을 맞대고 서 있었네.
그 시체와 내가 한 밧줄을 끌어당겼지,
그러나 걔도 내게 한마디 하지 않았네."

"나는 당신이 두렵소, 노수부여!"
"진정하게, 결혼식-하객이여!
그들의 영혼이, 고통 속에서 달아나지 않고
각자의 시신으로 다시 찾아왔으니,
정말 축복받은 정령들의 무리였지.

먼동이 틀 무렵에 — 그들이 모두 팔을
늘어뜨리고, 돛대 주위로 모여들었으니까.
달콤한 소리들이 서서히 그들의 입을 통해,
그들의 몸에서 솟구쳐 나왔네.

유쾌한 소리들이 저마다 빙글, 빙글 맴돌다가,
태양을 향해 화살처럼 날아갔지.

서서히 그 소리들이 되돌아왔네,
때로는 섞이고, 때로는 낱낱의 소리로.

때로는 하늘에서 낙하하는
종다리의 노랫소리가 들렸고,
때로는 존재하는 온갖 작은 새들이
즐겁게 재잘대는 소리로
바다와 대기를 가득 채우는 듯했네!

때로는 온갖 악기들의 소리 같다가,
때로는 쓸쓸한 피리 소리 같았고,
때로는 마치 천사의 노래처럼
온 하늘을 숨죽이게 만들지.

그 노래가 멈췄네. 그러나 여전히 돛들이
한낮까지 즐거운 소리를 계속 자아냈지,
나뭇잎이 무성한 유월에,
잠든 숲에 밤새도록
고요한 곡을 불러주는
은밀한 냇물의 소리처럼 말이네.

정오까지 우리는 조용히 항해했지,

그러나 바람 한 결 불지 않았네.
천천히 순조롭게 배는 나아갔네
밑에서 미는 추진력으로 움직였지.

용골 아래 아홉 길 깊은 곳으로
안개와 눈의 땅에서 온
정령이 슬그머니 들어갔지. 배를
추진한 것은 바로 그 정령이었네.
정오가 되자 돛들이 가락을 멈췄고,
배도 완전히 정지해버렸지.

돛대 바로 위에 떠 있는 태양이
배를 대양에 박아버렸지.
그런데 갑자기 배가 주춤주춤
불안하게 꿈틀거리기 시작했네 —
선체가 앞으로 꺼졌다가 뒤로 꺼졌다가
주춤주춤 불안하게 말이네.

이윽고, 고삐 풀린 말이 앞발을 쳐들 듯이,
배가 갑자기 펄쩍 튕겨 올랐네.
그래서 내 피가 머리로 쏠리며,
나는 쓰러져서 기절하고 말았지.

그 발작 상태로 얼마나 누워있었는지
분명하게 말해 줄 수는 없네만,
나의 생목숨이 돌아오기 전에,
허공에서 들려오는 소리를 듣고
내 영혼으로 두 목소리를 분간해냈지.

'그자야?' 한 목소리가 말하네, '그자 맞지?
십자가에서 돌아가신 분을 걸고,
잔인한 활로 이자가 그 죄 없는 앨버트로스를
쏴서 완전히 눕혀버렸잖아.

안개와 눈의 땅에서
홀로 사는 정령,
그분은 사람을 좋아한 그 새를 사랑했는데
저자는 자기 활로 그 새를 쏘아버렸지.'

다른 목소리는 더 부드러웠네,
꿀-이슬처럼 부드러웠지.
그가 말하네, '그 사람은 참회했고,
앞으로 더 많은 참회를 할 거야.'"

6

첫 번째 목소리

"그런데 말해줘, 말해줘! 다시 말해줘,
다시 부드럽게 대답해줘 —
저 배를 저토록 빨리 몰아가는 게 뭐야?
대양이 무슨 짓을 하는 거지?'

두 번째 목소리

'주인 앞의 노예처럼 고요한
대양에는 바람 한 점 없어.
대양의 빛나는 커다란 눈이 아주 조용히
위에 있는 달을 쳐다보고 있잖아 —

어느 길로 가야 할지 알고 싶은가 봐,
달은 바다를 부드럽게 혹은 거칠게 인도하니까.
봐라, 동생아, 저기 좀 봐! 정말 인자하게
달이 대양을 내려다보고 있잖아.'

첫 번째 목소리

'그런데 저 배를 왜 저토록 빨리 몰아,

파도도 없고 바람도 없잖아?'
두 번째 목소리
'공기가 앞에서 베어지고,
뒤에서 닫히니까.

날아라, 동생아, 날아! 더 높이, 더 높이,
안 그러면 우리가 늦어질 거야.
저 배는 느릿느릿 나아가고 있을 거야,
저 수부의 몽환이 끝날 때쯤에는.'

나는 깨어났고, 우린 항해하고 있었네
마치 온화한 날씨에 항해하듯이.
때는 밤, 고요한 밤, 달이 높이 떠 있었고,
죽은 사람들이 함께 서 있었네.

모두가 갑판에 함께 서 있었지,
지하 납골당이 더 어울리건만.
모두가 달빛에 젖어 반짝이는
돌 같은 눈으로 나를 응시했네.

그들이 죽었을 때의 그 고통, 그 저주는
결코 사라진 적이 없었지.

나는 그들의 눈길을 피할 수도 없고,
눈을 들어서 기도할 수도 없었네.

그런데 마침 이 주문이 풀렸지. 다시 한번
나는 녹색의 대양을 바라보았네,
멀리 내다보았지만, 그 전과 딱히
달라진 것은 보이지 않더군 —

마치 두려움과 공포에 젖어서
고적한 길을 걸어가다가, 뒤를 한번
돌아봤는데, 어떤 무서운 마귀가
바짝 뒤따라온다는 것을 알아채고,
다시는 고개를 돌리지 않은 채
계속 나아가는 사람이 된 것 같았지.

그런데 바람 한 자락이 내 몸에 와 닿았네,
소리도 없고 움직임도 없었지.
그 바람길은 바다 위에도 없었고
파문에도 그늘에도 없었네.

그게 내 머리칼을 일으켰고, 뺨을 부채질했지,
마치 봄의 초원에 부는 실바람처럼 —

그게 나의 두려움들과 기이하게 뒤섞였네,
그러나 환영할 만한 손님처럼 느껴졌지.

빠르게, 빠르게 배가 질주했네,
그러나 배는 또한 가뿐히 항해했지.
달콤하게, 달콤하게 미풍이 불었네 —
오로지 나에게만 불었지.

오 기쁜 꿈이여! 내 눈에 보이는
이것이 정녕 그 등대 꼭대기인가?
이것이 그 언덕인가? 이것이 그 교회인가?
이곳이 바로 나의 나라인가?

우리는 항구 모래톱 저편에서 표류했고,
나는 흐느끼며 기도를 올렸네 —
'오 나를 깨워주소서, 나의 신이시여!
아니면 내가 영원히 잠들게 하소서!'

항구 모래톱은 유리처럼 맑았네,
아주 매끈하게 펼쳐져 있었지!
그 만에는 달빛과 달의
그림자가 깃들어 있었네.

바위가 밝게 빛났네, 그 바위 위에
서 있는 교회도 그에 못지않았지.
달빛이 고요하게 멈춰있는
바람개비를 함빡 적시고 있었네.

만은 고요한 빛에 하얗게 물들어 있었네,
이윽고 바로 그곳에서
수많은 형상의 음영들이
심홍색 옷을 걸치고 떠올랐지.

뱃머리에서 조금 떨어진 곳에
그 심홍색 음영들이 있었네.
나는 눈을 돌려 갑판을 보았는데 —
오 그리스도여! 내가 거기서 뭘 봤겠는가?

시신들이 납작 누워있었지, 생기 없이 납작,
그리고 거룩한 십자가에 맹세코
온통 빛인 사람, 천사-인간이
거기 있는 각각의 시신 위에 서 있었네.

이 천사-무리가 저마다 손을 흔들었네.

정말 성스러운 광경이었지.
그들이 육지에 신호를 보내듯이 서 있었네,
저마다 사랑스러운 빛이었지.

이 천사-무리가 저마다 손을 흔들었네,
그들은 아무 소리도 내지 않았지 ―
소리는 내지 않았으나, 오! 그 침묵이
마치 음악처럼 내 가슴에 가라앉았네.

이윽고 노들이 부딪치는 소리가 들려왔네,
수로안내인의 환호 소리도 들렸지.
나의 머리가 마지못해 돌아갔는데,
작은 배 한 척이 나타났더군.

수로안내인과 그의 조수 소년이
빠르게 다가오는 소리가 들렸네.
하늘에 계신 주님 덕에! 죽은 사람들이
완전히 사라지지 않는다는 기쁨을 알았지.

세 번째 사람을 보았네 ― 그의 목소리가 들렸지.
보아하니 선한 은자였네!
그는 숲에서 손수 지은

경건한 찬가를 드높이 노래하지.
그분이 훗날 내 영혼을 죄에서 구하고,
앨버트로스의 피도 씻어주지."

7

"이 선한 은자는 바다 쪽으로 비탈진
저 숲에서 살고 있다네.
고운 목소리를 어찌나 드높이는지!
그는 먼 나라에서 찾아오는
수부들과 대화하는 것을 좋아하지.

그는 아침과 정오와 저녁에 무릎을 꿇는다네 —
그에게는 푹신한 방석이 있지.
그것은 죽은 고목 참나무 그루터기를
완전히 휘덮은 이끼라네.

그 작은 배가 다가왔네. 그들의 말소리가 들렸지,
'아니, 거참 이상하네, 정말!
바로 방금 신호를 보냈던
그 많고 고운 빛들은 다 어디로 갔지?

참, 기이한 일일세!' 은자가 말했네 ―
'우리의 환호에 대답조차 하지 않으니.
널들도 구부러진 듯하고, 저 돛들 좀 보게
너무도 얇게 말라비틀어져 있군!
저런 돛은 본 적도 없는데
내 숲의 시냇물 따라서 천천히 흘러가는

해골 같은 나뭇잎들을 보긴 했네만.
담쟁이넝쿨이 눈을 무겁게 이고,
그 밑에서 암늑대의 새끼를 잡아먹는
수놈 늑대를 향해서 새끼 올빼미가
후우 후우 울어댈 적에 말이네.'

'하나님 맙소사! 배가 꼭 악마 같아요 ―
(수로안내인이 대답했네)
저는 두렵네요.' ― '젓게, 계속 저어!'
은자가 명랑하게 말했지.

작은 배가 폐선 가까이 다가왔지만,
나는 말도 하지 않고, 꿈쩍도 하지 않았지.
작은 배가 폐선 가까이 다다르자,

갑자기 무슨 소리가 들렸네.

그 소리가 물 밑에서 우르르 울리며,
점점 커지고 무서워졌네.
그 소리가 폐선에 닿으면서, 만을 찢어놓았지.
그 배가 납덩이처럼 가라앉았네.

하늘과 바다를 강타한
그 크고 무시무시한 소리에 깜짝 놀라서,
마치 7일을 물속에 잠겨 있던 시체처럼
내 몸이 붕 떠올랐지.
그러나 꿈처럼 빠르게, 내 몸이
수로안내인의 배 안에 있었네.

폐선이 가라앉은 데서, 일어난 소용돌이에
작은 배가 뱅글뱅글 맴돌았지.
그런데도 사방이 고요했지, 언덕이
메아리치는 소리를 빼고는 말이네.

내가 입술을 움직였네. 수로안내인이
비명을 지르며 발작이 나서 쓰러지더군.
성스러운 은자는 자기 자리에서

눈을 쳐들고 기도했지.

내가 노를 잡았네. 수로안내인의
조수 소년도 이내 미쳐버려서,
크게 오랫동안 웃어대면서, 내내
두 눈알을 이리저리 굴리며,
'하! 하!' 말하더군 — '분명히 알겠어,
악마도 노를 저을 줄 아는 거야.'

그리고 마침내 나는 바로 나의 나라
단단한 땅을 밟고 섰지!
은자가 작은 배에서 내렸는데,
그는 거의 서 있지도 못했지.

'오 고해를 들어주오, 내 고해를, 성자여!'
은자가 이마에 십자가를 그었네.
'어서 말해보오,' 그가 말했네, '말해보오.
당신은 대체 누구요?'

그 즉시 나의 이 몸이
비참한 고통으로 뒤틀리는 바람에,
하는 수 없이 내 이야기를 시작했는데,

어느새 내 마음이 홀가분해지더군.

그 후부터, 시도 때도 없이,
그 고통이 찾아오면,
이 가슴속에서 불타는
나의 소름 끼치는 모험담을 들려준다네.

나는 밤처럼 이 나라 저 나라를 떠돌지,
나는 비상한 말솜씨를 타고났다네.
나는 누구든 얼굴을 보는 순간에
내 말을 들을 사람임을 알아보고,
그에게 내 얘기를 교훈 삼아 들려준다네.

저 문에서 요란한 소리가 터져 나오는군!
거기에 결혼식 하객들이 있겠지.
그런데 정원-정자에서 신부와
신부 들러리들이 노래를 부르고 있군.
또 들어보게, 작은 저녁 예배 종이
나에게 기도하라고 일러주고 있네.

오 결혼식 하객이여! 이 영혼은
넓고 넓은 바다에 홀로 있었네.

너무나 외로워서, 거기에는
하나님도 계시지 않은 것 같았네.

오 나에게는 멋진 동무와
함께 교회로 걸어가는 것이
결혼식-축연보다도 즐겁다네,
훨씬 더 즐겁다네 —

함께 교회로 걸어가서
노인들과 아기들과 사랑하는 친구들,
명랑한 청년들과 처녀들이
각자 위대한 아버지께 머리를 수그리고,
모두 함께 기도하는 것이 말이네.

잘 있게나, 잘 있어! 자네한테
이 말만 전하겠네, 결혼식 하객이여!
인간과 새와 짐승을 모두
적절하게 사랑하는 이가 기도를 잘한다네.

크고 작은 모든 생물을
가장 사랑하는 이가 기도를 제일 잘한다네.
우리를 사랑하는, 사랑의 하나님,

그분이 만물을 창조하셨고 사랑하시기에."

빛나는 눈, 나이가 지긋하여
수염에 흰서리가 내린 그 수부는
가버렸고, 이내 결혼식 하객도
신랑댁의 문간에서 돌아섰다.

그는 마치 기절했다가 일어나
감각이 감감한 사람처럼 나아갔다.
다음 날 아침에 일어난 그는
한층 슬프고 슬기로운 사람이 되어 있었다.

틴턴 애비 위쪽으로
몇 마일 거리에서 쓴 시

Lines written a few miles above Tintern Abbey,

on revisiting the banks of the Wye druring a tour. July 13 1798.

다섯 해가 지나갔다. 다섯 번의 여름과 그 길이만큼
다섯 번의 기나긴 겨울이! 그리고 다시 나는
즐거운 오지의 속삭임을 데리고, 산의 원천에서
굽이굽이 흘러온 이 강의 물소리를 듣는다. — 다시 한번
나는 어느 야생의 한적한 정경에서
더 깊이 은둔하고 싶은 생각을 각인시키며
풍경과 하늘의 고요를 이어주는
이 가파르고 높은 절벽들을 바라본다.
내가 다시 여기, 이 거무스름한 단풍나무 밑에서
쉬며, 시골 농가의 이 작은 밭들과
이 과수원-숲을 바라보는 날이 왔다.
이 계절이면, 과수들이 설익은 과일을 달고,
하나같이 녹색 옷으로 갈아입고, 나무들과
작은 관목들 사이에 묻혀있어서, 야생의
녹색 풍경을 어지럽히지 않는다. 다시 한번 나는

이 산울타리들, 산울타리라기보다는 거칠게 뻗은
장난스러운 나무의 작은 행렬들, 바로 문까지
녹색인 이 전원의 농장들, 그리고 나무들 사이에서
조용히, 피어오른 연기의 소용돌이를 구경한다.
분명하지는 않지만, 언뜻 보기에,
집 없이 방랑하며 숲에서 지내는 사람들,
아니면 모닥불가에 홀로 앉아 있는 어떤 은자의
동굴이 있다고 일러주는 듯하다.
    오랫동안 와보지 못했으나,
아름다운 이 형상들이 나에게는
봉사의 눈에 풍경처럼 존재한 적이 없었다.
이따금, 외로운 방 안에서, 읍과 도시의
소음 속에서도, 나는 그 형상들에 의지한 채,
몹시 지칠 때면, 피로 느끼고,
심장으로 느꼈던 행복한 감흥이
나의 더 순수한 마음속까지 스며들어,
평온을 되찾곤 했다 — 기억나지 않는
기쁨의 감정들도 그러리라. 그것들이, 아마,
착한 사람의 더없이 훌륭한 삶에
적지 않은 영향을 미쳐서, 그의 소소하고,
알려지지 않고, 기억되지 않은, 친절과 사랑의
행위들로 나타날 테니. 그에 못지않게

나도 그것들 덕분에 더욱 숭고한 모습의
또 다른 은혜를 누리는 것이리라.
그렇게 행복한 기분이 들면,
신비의 짐, 온갖 이 알 수 없는
세상의 무겁고 피곤한 무게가
가뿐해지고 — 그렇게 평화롭고 행복한 기분이 들면,
애정이 우리를 다정하게 이끌어서,
어느새 이 인체의 숨결과
우리 인혈人血의 움직임마저
거의 멈추어, 우리의 몸이 누워 잠들었다가
어떤 살아있는 영혼으로 변한 듯하기에.
그사이에 조화의 힘과 기쁨의
심오한 힘 덕분에 고요해진 눈으로,
우리는 사물들의 활기를 투시한다.

     만일 이것이
허망한 믿음일 뿐이라도, 그런데도, 오! 얼마나 자주
어둠 속에서, 그리고 기쁘지 않은 낮의
수많은 형상에 에워싸여, 초조하고
무익한 소동과 세상의 흥분이
고동치는 내 가슴에 매달렸을 때,
얼마나 자주, 마음속으로, 나는 너를 향했던가,

오, 숲속의 와이 강! 숲을 헤쳐가는 방랑자여,
얼마나 자주 나의 마음은 너를 향했던가!

그리고 지금, 거의-꺼졌던 생각의 희미한 빛들과 함께,
흐릿하고 아득해서, 조금 슬프고
당혹스러운 수많은 인식과 함께,
그 마음의 그림이 다시 살아난다.
바로 그 현장에 나는 서 있다, 현재의 즐거운
느낌뿐 아니라, 이 순간 속에 미래 세월에
적합한 삶과 양식이 있다는 유쾌한 생각들도
거느린 채. 그렇기에 나는 감히 희망한다,
처음으로 이 언덕들을 찾았을 때의 내 모습과는
틀림없이, 달라졌겠으나, 마치 노루처럼,
산 위에서, 깊은 강물과 시냇물 가에서,
자연이 이끄는 곳이면 어디든, 펄쩍펄쩍
뛰어다녔던 나보다는, 애호하는 것을
찾아다녔던 그 아이보다는, 두려워하는 무언가로부터
도망치는 어른을 더 아끼기를. 그때는 자연이
(모두 지나간 내 소년 시절의 아주 거칠었던
기쁨들과 반가워하는 동물 같은 몸짓들이)
내게는 거의 전부였다 — 이제는 그때의 내 모습을
그려볼 수 없다. 울려 퍼지는 폭포 소리가

어떤 열정처럼 나를 따라다녔다: 드높은 바위,
산, 그리고 속이 깊이 팬 음침한 나무,
그런 것들의 색조와 모양들이 그때의 나에게는
어떤 욕구였다: 어떤 느낌이자 사랑이었다.
그랬기에 상상으로 채우는 머나먼 이국의
매력이나, 눈에 보이지 않는 어떤 흥밋거리도
필요하지 않았다. 그 시절은 지나갔고,
그때의 온갖 아릿한 기쁨도, 온갖 아찔한
황홀경도 이제는 더 이상 없다. 이것 때문에
나는 아찔해지지 않고, 슬퍼하거나 투덜대지도 않는다.
다른 은혜들이 수반되었고, 그런 상실에 대한
충분한 보상이라고 믿고 싶다. 나는 생각 없는
젊은 시절과 달리, 억제하고 억누르는
넉넉한 힘을 지니고 있으면서도
거칠지 않고 거슬리지도 않는, 인류의
고요하고 슬픈 음악을 종종 들으며, 자연을
관조하는 법을 배웠기에. 그리하여 나는
고양된 사고의 기쁨으로 나를 설레게 하는
어떤 존재를 느꼈고, 아주 깊이 배어들어,
지는 해의 빛과 둥그런 대양과
활기 넘치는 공기와 푸른 하늘과
인간의 마음속에서 사는 무언가의

숭고한 의미를 깨달았고, 모든 생각하는 사물,
모든 생각의 모든 대상을 추동하고
모든 사물을 통해서 작동하는 어떤 운동과
어떤 정신을 느꼈기에. 그러니 나는 여전히
초원과 숲과 산들, 그리고 이 녹색 대지에서
우리가 바라보는 모든 것,
눈과 귀, 둘이서 반반씩 창조하고
인식하는 모든 강력한 세상의
연인이다. 그렇기에, 자연과 감각의
언어 속에서, 아주 순수한 내 생각들의 닻,
내 가슴의 유모, 안내자, 수호자요,
온전히 도덕적인 내 존재의 영혼을 인식하면
더할 나위 없이 기쁘다.

   혹시라도, 내가
이렇게 배우지 않았다면, 나의 상냥한 마음은
갈수록 황폐해지고 말았을 것이다.
네가 나와 함께 여기, 이 아름다운
강둑에 있기에, 나의 제일 소중한 동무,
나의 소중하고 소중한 동무,* 너의 목소리에서
나는 지난날 내 가슴의 언어를 포착하고,

---
* 워즈워스의 여동생 도로시 워즈워스를 가리킨다.

너의 격렬한 눈이 발하는 빛 속에서
나의 지난날 기쁨들을 해독하나니. 오! 잠시라도
너에게서 나의 옛 모습을 바라볼 수 있기를,
소중하고 소중한 누이여! 또 이렇게 나는 기도한다,
자연은 자신을 사랑하는 가슴을 결코
저버린 적이 없고, 우리 인생의 세월 내내,
기쁨에서 기쁨으로 이끄는 일이 자연의
특혜임을 알기에, 자연은 우리 안에 있는
마음을 아주 잘 알고, 고요와 아름다움으로
감동을 주며, 고귀한 생각들로
살찌울 수 있기에, 사악한 말들이나,
성급한 판단들도, 이기적인 사람들의 비웃음도,
친절함이 배어있지 않은 어떤 인사치레도,
일상생활의 온갖 따분한 교제도,
결코 우리를 압도하거나, 우리가 바라보는
모든 것이 축복으로 충만해 있다는
우리의 명랑한 믿음을 어지럽히지 못할 것이다.
그러니 달이 홀로 걸어가는 너를 비춰주고,
안개 낀 산의 바람이 자유롭게
너에게 불어오기를. 그리하여, 세월이 흐른 후,
이 야생의 황홀한 경험들이 무르익어
어떤 차분한 기쁨이 될 때, 너의 마음이

온갖 사랑스러운 형상들이 사는 저택이 될 때,
너의 기억이 온갖 달콤한 소리와
화음들이 사는 장소가 되리라. 오! 그러면,
고독이나, 공포나, 고통이나, 슬픔이
너의 일부가 되더라도, 다정한 기쁨이 배어있는
온갖 치유하는 생각들과 함께, 네가
나와 이런 나의 충고들을 기억하리라! 혹시,
내가 너의 목소리를 들을 수 없거나,
너의 격렬한 눈에서 과거 존재의 이 희미한 빛들을
포착할 수 없는 곳에 있을지라도, 그때도
너는 이 즐거운 냇물의 둑 위에서
우리가 함께 서 있었고, 아주 오랫동안
자연의 숭배자였던 내가 여기에 와서,
지치지 않고, 아니 한층 더 따뜻한 사랑,
오! 더욱 성스러운 사랑의 아주 깊은 열의로
섬겼다는 것을 잊지 않으리라. 그때가 되어도
너는 잊지 않으리라, 많은 방황, 많은 부재의
세월이 흐른 후에도, 이 가파른 숲과 드높은 절벽들,
그리고 이 녹색의 전원 풍경이 나에게는
그 자체뿐 아니라 너를 위해서 더욱 소중했다는 것을!*

---

* 이상 「틴턴 애비 위쪽으로 몇 마일 거리에서 쓴 시」까지, 20편의 시에서 콜리지의 「사랑」을 제외한 19편은 1798년에 익명으로 출간된 『서정민

요』 초판에 수록된 작품들로, 초판과 다른 순서로 배열되어 있으며, 각 시의 내용이 초판과 같거나 약간씩 다르다. 그리고 이후에 이어지는 시들은 모두 윌리엄 워즈워스의 작품들이다.

수사슴-뛰는 샘
Hart-leap Well

    수사슴-뛰는 샘은 요크셔의 리치먼드에서 약 5마일 거리에 있는 작은 샘으로, 리치먼드에서 애스크리그로 난 길가 근처에 있다. 이 샘의 이름은 주목할만한 한 사냥에서 유래한 것으로, 그 사냥의 추억이 다음 시의 2부에서 언급되는 기념물에 보존되어 있으며, 그 기념물들은 지금도 내가 시에 묘사한 그대로 남아 있다.

— 워즈워스의 머리글

1부

기사가 웬즐리 황야에서 말을 타고
여름 구름의 느릿한 동작으로 내려왔다.
그가 하인의 방문 쪽으로 고개를 돌리고,
"다른 말을 데려오너라!" 크게 소리쳤다.

"다른 말을!" — 그 고함을 하인이 듣고,
가장 좋은 말, 단정한 회색 말에 안장을 얹자,
월터 경이 그 말에 탔다. 그 영광스러운 날에

그가 올라탄 세 번째 말이었다.

기쁨이 활보하는 준마의 눈에서 반짝거렸다.
그 말과 기수가 행복한 한 쌍이다.
그러나, 월터 경은 매처럼 휙 내달리지만,
허공에 침울한 고요가 배어있다.

한 무리가 오늘 아침 월터 경의 저택을 나서,
내달리는 소리에 메아리가 우르르 울렸다.
그런데 말과 사람이, 모두, 사라져버린다.
그런 경주는, 아마, 결코 본 적이 없으리라.

월터 경이, 갈팡질팡하는 바람처럼 안달하며,
아직 남아 있는 지친 개들을 소리쳐 부른다:
고귀한 혈통의 브라치, 스위프트와 뮤직아,
쫓아라, 저 힘든 산길을 열심히 올라가라.

어서, 기사가 외치며, 애원하는 몸짓과
험악한 비난으로 개들을 혼내고 독려했다.
그러나 숨소리와 시력이 약해진 개들이,
차례로, 큰새발고사리밭에서 뻗어버린다.

그 무리는 어디에 있나, 그 떠들썩한 경주는?
그토록 즐겁게 불었던 나팔들은? —
이 사냥은 지상의 사냥 같지 않다.
월터 경과 그 수사슴만 남아 있다.

가련한 수사슴은 꾸역꾸역 산비탈을 따라간다.
그 사슴이 얼마나 멀리 도망쳤는지, 어떻게
죽게 되었는지, 굳이 말하거나 언급할 필요 없이,
마침내 기사가 쓰러져 죽어가는 사슴을 바라본다.

이내 말에서 내린, 그가 가시나무에 몸을 기댔다.
뒤따라온 개도, 어른도, 소년도 한 명 없었다.
그는 채찍도 후려치지 않고, 뿔 나팔도 불지 않은 채,
그 포획물을 응시하며 조용히 기뻐하였다.

월터 경이 몸을 기댄 가시나무 가까이에,
이 영광스러운 행위를 함께한 말 못 하는 동행이
서서, 갓 태어난 새끼 양처럼 나약한 몰골로,
산중의 폭포수처럼 거품을 물고 있었다.

그의 옆에 그 수사슴이 쭉 뻗어 있었다:
사슴의 코가 언덕 아래 샘물에 닿을락말락 했는데,

숨을 그러모아 마지막 깊은 신음을 토한 듯이
샘의 물이 고요히 흔들리고 있었다.

그런데, 너무 행복해서 눕거나 쉴 겨를도 없이
(그토록 기쁠 때 그런 사람은 좀체 없다!)
월터 경도 북쪽, 남쪽과 서쪽으로 걸어 다니며,
그 특별한 장소를 바라보고 또 바라보았다.

그리고 그 언덕을 올라가다가 (최소 60야드의
가파른 비탈이었다) 월터 경이 띄엄띄엄 있는
세 개의 발굽-자국을 발견했는데, 쫓기던
그 짐승이 녹음 우거진 땅에 남긴 것들이었다.

월터 경이 얼굴을 닦고 소리쳤다, "지금까지
저런 광경은 살아있는 눈에 보인 적이 없다:
이놈은 이렇게 높은 산등성이에서 펄쩍 세 번
뛰어서 지금 누워있는 그 샘까지 내려왔다.

내가 이 자리에 위안의 집을 짓고, 시골의
환희에 걸맞은 작은 정자도 세워야겠다.
장차 여행자의 오두막이자, 순례자의 침대,
수줍은 처녀들을 위한 사랑의 장소가 되겠지.

정교한 기술자를 시켜서 골짝에 있는
저 샘에 어울리는 수반도 만들게 하고,
오늘부터 이곳을 언급하는 사람들에게
수사슴-뛰는 샘으로 부르도록 해야겠다.

그리고, 용감한 짐승! 너의 매력들을 알리는
기념비도 여기에 따로 세워주마.
너의 발굽들이 잔디를 스치듯 지나간 자리에,
거칠게 깎은 돌기둥 세 개를 따로따로 심어 주마.

그리고 낮이 긴 여름-철에,
나도 내 애인과 함께 여기에 찾아와서,
춤꾼들과 함께, 음유시인의 노래를 곁들여,
저 쾌적한 나무 그늘에서 다 같이 흥겹게 놀아야지.

저 산의 기반이 무너질 때까지
내 저택은 그 정자와 함께 남아 있으리라 —
스웨일 들판을 경작하는 사람들과,
유어 숲에서 사는 사람들의 기쁨도!"

그러고 그는 집으로 갔고, 수사슴은 돌처럼 죽어서,

숨이 끊긴 콧구멍을 샘 위로 뻗은 채, 누워있었다.
그리고 곧장 기사는 자신이 말한 것들을 실행하였고,
그것에 대한 소문이 여러 나라에 퍼졌다.

달이 자신의 항구로 세 번 들어가기 전에,
돌 수반이 그 생기 넘치는 샘물을 받았다.
월터 경은 세 개의 거친 돌기둥을 세웠고,
그 작은 골짝에 위안의 집을 지었다.

그리고 샘 근처에다, 꽃들에 덩굴 식물들과
나무들이 뒤엉킨 커다란 조각상을 세웠는데,
그것이 금시에 작은 숲 홀, 햇빛과 바람을
막아주는 나뭇잎 무성한 은신처로 변했다.

그리고 그곳으로, 여름-날들이 길 때면,
월터 경은 그의 애인과 함께 여행하였고,
춤꾼들과 함께 음유시인의 노래를 곁들여
그 쾌적한 나무 그늘에서 즐겁게 놀았다.

그 기사, 월터 경은 머지않아 죽었고,
그의 뼈는 부친한테 물려받은 계곡에 묻혀있다.—
그렇지만 두 번째 시의 제재가 있어서,

여기에 다른 이야기를 덧붙이고자 한다.

2부

감동적인 우발사건은 나의 관심사가 아니다.
내게는 피를 얼어붙게 하는 능숙한 기술이 없다.
나의 기쁨은, 홀로 여름날 그늘에서,
생각하는 가슴들에게 소박한 노래를 들려주는 것이다.

나는 호즈에서 리치먼드까지 자주 다녔는데,
우연히 한 작은 골짝에 있는 광장 같은 곳의
세 모퉁이에 사시나무 세 그루, 4야드 이내의
샘 근처에, 또 한 그루가 서 있는 것을 보았다.

이 광경이 내포한 뜻을 내가 오해할 듯싶었다:
그래서 바로 고삐를 당겨서 말을 멈추고,
나는 줄줄이 서 있는 세 기둥,
어두운 언덕-정상의 마지막 돌기둥을 확인하였다.

그 나무들은 회색에, 팔이나 머리가 없었고,
황갈색의 광장 잔디밭도 거의 방치되어 있었다.

그래서 다들, 그때의 나처럼, 이렇게 말했으리라,
"옛날에는 여기에 사람의 손길이 있었는데."

나는 멀고 가까운 언덕들을 바라보았는데,
눈으로 그보다 구슬픈 곳은 본 적이 없는 듯,
여기에는 마치 봄-철이 찾아오지 않고,
자연도 이곳을 퇴락하게 내버려 둔 것 같았다.

내가 다양한 생각과 상상에 빠져 서 있는데,
한 사내가, 양치기의 행색을 하고,
그 계곡을 올라왔다. 내가 그에게 다가가서,
이 장소가 대체 어떤 곳인지 물어보았다.

양치기가 걸음을 멈추고, 나의 이전 시에서
내가 암송했던 그 이야기를 들려주었다.
"즐거운 곳이었지요," 그가 말했다, "옛날에는!
지금은 다소 불편하고, 저주받은 장소지만요.

사시나무의 이 죽은 그루터기들을 보세요 —
너도밤나무네, 느릅나무네, 주장들 하지만 —
이게 정자였지요, 그리고 여기에 저택이 있었는데,
수많은 왕국에서 가장 멋들어진 궁전이었답니다!

정자가 그 왕국의 현 상태를 말해주지요.
저 돌기둥들, 저 샘과 저 개울 좀 보세요.
그러나 그 대단한 오두막에 대해서는! 차라리
반나절을 어느 잊힌 꿈을 찾아다니는 게 낫지요.

입술을 적시려고 저 돌 수반에 접근하는
개나 어린 암소도 없고, 말도 양도 없답니다.
가끔, 모두가 깊이 잠들었을 때,
이 물이 아주 애처로운 신음을 토하곤 하거든요.

어떤 사람들은 여기서 살인사건이 일어나서,
피가 피를 울부짖는 소리라고 주장하지만, 나는
햇살 속에 내내 앉아 있을 때면, 그게 다
그 불행한 수사슴 때문에 나는 소리 같더군요.

분명 무슨 생각들이 그 생물의 뇌 속으로 지나갔기에!
가파른 비탈의 꼭대기에 있는 돌에서
겨우 3번 뛰어서 — 선생, 이 마지막 착지점 좀 보구려 —
오 선생! 그야말로 고통스러운 도약이었지요.

13시간 동안 그는 필사적인 경주를 했는데,

나의 단순한 생각으로는 대체 무슨 연유로
그 사슴이 이 장소를 사랑했기에, 샘 근처에 와서
죽을 수밖에 없었는지 아무도 알 수 없을 거예요.

아마 여름철에 이 풀밭에 쓰러져서, 이 샘의
졸졸대는 자장가를 들으며 잠들었겠지요.
이 물이 아마 어미 곁에서 벗어나 배회하다가
그 사슴이 처음으로 마신 물이었을 테고요.

4월이면 이 향긋한 가시나무 밑에서
새들이 부르는 아침 노래를 들었을 테고요.
잘 모르지만, 그 사슴은 아마 이 샘에서
200야드 이내에서 태어났을 거예요.

지금은 여기에 잔디나 쾌적한 그늘도 없고,
더 황량한 계곡에는 해도 비춘 적 없지만요.
이런 상태가, 내가 자주 말해왔듯, 나무들과
돌들과 샘이 다 사라질 때까지 계속될 테고요."

"잿빛 머리의 양치기님, 말씀 잘하셨소,
당신의 신조와 내 신조가 크게 다르지 않소.
이 짐승은 자연의 보살핌을 받다가 쓰러져서,

그 죽음이 신성한 연민의 애도를 받았으니까요.

구름과 공기 속에 배어있고, 숲속의
녹색 나뭇잎들에도 깃들어 있는 그 존재는
자신이 사랑하는 조용한 생명체들을
언제나 지극하고 경건하게 보살피니까요.

그 위안의 집도 흙으로 변해서 — 뒤도, 앞도,
지금은 아주 황량하고, 아주 음침하지만,
자연이, 적절한 시간이 되면, 다시 한번
여기에 자신의 아름다운 옷과 꽃을 입히겠지요.

자연은 이 물체들이 서서히 쇠락하게 해서,
우리의 현재와 지나온 모습을 알 수 있게 하죠.
그러나 한층 더 온화한 날이 찾아오면,
이 기념물들이 모두 무성하게 자라있겠지요.

한 가지 교훈은, 양치기님, 우리 둘이 나눕시다.
자연이 보여주는 것들과, 숨기는 것들에서 배운 대로,
아무리 하잖은 미물이 느끼는 슬픔일지라도
우리의 기쁨이나 우리의 긍지와 뒤섞지 맙시다."

한 소년이 있었지
There was a Boy …

한 소년이 있었지, 너희 위낸더*의 절벽들과
섬들은 그를 잘 알고 있었지! 여러 번이나,
저녁에, 별들이 언덕들의 언저리를 따라
막 이동하기 시작해서, 떠오르거나
질 무렵에, 그 소년은 나무들 밑이나,
반짝이는 호숫가에 홀로 서 있곤 했지.
그리고 거기서, 손깍지를 끼어, 두 손의
손바닥을 바짝 붙인 다음에 입에다 갖다 대고
마치 악기를 불 듯이 불어서 부엉부엉 소리를
흉내 내면 혹시 조용한 부엉이들이 듣고서
화답해줄까 봐. 그러면 그 새들이 부엉부엉
냇물 흐르는 계곡 너머로 소리치고, 그의 부름에
바로 반응하여 다시 부엉부엉, 떨리며 울려 퍼지는 소리와
긴 환호 소리와 부엉이 소리와 커다란 메아리들이
배가되고 배가되어, 웃음소리와 명랑한 소음의
신나는 화음을 이루곤 했지! 그러다가, 간간이 찾아

* 윈더미어의 옛 이름.

오는

　깊은 고요의 순간들이 소년의 기술을 무시할 때면,
　그럴 때면, 이따금, 그 고요 속에서, 소년이 가만히
　귀를 기울이는 사이에, 약간 뜻밖의 은근한 진동이
　산의 급류 소리를 그의 가슴속 깊이
　전해주곤 하였고, 눈에 보이는 광경도
　그 바위들, 숲들과, 잔잔한 호수의
　젖가슴에 안긴 불분명한 하늘까지
　모두 데리고 장엄한 모습 그대로
　부지불식간에 그의 마음속으로 들어오곤 하였지.

　이 소년은 그의 동무들과 헤어져,
　어린 시절에, 열 살도 되기 전에 죽었다.
　그 숲은 여전히 곱고, 그가 태어난 장소,
　그 골짝도 여전히 아름답다: 교회 묘지가
　마을 학교 바로 위의 산비탈에 있는데,
　거기 있는 냇둑을 따라, 저녁에
　지나갈 때면, 정말, 나도 번번이
　족히 30분을 내내 말없이
　서서 ─ 소년이 누워있는 무덤을 바라보곤 했다.

형제

The Brothers : A Pastoral Poem★

"하늘이 우리를 보살펴서! 이 관광객들이 정말
유익한 삶을 살아야 할 텐데. 어떤 이들은
마치 대지가 대기인 듯이, 빠르고 명랑하게, 둘러보는데,
여름이 지속되는 동안 내내 빙빙
돌아다니는 나비들 같지. 어떤 이들은, 마치 현자처럼,
툭 튀어나온 바위 끄트머리에 자리를
잡고, 무릎에 책과 연필을 놓고 앉아서,
바라보다 갈겨쓰고, 갈겨쓰다 바라보지,
그 시간이면 웬만한 사내는 족히 12마일을 여행하고,
1에이커의 이웃 옥수수밭도 수확하련만.
그런데, 저 울적한 나태의 자식은
왜 *저기서* 늑장을 부릴까? — 우리 교회 묘지에는
비문이나 기념비도 없고,
묘석이나 명판도 없이 — 우리가 밟는 잔디와
천연의 무덤 몇 기뿐인데." 에너데일의

★ [원주] 이 시는 일련의 전원시를 마무리하는 시로, 시의 배경은 컴벌랜드 산과 웨스트모어랜드 산 사이에 있었다. 시가 너무 갑작스럽게 시작되는 것에 대해 사과하기 위해 이를 언급한다.

가정적인 사제가 그의 아내 제인에게 그렇게 말했다.
어느 7월 저녁이었고, 그는 자신의
오래된 오두막집 처마 밑에 놓여 있는
기다란 돌-의자에 앉아, 어찌어찌하다가, 그날
겨울 일거리를 거들고 있었다. 그 돌 위에서
아내가 그의 옆에 앉아서, 엉겨 붙은 양털을 뽑는 동안,
그는 반짝이는 철사 이가 박힌 한 쌍의 소모기로,
막내딸의 물렛가락에 밥을 먹였고,
딸은 그 바깥에서 커다랗고 둥근 바퀴를 돌리며
왔다 갔다 발을 놀렸다. 들판 쪽에
교구 예배당이 외로이 서 있었고,
이끼 낀 담이 마치 장식 없는 반지처럼
교회를 둥글게 둘러싸고 있었는데,
반 시간이 지나가는 동안, 사제가 여러 번이나
오랫동안 의아한 눈길을 보내다가, 마침내,
자리에서 일어나, 늙은 자신이 눈에 덮인
하얀 산처럼 쌓아놓은 방모사 옆에다
자신의 도구들을 서로 맞물려서
조심스럽게 내려놓고, 그의 오두막에서
교회 묘지로 나 있는 길을 따라
나아갔다. 아직도 거기서 꾸물거리고 있는
낯선 사람에게 다가가서 말을 걸어보고 싶었다.

그는 사제가 예전에 잘 알던 사람이었다.
그는 목동으로 살다가, 13년 전에
자신의 소명을 바꾸어, 선원들의
동료 선원이 되었고, 스무 번의 계절이
지나도록 선원 생활을 했다. 그러나 산골에서
자란 탓에, 폭풍우 몰아치는 바다에서도
가슴속에는 목동의 기질이 거의 그대로 남아 있었다.
이따금 피리처럼 우는 돛대 밧줄 소리에서 레너드는
폭포수의 가락, 내륙의 동굴들과 나무들이 내는
소리를 듣곤 하였다 — 그리고 열대지방에서
일정한 바람이 튼튼한 돛을 부풀리고,
똑같은 숨결로 몇 날 몇 주 동안 불어서,
구름 한 점 없는 대해를 따라가는 지루한 항로가
보이지 않을 만큼 길어질 때면, 그는
그 따분한 나태의 시간에, 종종 뱃전에
몸을 기대고 늘어져서, 응시하고 응시하곤 하였다.
그럴 때면, 드넓은 녹색 파도와 반짝거리는 물거품이
그의 주변으로 온갖 형상과 색조들을 번득번득 비추어,
그의 가슴속 활동과 연합 작용을 펼치고,
그의 신체 기관인 두 눈마저
그렇게 열광적인 열정에 사로잡혀있는 와중에도,

그는 자신의 몸속, 심연의 가슴속에 담겨있는

산들을 보았고, 녹색의 언덕들에서 풀을 뜯는

양들의 모습과 함께, 나무들 사이에 있는 집들,

그리고 그 자신이 예전에 입었던 옷과 똑같은

시골 잿빛 옷차림의 목동들도 보았다.*

      그리고 이제야

숱한 위험에서 벗어나, 인도 제도에서

운항으로 번 약간의 재산을 가지고,

그곳에서 예전에 살았던 삶을 다시 시작해보겠다는

확고한 목적을 품고서, 그의 고향으로

돌아온 것이었다. 많은 소중한 기쁨들을

위해서, 그리고 그의 유일한 남동생 —

폭풍이 몰아치든 순풍이 불든, 두 사람이

그 고향 언덕의 형제 목동이었던 행복한 시절부터

온갖 고생을 하면서도, 그의 가슴에 내내

품고 다닌 그 동생에 대한 사랑을 위해서.

— 그들이 그 집안의 마지막 후손이었다. 이제야

레너드가 그의 집으로 다가갔는데, 그의 심장이

덜컥 내려앉았다. 그래서, 그가 그토록 끔찍이 사랑했던

사람에 대한 소식을 물어보지도 못한 채,

---

* [원주] 열사병에 대한 이 묘사는 "허리케인"의 저자, 길버트 씨의 산문 중 감탄스러운 부분에 대한 불완전한 기억을 더듬어서 요약한 것이다.

몸을 돌려서 교회 묘지로 향한 것이었다.
특정한 장소에 가족들이 누워있다는 것을
알고 있었기에, 거기에 가보면 그의 동생이
아직 살아있는지, 아니면 묘지에 다른 무덤이
더해졌는지 알 수 있으리라. — 그는 다른 무덤을
발견했고, 그 무덤 근처에서 족히 반 시간을
머물러 있었다. 그런데 그가 응시하는 사이에,
그의 기억에서 미심쩍은 부분이 점점 커지며
의심이 들기 시작했고, 그 잔디 봉분은
예전에도 본 적이 있기에, 새로운 무덤이 아니라,
그가 잊고 있었던 무덤이라는
희망을 품게 되었다. 그는 그날 오후에,
한때 그에게 너무나 익숙했던 들판을 지나서,
계곡을 올라가다가, 길을 잃고 말았다.
그런데 오! 추억이 그의 가슴에 얼마나
큰 기쁨을 주곤 했던가! 그가 두 눈을 들고
주위를 둘러보았는데, 숲과 들판의
곳곳에 이상한 변화가 일어난 듯했고,
바위들과 영원한 언덕들의 모습도
변해버린 것 같았다.

이즈음에 사제가, 레너드에게 보이지 않게

들을 따라 다가왔다가, 교회 묘지 출입문에서
잠시 멈추어, 거기에서, 여유롭게, 명랑하고
흐뭇한 표정으로, 그의 수족을 하나하나 살펴보았다.
맞네, 사제가 혼자 미소하며 생각했다,
그런데 마치 세상사의 길을 다 두고 떠나와서
홀로 야생에서 살고 싶어 하는 부류 같구나.
그런 사람의 팔에는 영원한 해방이 배어있지.
그렇게 행복한 사람은 들판을 어슬렁거리며
시간 단위로 자신의 환상들을 쫓아다니지, 그러면서
뺨으로 눈물을 주르르 흘리거나, 고독한 미소를
얼굴에 머금다 보면, 어느새 지는 해가
그의 이마에 바보라고 써놓지.* 이 황량한
교회 묘지의 출입문을 둥글게 휘덮은 곁채 밑에서
그렇게 붙박인 채, 별들이 나타날 때까지
그 선한 사람은 깊이 생각에 잠길 수도 있었다.
그런데 그 낯선 이가, 무덤을 떠나,
다가왔다가, 금시에 그 사제를 알아보았다.
그리하여, 서로 인사를 나눈 후에,
레너드가 목사에게 마치 모르는 사람과
얘기하듯이, 이렇게 대화를 시작하였다.

---

* 뭐가 그리 좋은지 바보처럼 실실 웃는 얼굴이 떠오르지만, 한가하게 빈 둥거리며 시간을 보내는 사람의 모습도 연상된다.

레너드

목사님은 이 계곡에서 조용한 삶을 사시네요.
목사님의 연배면 평화로운 가족을 이루어,
반가운 이가 찾아오고 반가운 이가 떠나도,
서로 무척 닮았을 테니, 기억나지 않는다고
슬퍼하며 애태우지는 않겠지요? 이 교회 묘지에서는
18개월 안에 장례식이 한 번도 없을 것 같고요.
물론, 무슨 변고는 목사님 가족한테도 생기기 마련이고,
여기, 이 바위들에 둘러싸여 사는 목사님은
필멸의 손가락을 알아보고,
60년에 10년을 더한 나이의 우리만 죽는 것이
아니라는 사실을 잘 아는 분이니까요. — 오래전에,
내가 지나다녔던 이 길이 기억나네요,
그때는 인도가 개울가의 들판을 따라 죽
나 있었는데 — 사라져버렸네요 — 저 거뭇한 구렁도!
예전의 모습을 띠고 있는 것처럼
보이지 않고요.

사제

    왜요, 내가 알기로는,
저 구렁은 거의 똑같은데 —

레너드

하지만, 분명, 저기에 —

사제

맞네, 저기에, 정말이지, 자네의 기억은 자네한테
거짓말을 하지 않는 친구로군 — 저 높은 산봉우리
(그곳이 이 모든 언덕 중에서 가장 쓸쓸한 장소지)
그곳에 나란히 졸졸거리던 샘 두 개가 있었네,
마치 두 샘이 생겨나서 서로의 동반자가
된 것 같았지. 그런데 10년 전에,
그 형제 샘들 근처에 있던 커다란 바위가
벼락을 맞아 갈라졌다네 — 샘 하나가 죽어서 사라지고,
다른 샘만, 뒤에 남겨져, 여전히 흐르고 있지.—
이와 같은 자잘한 사고들과 변화들이야,
정말, 차고 넘치도록 많지! 억수 같은 비가
산의 절반을 무너뜨려 버리니까. 자네처럼 이리저리
돌아다니는 사람들한테는 1에이커 너비의
저 드넓은 절벽, 한소리로 으르렁대는 폭포를
구경하는 것이 굉장한 축제겠지만! — 격렬한 5월 폭풍이
  1월에 쌓인 눈더미들을 몰고 와서,

하룻밤 만에 400마리의 양들을 까마귀들의
밥으로 보내버리거나, 웬 목동이
바위들 사이에서 불행한 죽음을 맞이하고,
얼음이 다리를 부수어 휩쓸어 가버리고 —
숲도 쓰러진다네.—우리의 가정도 똑같지!
자식은 태어나거나 세례받고, 밭은 갈리고,
딸은 일자리를 찾아 보내고, 피륙은 짜고,
오래된 집-시계는 새로운 얼굴로 장식되지.
그래서, 사실들이나 날짜들을 시간 순서로
기술하는 것을 좋아하지 않기에, 여기서 사는
사람들은 모두 한 벌의 일지를 갖고 있다네,
하나는 온 계곡용이고, 하나는 각 가정용이지 —
아까 자네의 판단은 외부인의 판단이었네. 역사가들에게,
이 계곡에 사는 나를 추천해주게나.

레너드
　　　　　　　그런 자유를
용인할 만한 분인데, 교회 묘지를 보면,
목사님은 과거에 무관심한 분이 아닌가 싶네요.
고아는 자기 어머니의 무덤도 못 찾겠더군요.
여기에는 묘석이나 받침돌, 놋쇠 접시,
대퇴골이나 두개골, 이승 생활의 표상이나

희망의 상징물도 없어서, 죽은 사람의 집이
저 초원-들판의 동무와 다름없으니까요.

　사제

저런, 참으로 새로운 생각이로군.
모든 영국의 교회 묘지가 우리 묘지 같다면
석수들이 빵을 구걸할지도 모르니까, 맞는 소리네.
그러나 자네의 판단은 진실에서 벗어났네.
우리한테는 이름과 비문이 필요하지 않으니까.
우리는 화롯가에서 죽은 이들에 대해 이야기하지.
게다가, 우리의 불멸하는 부분을 위해서! 우리한테는
그런 평범한 얘기를 들려주는 표상들이 필요 없다네,
산골에서 태어나 살다가 죽는 사람에게는
죽음에 관한 생각이 편안하게 자리를 잡으니까.

　레너드

그렇다면, 목사님의 계곡 사람들은 서로의 생각 속에
일종의 두 번째 삶을 품고 있겠네요. 혹시,
목사님, 이 무덤들의 역사를 일부라도
저에게 들려줄 수 있을까요?

　사제

지난 160번의 겨울에 대해,
내가 목격한 것들과 내가 들은 것들이 있으니,
아마 들려줄 수 있겠지. 그리고 어느 겨울 저녁에,
혹시 자네가 내 집의 굴뚝 구석에 앉아 있다면,
이 둔덕들에 대해 하나씩 곰곰이 생각하며
우리 둘이 돌아볼 수도 있을 테고. 좀 낯선 경로지만,
모두가 세상이라는 넓은 고속도로 안에 있으니까.
자 저기 있는 무덤은 — 자네의 발이 반쯤 얹혀있는데,
다른 무덤들과 똑같아 보이지만, 그 남자는
상심해서 죽었다네.

레너드

흔한 경우네요,
다른 무덤으로 가보시죠. 저 능선 아래,
저 세 무덤 중 마지막에는 누가 누워있나요?
교회 묘지의 담 안쪽에 원래부터 있었던
저 바위 조각에 붙어있네요.

사제

저건 월터 유뱅크의 무덤이라네.
그는 하얀 머리에 기운찬 뺨을 지녔었는데
건강한 80대의 핏속에서 청춘과 노년이

잘 어우러져서 빚어진 결과였지.

5대의 긴 세월 동안 월터네 조상들이 심혈을

쏟아서 물려준 유산이 바로 저 오두막 한 채 —

저기 보이는군! — 그리고 저 푸른 밭 몇 뙈기라네.

다들 고생하며 노력했고, 계속해서, 대를 이어,

저마다 애쓰고, 저마다 전과 다름없이 조금씩

— 아주 조금씩 — 수확하며 살다가, 늙은 월터에게

가족의 마음과 땅을 남겨주었는데, 그 땅은

곡물을 산출하기보다는 다른 걱정거리만 안겼지.

해마다 그 노인은 한결같이 쾌활한 마음을

간직하고 살았지만, 채권, 이자와

대출금에 시달리다가, 결국 무너져서,

제명을 다 하지 못하고 무덤에 묻히고 말았다네.

가엾은 월터! 그를 몰아붙인 것이 걱정이었는지는

하나님만 아시겠지만, 마지막 순간까지

그는 에너데일에서 가장 가뿐한 발을 지닌 사람이었네.

그의 걸음은 여느 노인의 걸음이 아니었지.

그가 두 손자를 거느리고 총총대며 길을 따라

앞서가던 모습이 거의 보이는 듯하군 — 그런데 자네도,

우리 집 주인이 오늘 밤에 초대하지 않으면,

멀리 여행해야만 할 텐데, 이렇게 험한 길들에서

하필이면 한여름의 가장 긴 날에 —

레너드

그런데 그 두 고아는요!

사제

　　　　　맞네, 그들은 고아들이었지! —
월터가 살아있는 동안에는 아니었지만 — 그들의 부모가
지금처럼 나란히 땅에 묻혀 누웠지만,
노인이 그 소년들에게는 아버지나 다름없었으니까,
한 아버지 안에 두 아버지가 있었지. 그리고 혹시
손자들이 없는 데서 손자들을 얘기하며 그가 흘린 눈물과,
유약한 사랑으로 인한 괴로운 심정들이
어머니의 가슴을 대신 채워줄 만한 것들이라면,
노년기에 접어들었을 때 이 노인은
그들에게 거의 어머니였다네. — 자네처럼, 낯선 사람이
낯선 사람들에 대해 얘기하는 소리를 듣고 울면,
자네도 일가친척이나 다름없으니 하늘도 축복하지!
맞네. 그쪽으로 고개를 돌리면 — 보이는

무덤 한 기가 있을 것이네.

　레너드
　　　　　이 소년들은 — 아마
이 착한 노인을 사랑했겠지요? —

　사제
　　　　　그랬지 — 진심으로.
서로를 정말로 아끼는 형제였는데. 하마터면
그 점을 빼먹고 넘어갈 뻔했군. 그들은
아기 때부터 월터와 함께 살았다네, 그 집안에서
그 아이들과 가까운 유일한 친척이었으니까.
그는 늙었지만, 서로 아낌없이 사랑했고,
그 모든 사랑이 서로의 마음에 배어들었지.
레너드가, 겨우 18개월 많은 형으로,
두 살 터울만큼 컸다네. 그 둘을 보고, 소리를 듣고,
만나면, 어찌나 기뻤던지! 그들의 집에서 학교까지
대략 3마일 거리였네 — 폭풍우가 몰아치거나
얼음이 녹는 계절이면, 아마 자네도 우리 길들을
가로지르며 백 보쯤 걸을 때마다 목격했을 텐데,
모든 물-길과 다리가 놓여 있지 않은 냇물이
불어나서 시끌벅적한 작은 강으로 변하지.

그럴 때면 레너드가, 아마 고학년이라서 집에
남아 있을 때조차, 동생을 등에 업고 비틀거리며
여울을 건너가곤 했다네. 바람이 많이 부는 날에도,
저 정처 없이 흘러가는 개울들에서 그를 보았지,
옳거니, 물이 그의 무릎까지 차오르고, 이쪽 개울가
마른 돌에 그들의 책 두 권이 놓여 있던 모습도
한 번 이상 보았다네. 그래서 내가 언젠가
우리가 태어난 이곳의 바위들과
언덕들을 둘러보며 했던 말이 기억나는군,
세상이라는 위대한 책을 만드신 하나님이
저토록 경건한 마음을 축복해주시리라 —

레너드

    그렇다면 혹시 —

사제

그보다 훌륭한 소년들이 영국의 빵을 나눠 먹은 적이 없지!
    가을에 개암들이 파슬파슬 무르익어 주렁주렁
    열려 있어도, 주일이면 아무리 화창한 날이라도
    이 소년들을 교회에서 멀어지게 하거나,
    안식의 시간을 어기라고 유혹하지 못했으니까.

레너드와 제임스! 내가 보증하는데, 이 바위산의
구석구석과 발길이 닿을 만한
모든 골짝뿐 아니라, 그런 데서 자라는 꽃들까지
그 둘 중 한 명은, 아니 두 형제는 잘 알고 있었네.
그들은 마치 수노루들처럼 언덕들을 뛰어다녔지.
그들은 울퉁불퉁한 바위산의 두 새끼까마귀처럼 놀았지.
당시에 그들은 글을 쓸 줄 알고, 말도
어른들에 못지않게 곧잘 했는데―레너드를 위해!
그가 떠나기 바로 전날 밤에,
내 집에서 내가 그의 손에 성경책을
쥐여주고, 내가 20파운드를 걸었는데,
그가 살아있다면, 아직 그 책을 가지고 있을 것이네.

레너드

보아하니, 이 형제가 서로 위로하며
함께 살지 못한 모양이네요 ―

사제

          그들이 끝까지 함께
살기를 바랐지, 그것이 늙었든 젊었든
이 계곡에서 사는 주민 모두가 내내 바라던 것이고,

나에게는, 내가 자주 기도하곤 했던 바람이라네.
그러나 레너드는 —

레너드
그럼 제임스는 아직 여러분과 함께 살겠네요?

사제
내가 얘기하는 사람은 바로 그의 형이네.
그들에게는 삼촌이 한 명 있었는데, 그 당시에
꽤 성공한 사람으로, 바다에서 운송업을 했지.
이 삼촌이 없었다면, 이 시간까지도
레너드는 밧줄이나 돛대 밧줄을 만져보지 못했겠지.
그 소년도 여기서 우리가 살아가는 삶을 좋아했고,
열두 살밖에 되지 않은 아주 어린 아이였지만,
그의 영혼이 이 고향 땅에 밀착되어 있었으니까.
그러나 내가 말했듯, 늙은 월터가 너무 허약해서
엄청난 급류를 감당하지 못한 채, 죽어버리자,
땅과 집, 그들의 양들까지 모두 팔리고 말았네.
내가 알기로는, 1000년 동안이나 유뱅크 가문에
옷을 제공한 어여쁜 양 떼였는데 말이야.
아무튼 — 모두 사라져버렸고, 그들은 극빈자였네.
그래서 레너드가, 무엇보다도 그의 동생을 위해,

바다에서 자신의 운을 시험해보자고 결심했지.
우리가 그로부터 소식을 들은 지 벌써 12년이 되었군.
우리 중에서 누구라도 레너드 유뱅크가
다시 집으로 돌아왔다는 소식을 듣게 된다면, 다들
거대한 망치산에서, 리자강의 강변을 따라서,
또 머나먼 에그리먼트의 에나강을 따라 찾아와서,
그날은 그야말로 축젯날이 되련만.
그런데 보다시피 저 허공에 매달려 있는
우리 교회의 종 두 개는 — 그런데, 오 이보게!
슬픈 얘기네만 — 살아있든 죽었든 그를 위해
울지 못할 것이네. — 우리가 마지막 소식을 들었을 때
그는 무어인들의 노예가 되어
바바리 해안에 있었으니까. — 그의 영혼을
무너뜨리기가 쉽지 않았을 테니, 틀림없이,
그 생활이 죽음으로 끝나기 전에, 그 젊은이는
안타깝게도 십자형을 당했겠지 — 불쌍한 레너드!
헤어질 때,
그가 나의 손을 잡고 나에게 말했지,
혹시라도 부자가 되는 날이 오면,
돌아오겠다고, 그의 아버지 땅에서
우리와 함께 늙어가겠다고 말이야.

레너드

              만약에 그런 날이
온다면, 그에게 정말 기쁜 날이 되겠네요.
그러면 그 자신도, 틀림없이, 그를 만나게 될
사람들에 못지않게, 행복할 거예요 —

사제

         행복하겠지! 그런데 —

레너드

그의 친척들은 모두 무덤 속에 있고,
그에게 동생이 한 명 있다고 그러셨는데 —

사제

             그것도 그저
슬픈 이야기일 뿐이라네. 어려서부터
제임스는, 아프지는 않았지만, 허약했다네.
그래서 레너드가 늘 그의 곁에 있으면서
그와 관련된 온갖 일들을 처리해줬는데,
그는 소심한 성격을 지니지는 않았지만,
그에게는 산골 소년의 정신이
다소 억제되어 있었지. 그래서 그의 형이

바다로 떠나버리고 자기 혼자 남겨지자,
그나마 돌던 혈색마저 그의 뺨에서
어느새 사라지고, 축 늘어져서, 슬퍼하고, 슬퍼하더니 —

레너드

하지만 이것들은 모두 성숙한 어른들의 무덤들이잖아요!

사제

맞네, 다들 돌아가셔서, 우리가 그 아이를 데려왔지.
그는 온 계곡의 자식이었네 — 그는 한 집에서
석 달을 살고, 다른 집에서 여섯 달을 살며,
음식도, 옷도, 사랑도 부족함이 없이,
많고, 많은 행복한 날들을 보냈다네.
그렇지만, 행복하든 슬프든, 곁에 없는 형을
늘 가슴에 품고 있었던 모양이야.
그래서, 그가 우리 집 지붕 밑에서 살았을 때,
(그때까지 그 자신조차 알지 못했던 습관인데)
이따금, 그가 한밤에 침대에서 일어나,
잠든 상태에서 걸어 다니며, 잠결에 레너드 형을
찾아다닌다는 것을 알게 되었지 — 자네도 뭉클했군!
미안하네, 자네한테 말을 건네기 전에,

자네를 정말 무정하다고 판단했다네.

레너드

그런데 이 젊은이는,
어쩌다가 결국 죽게 되었나요?

사제

어느 향긋한 5월 아침이었네.
봄이 돌아오면, 12년이 지나가는 셈인데,
그는 새로 생긴 새끼 양들을 돌보러 나갔다가,
어쩌다가 또 무슨 일이 생겨서
두세 동료와 함께 계곡-상류에 있는 한 집으로
불려가게 되었다네. 제임스는, 아마 피곤했거나,
어떤 다른 이유로, 뒤에 남게 되었지.
저기 있는 절벽이 보이는가 ― 생김새가 마치
수많은 울퉁불퉁 바위들로 이루어진 거대한 건물 같고,
그 중앙에 특별한 바위 하나가 있는데,
계곡에서 기둥처럼 솟아있다고 해서,
우리 목동들은 그 바위를 기둥바위라고 부른다네.
제임스가 그 기둥바위의 꼭대기를 가리키며,
그곳을 넘어 모두 함께 돌아가자고 다짐시킨 후에,
그는 거기서 그들을 기다리겠다고 말했지.

일행은 헤어졌고, 약 2시간 후에 그의 동료들이
그 길을 지나가다가, 약속 장소였던
기둥바위 위에 도착했는데 그가 없었다더군.
다들 대수롭지 않게 여겼는데, 그중 한 명이
밤에, 당시 제임스가 살고 있었던 집에
우연히 들렀다가, 거기서 그날 종일토록
그를 본 사람이 없다는 것을 알게 되었지.
아침이 왔는데, 여전히, 그에 대한 소식이 없었네.
이웃들이 불안한 마음에, 일부는 개울 쪽으로
가보고, 일부는 호수 쪽으로 갔네. 정오가 되기 전에
사람들이 기둥바위 기슭에서 그를 발견했다네 —
팔다리가 망가진 채, 죽어있었지. 3일 후에
내가 그 불쌍한 녀석을 묻었고. 저기 누워있다네.

레너드

그럼 저것이 그의 무덤인가요? — 그가 죽기 전에
여러 해를 행복하게 살았다고 말씀하셨지요?

사제

맞네, 정말 그랬지 —

레너드

그럼 그도 다복을 누린 셈이네요 —

사제

집은 하나였지만, 그 소년에겐 스무 가정이 있었으니까.

레너드

그럼 목사님은 그의 마음도 편안했다고 믿으시겠네요 —

사제

물론이지, 그가 죽기 한참 전에, 시간이
슬픔의 진정한 친구임을 알았고, 그의 생각들이
레너드의 불행한 운명을 떠올리지 않는 한,
발랄하고 사랑스럽게 형에 대해 이야기했으니까.

레너드

그가 신성하지 않은 결말을 맞은 것도 아닐 테고요!

사제

절대로, 그럴 리 없네! 걱정과 슬픔 때문에
한 가지 습관이 그에게 생겼다고 언급한 것을
기억할 것이네. 그래서 우리는 모두 추측했지,

그날 날씨가 따뜻해서, 그가 잔디밭에
누워, 그의 동료들을 기다리다가,
거기서 깜빡 잠이 들었는데, 잠결에
그 절벽의 가장자리까지 걸어갔다가,
꼭대기에서 거꾸로 떨어졌을 것이라고.
분명 그래서 죽었을 것이라고 말이야. 당시에,
그는 틀림없이 두 손에 목동의 지팡이를
쥐고 있었을 것이네. 그 절벽의 중간쯤에
그 지팡이가 꽂혀있었고, 여러 해 동안
거기에 걸린 채 — 거기서 썩어갔으니까.

    이렇게 사제가 말을 끝냈다 —
낯선 이는 그에게 고마움을 표하고 싶었으나, 울컥
눈물이 솟구쳤다. 둘 다 말없이 그 자리를 떴고,
그들이 교회 묘지 출입문에 도착하여,
사제가 빗장을 들어 올렸을 때, 레너드가 돌아서서,
그 무덤을 바라보며 말했다, "내 동생."
목사는 그 말을 듣지 못했다. 이윽고,
오두막 쪽을 가리키며, 그가 레너드에게
자신의 소박한 음식을 함께 먹자고 청했다.
상대가 격한 목소리로 그에게 고마움을 표하고는,
저녁이 고요하니, 자기는 여정을 이어가고 싶다고

덧붙였다. 그렇게 두 사람은 헤어졌다.

얼마 지나지 않아서 레너드는 길에 그늘을 드리운
어느 숲에 다다랐다. 그는 거기서 잠깐 멈추어,
나무들 아래 앉아, 사제가 들려주었던 얘기들을
모두 되돌아보았다. 그의 어린 시절은
그의 마음속에 간직되어있었다. 한 시간 전에
그가 품고 있었던 희망들과 생각들이
한꺼번에 엄청난 무게로 그를 압박했다. 어느새,
그가 그토록 행복하게 살았던 그 계곡이
도저히 살 수 없는 장소로 변해버린 것 같았다.
그래서 그는 자신의 목적들을 모두 포기했다.
그는 에그리먼트까지 걸어갔다. 그리고 거기서,
그날 밤에, 그 사제에게 편지 한 통을 써서
두 사람 사이에 있었던 일들을 상기시키며,
마음이 약해서, 차마 자기가 누구인지
그에게 말해주지 못했다며,
용서해주기를 바란다고 덧붙였다.

이 일이 끝나자, 그는 배를 타고 출항하였고, 지금은
선원, 잿빛 머리칼의 뱃사람이다.

엘렌 어윈

Ellen Irwin or the Braes of Kirtle ✶

고운 엘렌 어윈이, 커틀 강
강둑에 앉아 있을 때면,
도금양 화환으로 장식한
그리스 소녀처럼 사랑스러웠다.
젊은 아담 브루스가 그녀 곁에 누웠고,
거기서 둘은 사랑과 다정한
말들을 나누며 하루를 보냈다,
싹트는 너도밤나무 밑에서.

많은 기사와 많은 종자 중에서
그 브루스가 선택을 받았고,
그중 가장 곱다란 고든은
엘렌에게 거절을 당했다.
그 귀족 청년에게는 슬픈 소식들!
그게 진실이라고 공표될지 모르기에.
브루스가 줄곧 진심으로 사랑했다면,

✶ [원주] 커틀은 스코틀랜드 남부에 있는 강으로, 이 시에서 소개되는 사건들이 그 강둑에서 일어났다.

고든은 지금 몹시 사랑하는데.

고든의 아름다운 얼굴은 뭔가?
커틀 강 강가의 파릇파릇한
이끼에 앉아 있는 두 남녀에게
고든은 왜 화가 나는 것일까?
아아 그는 왜 태어났던가!
고든이, 가시나무 뒤에 웅크린 채,
그 둘과 그들의 애무하는 모습을 본다,
축복받고 축복하는 그들을 바라본다.

오만한 고든은 뇌 속에서 돌아다니는
생각들을 견딜 수가 없어서,
벌떡 일어나, 브루스의 심장으로
필사의 창을 날렸다!
고운 엘렌이 날아오는 창을 보고는,
앞으로 나가서 그 창을 맞고,
자신의 몸으로 그녀에게 선택받은
그 젊은 연인의 몸을 덮었다.

그리하여 브루스의 품에 안겨,
그렇게 아름다운 엘렌은 죽었다,

그렇게 진실한 사랑의 가슴으로
그 치명적인 창을 격퇴하였다.
그리고 브루스는 고든을 죽이자마자
배를 타고 스페인으로 떠나,
끊임없이 격노하며 무어인들의
언월도에 맞서 싸웠다.

그러나 많은 나날, 많은 달과
많은 해가 지나가도록,
이 가련한 기사는 구애하듯
헛되이 죽음을 찾아다녔다.
이윽고 파도를 가로질러 돌아와서,
신음 없이 엘렌의 무덤에
그의 몸을 쭉 뻗고 누웠는데,
그제야 그의 슬픔이 끝났다.

이제, 내가 지금껏 들려준
이야기를 기꺼이 들어준 분들도,
커크널 교회 묘지에 가면
사랑스러운 엘렌의 무덤을 살펴보기를.
엘렌 곁에 그 브루스가 누워있으니,
그의 머리맡에 놓인 비석과

여기 잠들어있다는 처량한 비명을
무례한 손으로 더럽히지 않기를!

묘한 격정을 나는 경험했다
Strange fits of Passion I have known

묘한 격정을 나는 경험했다.
그런데 언젠가 내게 일어난 그 일은
오로지 연인의 귀에만
용기 내어 들려주고 싶은 이야기.

내가 사랑했던 여인이 향긋하고 화사한
6월의 장미 송이 같았을 때,
나는 저녁 달빛 받으며
그녀의 오두막집으로 나아갔다.

나는 넓은 풀밭을 다 지나가도록
달을 물끄러미 쳐다보았다.
내 말이 터덕터덕 나아가 — 우리는 나에게
아주 소중한 길들에 다가갔다.

이윽고 우리는 과수원에 다다랐다.
그리고 우리가 언덕을 올라갈 때,
루시의 오두막 지붕 쪽으로

달이 조용히 내려앉았다.

내가 잠들어 아주 달콤한 꿈을 꾸듯,
다정한 자연의 다감한 은혜!
그래서 내내, 나의 눈길이
내려앉는 달에 머물러 있었다.

나의 말은 계속 나아갔다. 터덕터덕
멈추지 않고, 걸음을 옮겼다.
그 오두막 지붕 뒤로 내려가는 순간에
갑자기 그 행성이 뚝 떨어졌다.

어떤 어리석고 변덕스러운 생각들이
연인의 머릿속으로 슬며시 들어오나 —
"오 저런!" 나는 홀로 소리쳤다,
"혹시 루시가 죽으면 어쩌나!"

그녀는 인적 뜸한 지역에서 살았다
She Dwelt Among th' Untrodden Ways

그녀는 인적 뜸한 지역에서 살았다
도브 강의 원천 옆에서.*
칭찬해 줄 사람도 없고,
사랑해 줄 사람도 거의 없던 소녀.

눈길을 피해서 반쯤 숨어 있는
이끼 낀 돌 옆의 제비꽃처럼! —
하늘에서 유독 반짝이는
한 별처럼, 고운 소녀.

남모르게 살아서, 루시가 언제
죽었는지 아는 이도 거의 없었다.
그런데 그녀가 무덤 속에 있다니, 오!
어찌나 다르게 내 마음에 와닿는지.

---

* 영국에는 호수지방을 비롯하여 여러 곳에 같은 이름의 강이 있다.

잠이 나의 영혼을 봉하여
A Slumber Did My Soul Seal

잠이 나의 영혼을 봉하여,
인간의 두려움들이 사라졌다.
그녀는 지상 세월의 손길을
느끼지 못하는 사물 같았다.

그녀는 이제 활동도 없고, 힘도 없이,
듣지도 보지도 못한 채,
바위와 돌과 나무들과 함께
지구의 일주 행로에 섞여서 돌 따름이다!

폭포와 들장미
The Waterfall and the Eglantine

"꺼져라, 이 어리석고 염치없는 꼬마야,"
천둥 치는 듯한 목소리가 소리쳤다,
"너의 바보 같은 몸을 감히
나와 나의 정수 사이에 들이밀지 마라!"
내린 눈에 불어나서 쏟아지는 강물이
가련한 들장미에게 그렇게 말했다,
그의 물거품을 온통 뒤집어쓴 채,
기운차게 춤추고, 기운 없이 춤추며,
어린이라면 알 만한, 불행한 집에서
살고 있던 들장미에게.

"네가 나의 진로를 막을 성싶으냐?
꺼져라, 꺼져! 안 그러면, 보잘것없는 것!
너의 수염뿌리가 들러붙는 바위와 함께
네놈을 내던져서 내리꽂아 버리겠다."
그 큰물은 포악하고 강력하였다.
들장미는 오랫동안 고통받았지만,
신음도 한숨도 토하지 않은 채,

위험이 지나가기를 바랐다.
그러나 안심할 수 없음을 알고, 마침내
들장미가 용기 내어 대답했다.

"아!" 들장미가 말했다. "나를 비난하지 마,
왜 우리가 싸우면서 살아야 하니?
우리는 여기, 우리의 출생지에서,
한동안 행복한 삶을 살았잖아!
네가 내 바위 침대에 누운 나를 자극해서 —
나의 잎맥으로 엄청난 기쁨을 퍼뜨렸잖아!
긴 여름이면 날마다 네가
이슬로 내 이파리들을 상쾌하게 적셔줬잖아.
게다가 그냥 인사치레로만
너의 돌봄에 보답한 게 아니잖아.

봄이 새싹과 종꽃을 데리고 찾아올 때면,
네가 나의 화환을 걸어주기 전에
내가 이 바위들 틈에서 말해줬잖아
온화한 날들이 가까워졌어!
그리고 무더운 여름 시간에는
내가 잎과 꽃들로 너를 가려줬잖아.
또 지금은 떨어지고 없지만, 내 이파리 속에서

홍방울새가 기숙하며, 너의 소리가
희미하거나 안 났을 때, 우리 둘을 위해
예쁜 노래들을 불러줬잖아.

지금 네 가슴에는 오만한 생각들이 들어차고 ―
보다시피 내 가슴은 너무나 슬프지만.
아! 그래도 우리가 함께하면
얼마나 행복할지 생각해 봐!
이파리와 꽃을 모두 잃고 말았지만,
몇 가지 장식들이 나에게 남아 있어 ―
내 진홍색 열매들이 넉넉히 쌓여있으니,
수많은 겨울의 날들에 그 열매들을 가지고
나만의 소박한 방식으로 너를 장식해 주는
행복한 들장미가 될게!"

들장미가 또 무슨 말을 했는지는 말해줄 수 없다.
냇물이 천둥 치듯 골짝을 따라 내려와서
우렁차고 세차게 질주하였다.
나는 귀를 기울였으나, 들장미가 흔들리는
소리밖에 들리지 않았다 ― 너무나 두렵게도,
그 음성들이 그의 마지막 소리였다.

참나무와 금작화

The Oak and the Broom : A Pastoral

앤드루는 졸졸 흐르는 시냇가에서
소박한 진실들을 체득하였다.
그는 숲과 언덕에서 배우는
세심한 학생이었다.
나무들을 헤치고 바람이 천둥 치듯 불어오는
어느 겨울밤에, 앤드루는 그의 무릎에 앉은
막내 아이를 꼭 껴안았다.
그리고 그 나머지, 볼그족족한 가족들이
활활 타는 화롯가에 둘러앉아 있는 동안,
그 양치기가 이런 이야기를 들려주었다.

험준한 바위, 우뚝 솟은 바위를 봤는데
하염없이 폭풍이 때려댔지!
그 꼭대기에서 참나무 한 그루가 자라났고,
바위의 발치에서 금작화가 피어났지.
때는 3월, 즐거운 한낮이었어 —
6월의 숨결을 머금은 해빙의 바람이
따뜻한 남서쪽에서 부드럽게 불어왔지.

그때, 거대하면서도 슬기로운 이 참나무가
어른답게 차분한 목소리로,
그의 이웃에게 이렇게 말했단다:

"지루한 8주 내내, 바위와 진흙을 뚫고,
이 산의 가장자리를 따라서
서리가 밤낮으로
쐐기들을 박고 또 박았잖아.
고개를 들어! 그리고 생각해 봐, 네 머리 위에서
무슨 문제가 틀림없이 생길 거야.
간밤에 뿌지직하는 소리를 들었어 — 정말이야,
그 파편들이 다른 길로 튀었지 —
저쪽에 널브러져 있군 — 너 같은 미물한테는
엄청나게 무거울 테지!

넌 전과 다름없이 너의 날씬한 몸을
장식할 준비를 하고 있지.
그런데, 더도 말고, 불과 3년 전에
네가 희한하게 탈출했잖아.
저 절벽에서 부서진 파편이
너도 알듯, 불과 연기를 머금고 떨어져
바로 이쪽으로 지나갔잖아.

이 육중한 돌덩이가 나한테 붙잡혀서,
너의 머리 위에, 보다시피,
오늘까지 달랑달랑 매달려 있지만!

너를 거기에다 처음으로 심은 것이
산들바람이든, 새든, 개든, 양이든
그것이 무엇이었든 간에,
그냥 잠이나 잤더라면 좋았을 거야.
너와 너의 녹색 잔가지들은
작고 어리석은 양치기-소년이나 유혹해서
너의 그늘에 찾아와 잠들게 할 테니까.
물론, 틀림없이, 어느 무더운 한낮에,
너도 그 목동도, 얼마나 빠를지는 모르지만!
같은 시간에 죽고 말겠지.

나의 이 친절한 경고를 받아들여." —
금작화가 졸기 시작하다가,
깨어있으려고 애를 쓰면서 이렇게
조용히 끼어들었단다:
"너의 강연에 고마움을 표할게.
그게 맞는 말, 정말 맞는 말이라는 것은
나도 알고 있어, 오래전부터 알았지.

우리의 존재를 붙들고 있는 결속의
끈이 약하니까, 우리가 젊든 늙었든,
현명하든, 어리석든, 약하든 강하든.

우리가 최선을 다하더라도,
크고 작은 불행이 닥치기 마련이야.
그래서 전혀 현명하지 않은 자가
가장 현명할 때가 왕왕 있지.
그런데, 왜 내가 떠돌고 싶겠니?
이곳이 내 아버지의 집이야,
나의 즐거운 유산이지.
내 아버지도 행복한 수년 동안
여기서 편안하게 꽃을 피웠고, 여기서
행복한 노년을 맞이했어.

나도 아버지처럼 살다가 죽을 텐데.
무엇 때문에 내가 두려운 일들로
내 가슴을 괴롭히겠니? 나도
정말 사랑받는 식물이잖니!
봄은 노란 꽃들과 녹색 잎들로
나에게 화환을 만들어주고,
하늘에 서리가 서렸을 때도

내 가지들이 아주 싱그럽고 명랑해서
너도 나를 바라보며 말하겠지,
이 식물은 절대로 죽지 않아.

온통 녹색과 금색의 나비가
나에게 종종 날아와서,
나의 이 꽃들에서 자신의 날개처럼
사랑스러운 꽃잎들을 바라보곤 했지.
풀이 비나 이슬에 젖어 차가울 때면,
나의 그늘 밑에서 어미 양이
새끼 양과 함께 누워있고, 나는
그 둘이 서로 나누는 사랑과
함께 나누는 달콤한 기쁨을 구경하는데,
그냥 보고만 있어도 기쁘지."

목소리가 발랄하고, 마음도 가벼워서
금작화는, 밤의 별들이
여행을 재개할 때까지,
자기 이야기를 계속할 수도 있었지.
그런데 그 참나무의 가지들에서
갈가마귀 두 마리가 깍깍 자신들의
결혼 축가, 기쁜 노래를 부르기 시작했고,

그 순간에 산들바람이 어린 벌 두 마리를
금작화의 녹색 그늘로 데려와
거기서 꿀을 빨며 웅웅거리게 하였지.

어느 밤에 바람이 북쪽에서 생겨나서
아주 맹렬하게 불어댔지.
날이 밝을 무렵에 내가 대담하게 나가서,
그 절벽 근처를 지나갔단다.
폭풍이 그 참나무를 내리 덮치고
강력한 타격으로 무너뜨려,
빙빙 돌리며 멀리 데려가 버렸더구나.
그리고 그 작고 걱정 없는 금작화는
옴폭 들어간 쾌적한 틈에 그대로 남아
오랫동안 살았지.

어느 버려진 인도 여인의 한탄
The Complaint of a Forsaken Indian Woman

한 북인도 사람이 아파서 동료들과 함께 여행을 계속할 수 없게 되자, 사슴 가죽을 덮어쓴 채 뒤에 남겨지고, 현지의 상황에 맞게, 그에게 물, 음식과 연료가 제공된다. 동료들이 나아갈 길을 알고는 있으나, 그가 그들을 뒤쫓아 가거나 그들을 따라잡지 못한다면, 또 그에게 다른 인도 부족을 만나는 행운이 따르지 않는다면, 그는 사막에서 홀로 죽고 말 것이다. 여자들도 똑같이, 아니 훨씬 더 많이, 그와 같은 운명에 노출된다. 헌(Hearne)의 『허드슨만에서 북해까지의 여행(Journey from Hudson's Bay to the Northern Ocean)』이라는 흥미진진한 책을 찾아보라. 이 책의 저자가 우리에게 제공하듯, 북반구의 고위도 지역에서는, 북극광이 하늘에서 위치를 바꿀 때, 바스락거리며 우지직 금이 가는 소리를 낸다. 다음 시의 첫 번째 연에서 이 현상이 언급된다.

— 워즈워스의 머리글

내가 또 하루를 보기 전에,
오 내가 죽어 없어지겠구나!
잠결에 북극광의 소리를 들었어.
그 별들이 내 꿈에 나타났지.

잠결에 하늘을 바라보았는데,
우두둑하는 섬광들이 질주했지.
아직 그 섬광들이 내 눈에 선하고,
아직 나도 살아있지만.
내가 또 하루를 보기 전에
오 내가 죽어 없어지겠구나!

불이 꺼졌구나. 아무 고통도 모른 채,
불은 죽었는데, 나는 살아 있구나.
재가 얼음처럼 아주 딱딱하게 굳었구나.
재마저 죽었으니, 나도 죽겠구나.
건강했을 때는, 나도 살고 싶어서,
옷을 찾고, 온기를 찾고, 음식과 불을 찾았지.
그러나 그것들도 이제는 나에게
아무 기쁨도, 위안도, 욕구도 주지 못하는구나.
그러니 여기에 느긋하게 누워야지!
나 홀로 있으니 죽는 것도 두렵지 않구나.

아! 당신들이 나를 끌고라도 갔더라면
하루만, 딱 하루만이라도!
너무 빨리 절망이 나를 굴복시켰고,
너무 빨리 나의 낙심한 정신이 무너져버렸지.

당신들이 떠나고 나의 사지가 강해졌는데,
오 참으로 애석하고 원통하네요,
그 후로, 겨우 조금 지체했을 뿐인데,
나의 벗들, 당신들을 따라가지 못했으니!
나의 벗들, 당신들이 떠난 후에,
나는 강해져서 고통 없이 누워있었는데.

나의 자식! 그들이 너를 어떤 여자한테,
네 엄마가 아닌 다른 여자한테 맡겼지.
그들이 내 품에서 내 아기를 떼어냈을 때,
애가 어찌나 이상하게 나를 바라보던지!
그의 온몸으로 무언가가 줄달음쳤지,
정말 이상한 무언가가 내 눈에 보였어 ―
마치 애가 어른이 되려고 몸부림치는 듯했지
나를 썰매에 태워서 자기가 끌고 가려고.
그러면서 어찌나 사납게 두 팔을 내뻗던지!
오 어린 자식다운 연민이여!

나의 작은 기쁨아! 나의 작은 긍지야!
이틀만 지나면 나는 필시 죽고 없을 거야.
그래도 나 때문에 울며 슬퍼하지 마라.
내가 너랑 같이 죽었어야 했는데.

오 나의 머리 위로 날아가는 바람아,
나의 벗들이 밟고 지나간 길아,
너희에게 무슨 전갈이라도 보낼 수 있다면,
죽어가는 고통도 느껴지지 않으련만!
너무 빨리, 나의 벗들, 당신들이 떠나버려서,
하고 싶은 말이 너무 많았는데.

내가 눈밭을 가로질러 당신들을 따라갈 테니,
당신들은 힘겹게 천천히 나아가세요.
아무리 지치고 고통스럽더라도,
내가 다시 당신들의 천막을 찾아갈게요.
— 불이 꺼지고, 불가에 놓여 있던
물마저 눈처럼 하얗게 변했구나.
늑대가 오늘 밤에 나에게 다가와서,
나의 음식을 훔쳐 가버렸지.
이제 영원히 나 홀로 남았는데,
무엇 때문에 내가 죽음을 두려워하랴?

나의 여행이 머지않아 끝날 테니,
나는 또 다른 태양을 보지 못하겠구나.
나는 팔다리를 들 수 없으니 거기에
생기가 남아 있는지도 모르겠구나.

불쌍하게 버려진 내 자식! 내가
한 번만 너를 꼭 안아볼 수 있다면,
그러면 내가 행복한 마음으로 죽으련만,
나의 마지막 생각들도 행복이련만.
내 몸의 기운이 빠져나가는구나,
나는 다음 날을 보지 못하겠구나.

루시 그레이
Lucy Gray★

종종 루시 그레이에 대해 들었다.
그리고 내가 그 야생을 횡단했을 때,
먼동이 트는 시간에 우연히
그 고독한 아이를 보았다.

루시는 동무도, 친구도 모른 채,
드넓은 황무지에서 살며 —
지금껏 인가에서 자란
가장 곱다란 아이였다!

녹색 들판에서 뛰어노는 새끼사슴,
산토끼는 발견할 수 있겠지만,
루시 그레이의 그 고운 얼굴은
이제 다시는 보이지 않으리라.

★ 워즈워스가 독일에 있을 때(1791) 눈보라 속에서 길을 잃고 헤매다가 물에 빠져 죽었다는 어느 영국 소녀의 소식을 접하고, 그녀의 죽음을 기리며 쓴 시로 알려져 있다.

"오늘 밤엔 폭풍우가 치겠구나 —
너는 어서 마을로 가거라.
애야, 호롱 등을 들고 가서,
눈밭을 헤쳐오는 엄마를 비춰주거라."

"알았어, 아빠! 기쁘게 갔다 올게.
이제 오후로 접어들었는걸 —
교회 종이 방금 두 번을 쳤고,
저기 달님도 있잖아."

이 말을 듣고 아버지는 갈고리를 들어,
장작-단을 덥석 움켜쥐었다.
그는 땔감을 쌓았고, 루시는
호롱 등을 손에 쥐었다.

산 노루도 그리 즐겁지는 않으리라.
연달아 걷어차는 소녀의
장난스러운 발길질에 가루 같은 눈이
흩어져서, 연기처럼 피어오른다.

폭풍우가 너무 일찍 몰아쳤다.
그녀는 오르락내리락 배회하였다.

루시는 많은 언덕을 올라갔으나,
다시는 마을에 이르지 못하였다.

그 비참한 부모는 그날 밤 내내
멀리 널리 소리치며 돌아다녔다.
그러나 거기에는 그들이 길잡이로
삼을 만한 소리도 모습도 없었다.

날이 밝을 무렵에 부부는 한 언덕에 서서
그 황무지를 내려다보았다.
거기서 보니 그들의 집에서 200여 야드
거리에 있는 나무다리가 눈에 들어왔다.

그제야 부부는 집으로 향하며, 소리쳤다
"하늘에서 다 같이 만나자꾸나!" ―
바로 그때 눈밭에서 엄마가
루시의 발자국을 발견하였다.

이윽고 가파른 언덕 끝자락에서 아래로
부부는 그 작은 발자국들을 따라갔다.
망가진 산사나무-울타리를 헤치고,
긴 돌담을 끼고 나아갔다.

그 후에 그들은 허허벌판을 가로질렀다.
그 발자국들이 똑같이 찍혀 있었다.
부부는 길을 잃지 않고, 그 발자국들을 따라서
마침내 그 다리에 도착했다.

부부는 눈 쌓인 강둑에서 그 발자국들을
한 발 한 발 따라서,
그 널다리의 중간까지 갔는데,
더는 발자국이 찍혀 있지 않았다.

— 그렇지만 어떤 이들은 오늘날까지
그녀는 살아있는 아이라고 주장한다.
당신도 그 쓸쓸한 야생에 가면
고운 루시 그레이를 볼 수 있다고.

그녀가 거칠고 평탄한 땅을 돌아다니며,
절대로 뒤돌아보지 않은 채,
고독한 노래를 부르며
바람 속에서 휘파람을 분다고.

사랑 때문에
죽은 이들이 있다고 들었다
Tis said, that some have died for love

사랑 때문에 죽은 이들이 있다고 들었다.
그래서 추운 북부의 불경스러운 땅
여기저기서 교회 묘지 같은 무덤이 발견된다고,
가련한 사내가 자살했기 때문에,
그의 사랑이 몹시 쓰라린 고통이었기 때문에.
그리고 내가 5년 동안 알고 지낸 사람이 있는데,
그는 헬벨린 산* 중턱에서
홀로 살고 있다.
그가 사랑했던 — 예쁜 바바라가 죽었기 때문에,
이렇게 그는 탄식한다.
바바라가 무덤에 묻힌 지 3년이 지났을 때도
그는 이렇게 탄식했다.

"오 오두막아, 저 참나무 뒤에서 떠나라!
아니면 그 늙은 나무를 뿌리 뽑아 눕혀버려라,
그래서 저 연무가 다른 길로

---
* 영국 잉글랜드 북서부 호수지방에 있는 해발 950m의 산.

하늘에 올라가게 하여라!
구름이 지나가는구나, 하늘에서 떠나가는구나.
내가 바라보는 ― 하늘이 텅 빈 공간이라서,
내가 무엇을 찾고 있는지 모르겠구나.
그런데 보는 것을 멈추면, 내 손이 내 가슴에 있구나.

오! 이 그늘에 있자니 너무 괴롭구나! 잎들아,
언제나 그 죽음의 속삭임을 멈추려느냐?
너희의 소리가 내 가슴에서 평화를 앗아가고,
그 소리가 내 가슴에서 휴식을 빼앗는구나.
시끄럽게 시끄럽게 마음껏 노래하는 개똥지빠귀야,
저기 늘어선 버드나무 숲으로 날아가거라,
저 오리나무에나 앉아라.
아니면 다른 노래를 부르거나, 다른 나무를 택해라.

흘러 돌아가라, 즐거운 실개천아! 너의 산 경내로 돌아가라,
거기서 영원히 너의 호수에 묶여있어라!
저기 저 폭포수가 저 소나무의 들쭉날쭉한
가지 밑으로 끊임없이 곤두박질칠지라도,
네가 허공을 맴돌며 간헐적으로
내는 소리,

오 그 소리라도 좀 그쳐다오!—
즐거운 실개천아, 지금의 너 말고, 다른 것이 되어라.

들장미야, 아주 자랑스럽게 솟아서 아치를 이루었구나,
(마치 계곡의 절반에 걸쳐 있는 무지개 같은데)
어여쁜 관목아, 오! 너의 꽃들을 떨어뜨려 버리고,
바람에 붙들려 살랑대지 마라.
그렇게 네가 허공에서 까딱거리는 모습을 보면,
너의 아치가 그렇게 뻗쳤다가 구부러지고,
그렇게 떠올랐다가 그렇게 내려앉는 모습을 보면,
그 광경이 견딜 수 없을 만큼 나를 괴롭히나니."

이렇게 열광적으로 불평하는 사내는
거대한 조각상으로, 머리부터 발까지
쇠갑옷으로 무장한 채 춤을 출 수도 있었다.
아 상냥한 사랑이여! 혹시 당신이 나를 위해
다정한 시간들을 아껴두었더라도, 나에게서
당신의 얼굴을 돌리소서, 상냥한 사랑이여! 내가
에마의 목소리가 들리는 데서 걷지 않게 하고,
내가 오늘 알게 된 그런 행복도 모르게 하소서.

한가한 목동들

The Idle Shepherd-Boys, or Dungeon Gill Force : A Pastoral★

1

계곡이 명랑하고 즐겁게 울린다.
5월이면 언덕들에서 메아리들이
절대로 절대로 끝나지 않는
환영의 노래를 연주한다.
까치가 기쁘게 재잘거리고,
산 까마귀의 어린 새끼들이
어미와 둥지를 두고 떠나,
동쪽 서쪽으로 돌아다니며
각자의 먹이를 찾거나,
반짝이는 운무를 헤치고
제멋대로 마음껏 날아다닌다.

★ [원주] 길(Gill)은 컴벌랜드와 웨스트모어랜드 방언으로, 짤막하고, 대부분, 가파르고 좁은 계곡을 뜻하며, 그 계곡 사이로 냇물이 흐른다. 포스(Force)는 이 지역에서 일반적으로 폭포를 뜻하는 말로 사용되는 방언이다.

2

한 바위 밑의 풀밭에
두 소년이 햇살 속에 앉아 있다.
둘 다 할 일이 없거나,
각자의 일이 끝난 모양이다.
그들이 단풍나무 피리로
성탄절 찬송가의 단장들을 연주하거나,
아니면 우리 계곡에서 수사슴-뿔,
혹은 여우 꼬리라고 부르는 식물로,
각자의 빛바랜 모자를 장식한다.
그렇게, 날씨처럼 행복하게,
그 양치기들은 시간을 흘려보낸다.

3

강가의 돌밭 여기저기서
삑삑도요가 즐거운 노래를 부르고,
개똥지빠귀가 숲에서 부산떨며
야단스레 강렬하게 지저귄다.
천 마리의 어린양들이 바위산에서

모두 새로 태어나! 땅과 하늘이
희년*을 지키고, 녹색 화환을 쓴
그 소년들은 특히 그러하기에,
던전 길의 깊은 구렁에서 언덕 따라
올라오는 애처로운 울음소리! 그 소리에도
그들은 귀를 기울이지 않는다.

4

월터가 땅에서 벌떡 일어나며 말했다,
"저 늙은 주목 그루터기 아래까지
우리의 호루라기를 걸고 경주하자."—
두 양치기가 날 듯이 출발했다.
그들이 뛰고 — 달려서 — 던전 길의
바로 맞은편에 다다랐을 즈음에,
자기가 상품을 잃을 것 같다는 생각에
월터가 그의 동료에게 소리친다 "정지!" —
제임스가 탐탁지 않은 표정으로 멈췄다.

---

* 희년(jubilee)은 이스라엘에서 50년마다 공포된 해방의 해로, 노예에게 자유를 주고 가난 때문에 조상의 소유물을 팔 수밖에 없었던 이들에게 그것을 돌려주고, 땅도 쉬게 하였다.

그러자 월터가 말했다, "여기서 일해,
네가 반년 동안은 일할 수 있을 거야.

5

이제 내가 건너는 데로 건너 — 출발,
내가 이끄는 데로 나를 따라와 — "
다른 소년이 그의 말을 받아들였으나,
그 행동은 마음에 들지 않았다.
그곳은 랭데일에 가보면
누구나 알 수 있는 장소였다.
깊은 틈으로 거대한 바윗덩이가
추락해서, 바위 다리를 이룬 곳.
아래쪽에 깊은 구렁이 있고,
거뭇하고 작은 분지로
드높은 폭포수가 떨어진다.

6

도전자가 지팡이를 손에 쥔 채

그 틈새를 가로질러 나아가기 시작했고,
이내, 두 눈과 발이 아치 다리의
중간쯤에 이르렀다.
그런데 가만! 가엾은 신음이 들려온다 —
또! — 그의 몸속 심장이 멎는다,
맥박이 멈추고, 숨소리도 끊긴
그가 유령처럼 창백하게 비틀거리며
내려다보다가, 그 거뭇하고 무서운
틈새 안의 연못에 갇혀있는
어린양 한 마리를 발견한다.

7

어린 양이 미끄러져 개울에 빠졌는데,
타박상이나 상처도 없이 안전하게
폭포수가 양을 품고 내려와서
그 깊은 구렁에 넣어둔 것이었다.
추락해서, 급류에 휩쓸려
떠내려가는 새끼를 본 어미 양이
모성애를 다하여,
위쪽의 높은 바위산에서

처량하게 울부짖는 사이에,
어린양도, 하염없이 허우적거리며,
그 애처로운 울음소리에 응답했다.

8

이렇게 구슬프게 울부짖는 생물의
정체를 알아채는 순간에,
소년이 용기를 되찾아서,
자기가 본 광경을 이야기했다.
둘 다 기꺼이 그들의 과업을 미루었다.
다른 도움이 필요하지 않았다 —
현자들의 책보다도 시내를
훨씬 더 사랑하는 어떤 시인이
우연히 그곳으로 들어섰다면,
거기서 거대한 바위들에 둘러싸인
그 무력한 어린양을 발견했으리라.

9

그도 그 연못에서 양을 조심스럽게 끌어내,
양지바른 곳으로 데려다주었으리라.
그 양치기들도 그 양에게 책임을 다했는데,
전혀 뜻밖의 광경이었다!
그들이 어린양을 품에 안은 후에
말했다, "부러진 데도 없고 상처도 없네."
그리고 그들은 가파른 비탈을 서둘러 올라가서,
새끼 양을 그의 어미 곁에 놓아주었다.
그래서 시인은 그 한가한 목동들을
점잖게 나무라며, 그들에게
그들의 업무에 더욱 신경 쓰라고 당부했다.

가여운 수잔
Poor Susan

우드 스트리트의 모퉁이에, 날이 밝을 때면,
야단스레 노래하는 개똥지빠귀 한 마리, 3년 동안 노래했다.
가여운 수잔은 그곳을 지나다니며,
아침의 고요 속에서 그 새의 노래를 들었다.

매력적인 노랫소리인데, 왜 그녀가 아파할까? 그녀가
떠오르는 산, 환영 같은 나무들을 바라본다.
뭉게뭉게 피어오른 밝은 증기가 로스버리를 지나가고,
강물이 칩사이드 계곡을 헤치고 흘러간다.

그 계곡 한가운데서 그녀가 바라보는 녹색 초원,
그녀가 들통을 들고 그토록 자주 걸었던 풀밭 길,
그리고 비둘기의 둥지 같은 작은 오두막 한 채,
그녀가 사랑하는 지상에 단 하나뿐인 집.

바라보는 내내, 그녀의 마음은 천국에 있다. 그런데
그 안개와 강, 그 언덕과 그늘이 모두 흐릿해진다.

그 강물도 흐르지 않고, 그 언덕도 떠오르지 않고,
그 색조들도 그녀의 눈에서 모두 사라지고 말았다.*

---

* 이상에서, 우드 스트리트(Wood Street), 로스버리(Lothbury), 칩사이드(Cheapside)는 모두 런던에 있는 지명들.

비문

Inscription For the Spot where the Hermitage stood on

St. Herbert's Island, Derwentwater★

당신이 어떤 친구의 귀한 사랑을 받으며
아주 행복했더라도, 사랑의 행복 속에서도
어떤 생각들이, 이따금, 가슴을 아프게 한다는 것을
알게 되면, 그때는 당신도 이 고요한 장소를
숭배하리라. ― 세인트 허버트가 여기로 와서,
여기에서, 여러 계절 동안, 세상과
세상의 애정사에서 벗어나,
고독하게 살았다. ― 그러나 그 선한 사람도
자신의 영혼처럼 사랑했던 한 동료-노동자를
두고 떠났다. 그리하여, 그가 자신의 동굴 안에서
홀로 십자가상 앞에 무릎을 꿇고 있는 사이에
호수 너머에서 로도어 폭포가 그의 기도에
맞추어 울려 퍼졌고, 그가 이 작은 섬의
호숫가를 따라 걸으며 그의 동무를
생각할 때면, 그는 둘 다 똑같은 순간에
죽었으면 좋겠다고 기도하였다. 그의 기도는

★ 더웬트 호는 잉글랜드 북서부 호수지방에 있는 호수.

헛되지 않았다:―우리의 연대기가 알려주듯,
여기서 그 은둔자는 사랑하는 벗 세인트 커스버트와
멀리 떨어져서, 마지막 나날을 보냈지만,
그 두 성인은 모두 똑같은 시간에 죽었다.

연필로 돌에 쓴 시

Lines Written with a pencil upon a stone in the wall of

the House (an Outhouse) on the Island at Grasmere.

이 건물은 투박한데, 아무리 투박해도,
매우 조화로운 균형미를
간직하고 있어서, 이상적인 우아미에
상당히 근접한, 건물들을
당신도 보았겠지요. 그렇지만 지금은
그냥 좋게 받아들이세요. 우리 마을의
가난한 비트루비우스는 대도시에서
도움을 받지 못한 데다, 붉은
모로코가죽 2절판 책장들에 전시되어있는
아직 태어나지 않은 미녀들의
해골들*과 기존의 유령들, 마차-보관소,
헛간과 외딴집이 딸린, 시골풍의 상자 같은
아늑한 작은 집도 보지 못했을 테니까요.
담백하게 쌓여있지만, 이 벽들로
어린 암소가 눈보라 속에서 찾아오고, 여기에서
갓-나온 어린양이 바람을 피할 은신처를 발견하죠.

---

* 앞 행부터 "미녀들의 해골들"은 아름다운 건물들의 청사진 또는 설계도.

또 이곳으로 한 시인이 이따금
그의 작은 쌍돛 배, 방랑하는 작은 바지선에
히스 관목과 시든 고사리(그가 산속에서
낫으로 잘라서 싣는 적재물)를 수북이
싣고 노를 저어 찾아와서, 이 지붕 밑에다
그의 여름 침상을 마련한 다음에, 여기서 한낮에
팔다리를 쭉 뻗고, 그사이에, 아직 털이 깎이지 않은
양들이 묵직한 양모의 압박에 숨을 헐떡이며,
그의 주변에 누워있지요, 마치 자기들이
그의 가족 중 일부인 듯이: 시인이 그의 침상에서
뚫린 출입문-자리로 호수 쪽을 바라보며
산들산들 부는 바람을 쐬고 있노라면, 잠이 빚어내는
아름다운 광경들과 낭만적인 기쁨의 환영들처럼,
사랑스러운 창조물들도 다 필요 없지요.

교회지기에게
To a Sexton

당신의 손수레는 그냥 놔두구려.
어째서, 교회지기여, 하염없이
당신의 납골당에 뼈들을 쌓소?*
이미 3천의 두개골이 묻혀있는
전쟁터에 쌓인 산 같은데.
— 이들은 서로 평화롭게 살다가 죽은
아버지, 누나, 친구와 형이요.

내가 가리키는 지점을 잘 보시오!
이 8평방 피트의 묘에서
한 점의 손가락-관절도 파내지 마시오.
앤드루의 가족 전부가 거기에 있소.
여기, 당신의 눈앞에는, 사이먼의
병든 딸이 홀로 누워있소.
그가 스무 번의 겨울을 돌본 그 딸이

---

* 교회지기 또는 교회 묘지 관리인이 새로운 묘를 쓸 공간을 확보하기 위해 기존의 무덤을 파헤치고 있는 상황으로, 19세기 후반에 교회 묘지와 공동묘지를 구분하는 법안이 통과될 때까지 이런 풍습이 남아 있었다.

이제야, 허약함과 고통에서 벗어났소.

저 정원사의 자긍심 좀 보구려 —
그가 나란히 피어난 장미, 백합,
제비꽃 가족들을 볼 때면,
어찌나 자랑스러워하는지!
사람의 가슴, 그의 눈물을 걸고,
그의 희망들과 두려움들을 걸고,
회색 수염의 늙은이여! 당신이
훨씬 더 훌륭한 정원의 관리인이오.

그러니, 서로에서 소중한
저들이 모두 조용히 누워있게 두시오,
앤드루는 저기에 수잔은 여기에,
죽은 이웃 사람들도 모두.
그리고 내가 제인을 잃고 햇살과 비를
견디며 7년을 홀로 산 후에도,
오 교회지기여, 그때도 그녀를 파내지 말고,
한 무덤이 그 사랑받은 연인을 품게 해주오!

앤드루 존스
Andrew Jones

"난 저 앤드류 존스가 싫어. 그는 자식들을
키워서 낭비와 약탈을 일삼게 할 거야.
강제-징집대가 북을 둥둥 두드리고
나팔 소리 울리며 들이닥쳐
마을에서 그를 쓸어가 버리면 좋겠어!"

내가 이렇게 말한 것은, 그가 버릇처럼
종일토록 욕하고 술을 마셔서가 아니라,
그가 불쌍하고 가여운 사람,
친구도 없는 떠돌이 절름발이에게
아주 못된 짓을 저질렀기 때문이다.

이 불쌍하게 굽실거리는 무력하고 비참한 사람에게
말을 타고 지나가던 어떤 사람이
1페니를 땅바닥에 던져주었는데,
불쌍한 절름발이는 혼자 있었고,
굽힐 수가 없었다 — 근처에 도와줄 사람도 없었다.

날씨가 오랫동안 가문 탓에,
1인치 두께의 먼지가 땅에 쌓여있었다.
그래서 절름발이가 자신의 지팡이로
먼지를 휘휘 저어서 마침내
그 반 페니 동전들을 끌어모았다.

바로 그때 앤드루가 우연히 그 길로
지나가다가, 거기서 한낮 더위 속에
홀로 서 있는 그 절름발이를
발견하였고, 그의 발치께의
땅바닥에 있는 그 1페니를 보았다.

그가 몸을 굽혀서 그 동전들을 차지했다.
그리고 절름발이가 가까이 다가오자,
앤드루가 말했다, "반 크라운도 안 되는군,
뭐든지 발견하는 사람이 임자지,
그럼, 친구, 자네도 좋은 날 되시게."

그런 연유로 내가, 앤드류의 아들들은 모두
낭비와 약탈을 일삼도록 훈육될 것이라며,
강제-징집대가 북을 둥둥 두드리고
나팔 소리 울리며 들이닥쳐, 마을에서

그를 쓸어가 버리면 좋겠다고 빈 것이었다!

루스
Ruth

루스가 거의 홀로 남겨졌을 때
그녀의 아버지가 새 아내를 얻었다.
그래서 루스는, 일곱 살도 되지 않은
괄시받는 아이였지만, 마음껏
계곡과 언덕을 돌아다니며,
무심하고 분방한 자유를 누렸다.

그녀는 지푸라기로 피리를 만들어,
그 귀리 피리로 바람과 강물의
온갖 소리를 낼 수 있었고,
마치 태어날 때부터
그 숲의 아기였던 것처럼,
녹색 풀밭에 정자도 지었다.

아버지네 지붕 밑에 있으면, 그녀는
홀로 사는 기분이었다, 생각도 혼자만의 생각,
기쁨도 혼자만의 기쁨인 듯이.
홀로 만족한 채, 슬프지도 즐겁지도 않게,

그녀는 자신의 시간을 보냈고, 이런 식으로
성장해서 성숙한 여인이 되었다.

그 무렵에 한 청년이 조지아 해안에서 찾아왔다 —
그는 아주 멋진 깃털들로 장식된
군용 투구를 쓰고 있었는데,
체로키족한테서 가져왔다는
그 깃털들이 산들바람에 까딱거리며,
화려한 볏처럼 솟아 있었다.

그를 인디언의 혈통으로 여길지 모르지만
아 천만에! 그는 영어로 말했고,
군인의 명칭을 지니고 있었다.
그는, 아메리카가 전투와
위험으로부터 해방되고 나서,
대양을 건너온 것이었다.

그 청년은 뺨에 천부적인 색조를 띠고
근사한 어조로 말할 줄 알았다.
— 그가 아직 소년이었을 때는
달, 태양의 광휘와
흘러가며 속삭이는 시냇물이

그의 아주 소중한 기쁨이었다.

그는 사랑스러운 청년이었다! 아마
황야에 사는 표범도
그보다 아름답지 않고,
그가 장난치고 놀 때는
열대 바다의 돌고래도
그리 즐겁지는 않았을 것이다.

그는 인디언들과 함께 싸웠다.
그래서 그는 즐겁고도 두려운
많은 이야기를 가져왔는데,
그런 청년이 녹색 그늘에서
들려주는 그런 이야기들은
어떤 처녀에게도 아주 위험하였다.

그는 소녀들에 대해 이야기했다.
춤추고 소리치며 각자의 울타리,
그들의 즐거운 인디언 마을을 나와서,
온종일 딸기를 따 모으고,
해가 저물 무렵에 합창을 부르며
돌아오는 행복한 무리라고!

그는 만 가지 사랑스러운 색깔로!
시시각각 꽃의 색이 변하는
성스럽고 신기한 식물들에 대해 말했다.
봉우리를 맺고, 시들어가고, 시든 꽃들이
아침부터 저녁 이슬 맺힐 때까지
나무 그늘의 신비를 간직한다고.

그 후에 그는 행군과 매복,
포위와 전투에 대해 들려주었고, 기쁘게
루스의 가슴은 아파하곤 하였다.
그것들은 격렬하면서도, 귀중한 역사였다:
그러나 그가 자기 얘기를 할 때
듣고 있으면 천국 같은 기분이었다!

가끔 아주 진지하게 그는 말했다.
"오, 루스! 난 죽느니보다 못한 상황이었어:
나는 자신감과 자부심을 품고
대서양을 건너왔는데,
거짓된 생각들, 무모하고 헛된 생각들이
사방에서 나를 에워쌌으니까.

내 앞에 마치 빛나는 깃발처럼
정말 새롭고 장엄한 세상이
갑자기 펼쳐졌지:
나는 저 언덕들과 평원들을 바라보며,
마치 사슬에서 풀려난 듯이
자유롭게 살 것 같았어.

그런데 왜 이런 얘기를 하지? 이제는,
고운 루스! 너랑 있으면, 나도 모르게,
내 영혼이 불타는 것 같아 —
마치 날이 밝아서, 아침이
서쪽과 남쪽과 북쪽으로
돌아오는 동쪽처럼 말이야.

마음이 더 순수해지고, 편해지는 것 같아.
오 순결하고 다정한 소녀여,
또 어떤 광경들을 내가 보게 될까!
지금도 내 눈에 들어오지만!" —
그러면서 그는 다시 그가 살았던
땅들에 대해 말하기 시작했다.

그는 구름처럼 높이, 머리 위로 높이!

활짝 펼쳐진 목련에 대해 말했다.
사이프러스와 그 첨탑 같은 꼭대기 —
주홍빛의 한 색으로 수백 킬로미터를
휘덮어서, 마치 언덕들에 불을
지핀 듯한 꽃들*에 대해서도 말해주었다.

그 녹색 대초원의 청년은
끝없이, 끝없이 많은 호수와,
마치 저녁 구름 사이에
점점이 박힌 하늘처럼 조용히,
모여있는 요정들의 무리 같은
섬들에 대해서도 말해주었다.

그 후에 그는 말했다 "그곳에서
어부나 사냥꾼, 그늘 속의
정원사가 되어, 편안한 마음으로
하염없이 배회하다가 따듯한 불을
지피고, 모든 숲속 빈터를
집 삼아서 살면 얼마나 행복할까!

얼마나 달콤한 날들과 세월일까! 아아!

---
* 진달래 또는 철쭉을 말한다.

너와 함께 고요한 행복에 젖어서 그렇게
보낸다면, 우리의 삶이 진정한 삶이라서,
사는 내내," 그가 말했다, "우리가
고통의 세상에서 그처럼 행복한 대지에
있다는 것을 새삼 깨달으련만!"

그러면서 그는 간간이 부성애에 대한
소중한 생각들을 뒤섞고는 하였다.
"아주 민감한 끈들이" 그는 말했다,
"우리의 심장을 감싸고 있어서,
우리 눈에는 우리 자신의 자식들이
태양보다도 소중한 것이야.

고운 루스! 네가 나랑 함께 가서
그 숲속에서 내 내조자가 되어 준다면,
밤에는 우리의 작은 오두막을 세우고,
내가 고른 신부, 숲속의
여자 사냥꾼이 되어, 내 곁에서 달리며
달아나는 사슴을 몰 수도 있으련만!

사랑하는 루스!" — 그 이상은 말하지 않았다.
고운 루스는 한밤중에 홀로

고독한 눈물을 흘렸다.
그녀는 다시 생각했고 — 그와 함께
배를 타고 바다를 건너가서,
달아나는 사슴을 몰겠다고 동의했다.

"그럼 당장, 적절하게 제대로,
함께 교회에 가서 서로 굳게 약속하고
남편과 아내가 되자."
두 사람은 그렇게 했고, 아마도
고운 루스에게 그 행복한 날은
인간의 삶 이상의 의미였을 것이다.

꿈과 환상 속으로 그녀는 가라앉아,
그 적막한 강들과 녹색 대초원에서
그와 함께 식사하고
합법적인 기쁨을 누리며, 거친 숲속에서
그의 이름을 품고 살아갈 날을
생각하며 내내 즐거웠다.

그러나, 앞에서 말했듯이,
흥겹고, 명랑하고, 대담한 이 청년은
춤추는 볏으로 아주 멋지게

치장한 채, 서부에서
인디언 방랑자 무리와 함께
야생의 땅들을 돌아다니며 살았었다.

바람, 드높이 포효하는 폭풍,
열대 하늘의 격동도,
그토록 넓은 땅 그토록 넓은 하늘과
그토록 충동적인 피를
물려받은 그 젊은이에게는 아마
위험한 먹잇감에 불과할 것이다.

풍경이든 소리든 그런 지역들에서
그가 무시로 발견한 모든 것들이
유사한 성질의 충동을 그의 마음에
주입해서, 그 자신의 힘들로
결합 되고, 가슴의 작용들로
정당화된 것 같았다.

자연의 아름다운 형상들, 고운 나무들과
사랑스러운 꽃들도 그에 못지않게
육감적인 생각의 자양분이 되어 주었다.
산들바람은 특유의 나른함을 제공했고,

별들도 온갖 감정을 품고 있다가,
그 마법 같은 정자들로 보내주었다.

그가 아무리 나쁜 길로 빠져도,
훌륭한 의도의 순수한 희망들이
수시로 끼어들곤 하였다.
열정들이 아주 고운 형상들과 연결되면
당당한 욕구들도 자기 몫의
고귀한 감정을 공유하기 마련이기에.

그렇지만 그는 가혹하게 살면서,
더 나은 법이나 더 나은 삶을 모르는
사람들과 많은 악행을 보았다.
고의적이고 기만적인
그 야만인들의 악행들을 그가 당했고,
그들에게도 똑같이 돌려주었다.

그의 천성과 그의 도덕적인 틀이
그렇게 손상되었고, 그는
저속한 욕망들의 노예가 되었다.
자제력을 잃고서, 타락한 영혼이
과분하게 동경하는 것들을

추구하는 사내가 되고 말았다.

그렇지만 그는 꾸밈없이 기쁘게
낮에도 밤에도 그 처녀에게 구애했고,
밤에도 아침에도 그녀를 사랑했다.
그토록 다정하고 그토록 쓸쓸한!
자연과 그토록 많이 함께 놀았던 가슴을 지닌
처녀를 어떻게 그보다 덜 사랑할 수 있으랴?

그러나 어느새 그 즐거운 꿈은 사라져버렸다.
희망도, 소망도 남김없이 없어지자,
그는 더 이상 그런 것에 흔들리지 않았다.
새로운 대상들이 새로운 즐거움을 주었고,
다시 한번 그는 예전처럼
무지막지하게 살고 싶었다.

그가 그렇게 지내는 사이에,
두 사람은 항해 준비를 마치고,
바닷가로 떠났다.
그런데, 거기에 도착하자, 그 청년은
그의 가련한 신부를 버렸고, 루스는
다시는 그를 찾을 수 없었다.

"루스에게 신의 가호를!"—그녀는
엄청난 고통에 시달리다가 반년 만에
미쳐버렸고 어느 감옥에 감금되었다.
그리고 거기서, 끔찍하게 질러대는
자신의 노랫소리에 휩싸여,
기뻐 날뛰며 자신을 학대하였다.

그래도 이따금 한결 얌전해지곤 했는데,
그녀가 바라는 햇살, 비, 이슬이나,
5월의 유희들은 아니었지만 —
그런 시간이 그녀의 감방에 찾아올 때면,
즐거운 조종 소리 울리며 자갈밭을
지나가는 야생의 냇물처럼 흘러갔다.

루스는 세 계절을 그렇게 갇혀있다가
고통이 잠시 누그러졌을 때,
자신의 감방에서 도망쳤다.
그러나 부랑자를 생각해주는 이는 없었기에
그녀에게 가장 호의적인 곳에서
그녀의 은신처와 빵을 구했다.

들판으로 나오자 그녀는 다시 숨을 들이켰다.
그녀의 뇌에 있는 주-혈류가
끊임없이 자유롭게 흘렀다.
그리고, 톤 강의* 강둑에 이른
그녀는 거기서 쉬었고, 푸른 숲의
나무 밑에서 홀로 살았다.

그녀를 아프게 한 고문 도구들, 그녀를
슬프게 한 도구들, 바위들과 연못들과
봄의 이파리들을 살랑살랑 흔드는
바람을, 그녀는 여전히 사랑했고,
그녀에게 닥친 불행에도 불구하고
그것들을 탓한 적이 없었다.

어느 헛간이 그녀의 겨울 침상을 제공하지만,
여름 하늘의 온기와
여름날들이 갈 때까지,
(이 이야기에서는 시종일관하게)
그녀는 푸른 숲의 나무 밑에서 잠을 자고,
그 외의 다른 집은 없다.

---

* 톤 강(River Tone)은 잉글랜드 남서부 서머싯에 있는 강.

순수한 삶이지만, 정처 없는 방랑길!
그래서 루스는, 때가 되기 한참 전에,
허물어져서 늙고 말 것이다.
그녀는 필시 괴로운 아픔들을 겪으리라! 그러나
그녀의 몸은 습기와 비와 추위 때문에
비참할지라도, 마음만은 덜 아프리라.

음식의 부족에 시달리게 되면,
그녀는 숲속에 있는 자신의 거처에서
다시 어느 길가로 나와,
여행자들이 말을 타고 유유히
오르락내리락하는
어느 가파른 장소에서 구걸하리라.

그녀의 그 귀리 피리는 소리를 잃거나,
버려지고 없지만, 플루트로
그녀는 자신의 외로움을 달랜다.
이 플루트는, 독미나리 줄기로 만들어졌는데,
저녁에 집으로 걸어가는
콴톡 산의 나무꾼이 그 소리를 듣는다.

나 역시 그 언덕에 사는 그녀를 지나쳤는데

그녀가 작은 물레방아를
거친 물줄기와 분수에 설치하고 있었다 —
그렇게 작은 장치를 돌리는 그녀는
내내 울고, 내내 슬퍼했던 그녀가 아니라,
어리고 행복한 아이의 모습이었다!

잘 있어요! 당신의 나날들이 알려지면,
불운한 루스! 당신의 몸이
성스러운 틀에 담겨 묻힐 거예요.
당신을 기리는 장례식 종이 울리고,
모든 회중이 당신을 위해
기독교의 찬송가를 불러줄 거예요.

돌에 석필로 쓴 시

LINES Written with a Slate-pencil upon a Stone,

the largest of a heap lying near a deserted Quarry,

upon one of the Islands at Rydale.

낯선 이여! 이 기형의 돌무더기는
태곳적의 어떤 폐허가 아니네,
그대가 혹시 경솔하게 추정할지 모르는, 옛날
어느 영국인 추장의 돌무덤도 아니네. 그저
언젠가 이 바위섬의 자작나무숲에
세워질 예정이었던 작은 궁전 혹은
환락-궁의 거칠고 미숙한 모습일 뿐이네.
그런데, 문득, 윌리엄 경이 생각해 보니
성숙한 사내라면 누구든지 물가에서 건너와
자기가 원하는 시간에 이곳에서 자유를
만끽할 것 같았네. 그래서 그 기사가 바로
그만두는 바람에, 저 채석장과 돌무더기가
그의 미완성 과업의 기념물로 남아 있다네.—
이 시행들이 새겨진 돌덩이는, 아무래도,
옛날 그 예정된 건물의 주춧돌로
선별된 듯한데, 이것이 정교한 기술로 만들어진

어떤 진기하고 특이한 놀잇감이었다면,
아마, 여기 사는 홍방울새와 개똥지빠귀,
그 외에 집을 짓는 작은 생명체들이 그 작품을
보며 경탄했겠지. 그렇다고 그를 탓하지는 말기를,
옛날의 윌리엄 경은 이 계곡에서 자란
점잖은 기사였고, 그의 모든 조상과 함께
계곡의 주민이었기에. 그러니 그의 평화를 빌고,
그가 상상했던 그 모욕에 대해서도
완전한 용서를 해주기를 바라네! ─ 다만 혹시 그대도
이 산들의 주민이 되고 싶은 조바심에
몸이 달아올라서, 설령, 아름다운 계획들에
동요된 나머지, 고요한 바위에서 머지않아
하얀 눈처럼 눈부시게 빛날
그대의 멋진 저택을 구성할 조각들을
잘라냈더라도, 다시 생각하기를 바라네. 그리고
옛날 윌리엄 경과 그의 채석장을 교훈으로 삼아,
그대가 부순 조각들을 찔레와 장미에게 맡기고,
거기서 봄의 도마뱀이 햇볕을 쬐고,
붉은 가슴 울새가 돌에서 돌로 뛰어다니게 해주기를.

자연이, 좋아하는 자식을 위해
If Nature, for a favorite Child

___학교에 명판이 있는데, 그 위에 금빛 글자로, 학교 설립 이후로 교사로 있었던 예닐곱 사람의 이름이, 그들이 그 직을 얻어서 그만둘 때까지의 시간과 함께, 새겨져 있다. 그 명판 중 하나의 반대편에 저자가 다음에 소개하는 시를 썼다.

— 워즈워스의 머리글

자연이, 좋아하는 자식을 위해
자신의 진흙을 잘 반죽해서 그대를 빚은 덕에,
매시간 그대의 심장이 마구 뛰지만,
그대가 결코 길을 잃지 않는 것이라면

이 시를 끝까지 읽고, 그 후에
무척 다채로운 색상으로
200년의 역사를 이렇게 겸손하게
드높이는 이 명패를 살펴보길 바란다.

— 거의 손상되지 않은 이 평판의

숫자와 글자들을 지나서! 그대의 눈이
마지막 매슈의 이름에 이르렀을 때,
특별한 교감을 느끼면서 멈춘다면

그래서, 혹시 잠든 눈물이 깨어나,
억누를 수 없고 버틸 수도 없다면:
매슈를 대신해서 그가 하지 않았던
한 가지 부탁을 드린다.

가련한 매슈는, 놀이를 모두 끝내고,
고인 물웅덩이처럼 조용하다,
난로의 즐거운 아우성과 마을 학교의
웅성대는 소리로부터 멀찍이 떨어져서.

매슈가 내뱉었던 한숨은 장난과
무모한 짓에 몹시 지친 사람의 한숨이었고,
매슈의 눈에 맺혔던 눈물은
빛의 눈물, 기쁨의 기름이었다.

그렇지만, 이따금, 고요하고 진지한
생각의 비밀스러운 컵이 돌 때면,
마치 자신이 그것을 다 마셔버린 듯한 ―

아주 심각한 기분을 느끼곤 하였다.

— 하나님의 최고 흙 몸을 지닌 영혼!
행복한 영혼이여! 반짝이는 금빛의
이 두 글자가 어떻게 그대가 꼭
남기고 싶은 전부가 될 수 있겠는가?

두 4월 아침
The Two April Mornings

우리가 걸어가는 사이에, 밝고 붉게
아침 해가 떠올랐다.
매슈가 걸음을 멈추고 바라보며 말했다,
"하나님의 뜻이 이루어지기를!"

그는 번지르르한 잿빛 머리칼의
마을 학교 선생님으로,
봄날 휴일에 흔히 볼 법한
쾌활한 남자였다.

그날 아침에, 풀밭을 헤치고,
물안개 피는 시냇가를 지나,
우리는 명랑하게 나아가서, 산속에서
하루를 보냈다.

내가 말했다, "우리 일정이 잘 시작되었는데,
자네 가슴에 무슨 생각이 있기에,
저토록 아름다운 태양 아래에서

그토록 슬픈 한숨을 토했는가?"

두 번째로 매슈가 걸음을 멈추고,
동쪽의 산-꼭대기를
하염없이 응시하며
나에게 대답했다:

"저 긴 자줏빛 틈새가 있는 구름을 보니
내가 족히 30년 전에 두고 온
꼭 오늘 같던 어느 날이
새삼스럽게 마음에 떠오르는군.

저기 저 산비탈 밀밭 위의
하늘에, 바로 저런 색들이
배어있었네, 그 4월 아침이
마치 오늘의 친형 같았지.

조용한 취미 삼아 낚싯대에 줄을 달아
더웬트 강 물결에 던지다가,
교회 쪽으로 가는 길에, 내 딸의
무덤 옆에서 잠깐 멈추었네.

걔는 아홉 번의 여름도 다 보지 못했다네,
온 계곡의 자랑이었는데.
걔가 노래를 부르면 — 꼭 나이팅게일이
노래하는 것 같았지.

6피트 땅속에 나의 에마는 묻혀있었지만,
딸을 사랑하는 마음은 더 간절했지,
그날까지 내가 그 애를 그토록
사랑한 적이 없었던 듯이.

그리고 딸의 무덤에서 나오다가,
교회 묘지의 주목 나무 옆에서
한 꽃 같은 소녀를 만났는데, 머리칼이
아침 이슬방울들에 젖어있더군.

그녀가 머리에 이고 있던 바구니를 비웠는데,
이마가 매끄럽고 하얬네.
그리 곱다란 아이를 보다니,
그야말로 순결한 기쁨이었지!

바위 동굴에서 떨어지는 분수도
그리 자유롭게 나아간 적 없을 만큼,

그 소녀는 마치 바다에서
춤추는 파도처럼 행복해 보였네.

저절로 내가 가둬둘 수 없는
고통의 한숨이 터져 나왔네.
그 소녀를 보고 또 보았지만
— 내 딸이기를 바라지는 않았지."

매슈는 무덤 속에 있지만, 지금
그가 내 앞에 서 있는 것 같다,
그때 그 순간처럼, 야생의
나무 낚싯대를 손에 쥐고서.

분수

The Fountain : A Conversation

우리는 열린 가슴과 다정하고 진실한
말로 얘기를 나누었다.
나는 젊었고, 매슈는 72세였지만,
서로 단짝의 친구들이었다.

우리는 넓게 펼쳐진 참나무 아래,
이끼 낀 의자 옆에 누워있었다.
잔디밭에서 분수가 솟구쳐서 쏴쏴
우리의 발치에 떨어졌다.

"자, 매슈! 우리 함께 이 분수의
즐거운 곡조에다, 여름날의 한낮에
어울리는 변경의 옛노래나
돌림노래를 곁들여보자고요.

아니면 이 그늘 밑에서 그 교회-시계와
차임벨의 노래나 해봐요,
당신이 지난 4월에 지은 그 재치 있는

운율의 아주 흥겨운 노래 있잖아요!"

매슈가 침묵에 잠겨서 누운 채로,
나무 아래 있는 샘을 바라보았다.
이윽고 그 사랑스러운 노인, 백발의
유쾌한 남자가 이렇게 대답했다:

"이 물은 계곡으로 내려가지,
어찌나 명랑하게 흘러가는지!
앞으로도 천 년을 졸졸거리며
지금처럼 계속 흘러가겠지.

그래서 여기서, 이렇게 기쁜 날에도,
나는 생각하지 않을 수가 없다네
얼마나 자주, 건강한 사람으로, 내가
이 분수의 끄트머리 옆에 누워볼는지.

내 눈은 철없는 눈물에 침침하고,
내 가슴은 부질없이 꿈틀대는데,
지난날에 내가 들었던 똑같은 소리가
여전히 내 귓가에 맴도니까.

그렇게 우리는 계속 퇴락하겠지.
그렇지만 슬기로운 마음을 지닐수록
나이가 빼앗아가는 것보다는
뒤에 남겨놓는 것들을 애석해하지.

찌르레기는 여름 나무들에서,
종달새는 언덕 위에서,
마음이 내키면 즐겁게 노래하고,
싫으면 입을 다물지.

그것들은 자연을 상대로 절대
어리석은 싸움을 하지 않네.
행복한 청춘을 보내고, 노년도
아름답고 자유롭지.

그러나 우리는 엄한 법에 시달리지.
그래서 이따금, 즐겁지 않은데도,
기쁜 얼굴을 띠곤 하네, 옛날에는
우리도 즐겁게 지냈기 때문이지.

자신의 친척이 땅속에 묻혀서,
온 가족과 함께 똑같은 마음으로

슬퍼할 수밖에 없는 사람은
그야말로 즐거운 사람이지.

친구, 나의 날들은 거의 지나갔네.
그런대로 괜찮은 삶이었기에,
많은 이가 나를 사랑하지만, 그 누구에게도
충분히 사랑받지는 못했네."

"지금 그렇게 불평하시면 당신과 나
모두에게 잘못을 저지르는 거예요!
나는 이 행복한 평원에서 살며
한가로운 노래나 부르는데요

매슈, 당신의 죽은 자식들을 대신해서
내가 당신의 아들이 되어드릴게요!"
이 말에 그가 자신의 두 손을 움켜쥐며 말했다,
"아이고! 그럴 수가 있나."

우리는 그 분수-옆에서 일어났다.
그리고 양들이 다니는 녹지의
매끄러운 비탈을 따라 내려가서,
숲을 헤치고 나아갔다.

우리가 레너드의 바위에 이르기 전에,
그가 교회의 미친 듯한 고물 시계와
얼빠진 차임벨들에 관한
그 재치 있는 운율의 노래를 불러주었다.

열매 따기
Nutting

마치 어느 날 같다,
(여러 날 중에서 고르고 고른 하루)
사라지지 않는 천국 같은 날들에서 하루.
그날 나는 힘차게 우리 오두막집 문을 나섰다.
배낭을 어깨에 메고, 열매채집 갈고리를
손에 쥐고서, 나는 먼 숲을 향해
발걸음을 내디뎠는데, 버려진 옷들로
자랑스럽게 위장한 약간 특이한 옷차림은
검약한 아주머니*의 조언과 충고에 따라
그 일에 알맞게 차려입은 것이었다.
얼룩덜룩한 옷차림! 가시나무와 고사리밭과
검은딸기나무들을 보고도 웃어넘길 위력의, 사실상,
필요 이상의 누더기 차림. 나는 숲으로 들어가,
길 없는 바위들을 넘어, 꾸역꾸역 나아가다가
마침내, 여기다 싶은 외진 곳에 이르렀는데
찾는 이가 없는 그곳은 약탈의 불쾌한 흔적이나,

---

* 워즈워스가 호크스헤드 문법학교에 다닐 때 묵었던 하숙집 아주머니 앤 타이슨(Ann Tyson)을 말한다.

부러져서 시든 잎들과 함께 축 늘어진
나뭇가지 하나 없이, 개암나무들이 커다랗게
쑥쑥 솟구쳐서, 우유처럼 하얀 열매들을 주렁주렁
달고 있는 처녀지였다! — 꽤 오랫동안 나는 서서,
기쁨에 들떠 환호하는 심장을 억누른 채
숨을 고르고, 지혜로운 자제력을 뽐내며
도발적으로, 경쟁자 걱정 없이, 그 향연을
주시하거나, 그 나무들 아래 피어있는
꽃밭에 앉아서, 그 꽃들과 놀았다.
길고 지루한 기대 끝에, 모든 희망을
넘어서는 갑작스러운 행복을 누리게 된
사람들은 알 만한 벅찬 기분이었다.
아마 그 정자의 나뭇잎들 밑에서
5계절의 제비꽃들이 사람의 눈에
띄지 않은 채, 피고 지고 피고 지고,
요정 같은 물의 파편들이 하염없이 계속
졸졸댔으리라. 나도 그 반짝이는 거품을 보았고,
그늘진 나무들 아래, 양털 같은 이끼에 덮여,
마치 양 떼처럼 내 주변에 흩어져있는
녹색 돌 중 한 돌에 내 뺨을 기댄 채,
그 졸졸 속삭이는 물소리도 들었다,
기쁨이 편안함에 절로 경의를 표하고,

그런 안락한 기쁨 덕에, 가슴도 시시한 것들을
탐닉하며, 나무줄기와 돌들과
빈 하늘에 아낌없이 온정을 베푸는
그런 달콤한 기분에 젖어서. 이윽고 나는 일어나서,
큰 가지와 잔가지를 모두 땅으로 끌어당겼다. 와지끈
무자비한 약탈에, 그 그늘진 외진 곳의
개암나무들과 녹색의 이끼 덮인 정자가,
훼손되고 더럽혀져, 고요한 자기 존재를
순순히 내주었다. 그런데, 내가 지금
나의 현재 감정들과 그 과거를 혼동하지 않는다면,
마치 왕들의 부귀에 못지않게 부자가 된 듯이
크게 기뻐하며, 그 정자에서 돌아섰던, 그 순간에도,
나는 그 조용한 나무들과 불쑥 끼어드는 하늘을
바라보다가 묘한 고통의 감정을 느꼈다 ―

그러니, 사랑스러운 소녀야! 이런 그늘은
관대한 마음으로 따라가고, 온화한 손길로
어루만져라 ― 그 숲속에 정령이 살고 있으니.

그녀는 3년을 자랐다
Three Years She Grew

그녀는 3년을 햇빛과 소나기 속에서 자랐다.
그때 자연이 말했다, "이보다 사랑스러운 꽃이
지상에 뿌려진 적은 없었다.
이 아이를 내가 데려가야겠다.
내가 그녀를 내 아이 삼아,
나만의 숙녀로 키워야겠다.

나 자신이 나의 귀염둥이에게
법과 자극이 되리라. 나와 함께 있으면
이 소녀는, 바위와 평원에서,
땅과 하늘, 숲속 빈터와 나무 그늘에서도
두루 살펴보며 자극하거나
제지하는 힘을 느낄 것이다.

그녀는 새끼 사슴처럼 명랑하게
기쁨에 들떠서 잔디밭을 뛰어다니거나
산을 깡충깡충 올라갈 것이다.
그러다가 향긋한 박하 향기 맡으며,

말 없는 무감각한 사물들처럼
고요하고 평온하게 쉴 것이다.

떠가는 구름이 자신의 상태를 그녀에게
알려주고, 버드나무도 그녀를 위해 휠 것이다.
요동치는 폭풍우 속에서도
고요한 교감으로
그 소녀의 형상을 빚어가는 은총을
그녀 또한 틀림없이 지각할 것이다.

한밤의 별들도 그녀에게 소중할 것이고,
냇물이 제멋대로 빙빙 돌며 춤추는
수많은 은밀한 장소에서
그녀가 귀를 기울이고 있으면,
아름다움이 졸졸거리는 소리에서 생겨나
그녀의 얼굴로 배어들 것이다.

그리고 기쁨의 활기찬 감각들이
그녀의 몸을 우아하게 키워주고,
그녀의 가슴을 부풀게 해줄 것이다.
여기 이 행복한 골짝에서
루시와 내가 함께 사는 동안

내가 그녀에게 그런 생각들을 심어주리라."

그렇게 자연이 말했고 — 그대로 이루어졌는데 —
어찌나 빨리 내 루시의 경주가 끝나버렸던지!
그녀는 죽었고, 나에게 남겨진 것은
이 히스 황야, 이 고요하고, 조용한 풍경,
그동안 있었고, 앞으로
다시는 없을 일들에 대한 추억뿐이다.

애완-양

The Pet-Lamb : A Pastoral

이슬이 빠르게 내리며, 별들이 깜박거리기 시작했다.
"마셔, 예쁜아, 마셔!" 말하는 어떤 목소리를 들었다.
그래서 산울타리를 넘어다보니, 내 앞에 있는
눈처럼 하얀 새끼 산양과 그 곁의 한 소녀가 보였다.

다른 양들은 근처에 없었고, 새끼 양 혼자뿐이었는데,
가느다란 끈으로 돌에 묶여있었다.
어린 소녀가 풀 위에 한쪽 무릎을 꿇은 채,
그 새끼 산양에게 저녁밥을 주고 있었다.

새끼 양이 그녀의 손에서 그렇게 저녁을 받아먹는 내내
머리와 두 귀로 배를 채우며, 즐겁게 꼬리를 흔드는
것 같았다.
"마셔, 예쁜아, 마셔," 소녀가 말했는데 그 어조에
나도 거의 공감할 것 같은 그녀의 심정이 배어있었다.

그녀는 어린 바바라 루스웨이트, 무척 아름다운 아이
였다!

나는 기쁘게 둘을 바라보았는데, 둘은 사랑스러운 단짝이었다.

이윽고 소녀가 빈 양동이를 들고 돌아섰는데,

열 걸음도 가기 전에 그녀가 걸음을 멈추었다.

그녀가 새끼 양을 향해 돌아보았고, 그 그늘진 장소에서

눈에 띄지 않게 나는 그녀의 표정 변화를 볼 수 있었다:

만일 자연이 그녀의 혀에 고른 박자의 운율을 선물한다면,

그러면, 저 어린 소녀가 자신의 새끼 양에게 노래를 불러주련만.

"어린 양아, 어디 아프니? 어째서? 왜 그렇게 끈을 잡아당기니?

몸이 좋지 않은 거니? 잠자리도 먹을거리도 다 괜찮은데?

너의 풀밭도 폭신폭신하고, 풀도 더없이 파릇파릇하잖아.

쉬어, 어린 양아, 쉬어라, 뭐 때문에 괴로운 거니?

대체 뭘 찾으려는 거니? 네 마음이 원하는 게 뭐니?

너의 다리도 다 튼튼하잖니? 게다가 너는 아름답고,

이 풀도 부드러운 풀이고, 이 꽃들도 더없이 곱고,

저 푸른 밀도 온종일 너의 귓가에서 바스락거리잖니!

해가 뜨겁게 빛나면, 그냥 네 모피 몸을 쭉 뻗고 있어,
이 너도밤나무가 곁에 서서, 너를 가려 줄 거야.
비와 산의 폭풍 때문이라면! 그런 것은 두려워할 필요 없어 —
비와 폭풍은 여기에는 거의 오지 않는 것들이니까.

쉬어, 어린 양아, 쉬어라, 우리 아빠가 아주 먼 곳에서
너를 처음으로 발견했던 날을 너는 잊어버렸구나.
많은 양 떼가 그 언덕들에 있었는데, 너에겐 주인이 없었고,
너의 엄마도 너의 곁에서 영원히 떠나버렸대.

아빠가 너를 품에 안고, 가여운 마음에 집으로 데려왔지.
네가 축복받은 날! 그런 날에 네가 배회하고 싶었겠니?
너에게는 충실한 보모가 있잖아, 산꼭대기에다
너를 낳아준 어미도 무척 다정했겠지만 말이야.

너도 알다시피 하루에 두 번씩 내가 이 양동이에
아주 맑게 흐르는 개울에서 신선한 물을 받아서 가져다주고,

땅이 이슬에 젖어있을 때도 하루에 두 번씩
네가 마실 우유, 따뜻하고 신선한 우유를 가져다주잖니.

네 다리들이 금시에 지금보다 두 배로 튼실해질 거야.
그러면 내가 너를 쟁기질하는 조랑말처럼 내 수레에 매줄게.
네가 내 놀이 친구가 되는 거지. 그리고 바람이 차가울 때
우리 난로는 너의 침대, 우리 집은 너의 우리가 되어 줄 거야.

그래도, 그래도 쉬지 못하는구나! — 가여운 것, 혹시
네 엄마의 마음 때문에 너도 그리 속을 끓이고 있니?
나는 모르지만 너에게 소중할 듯한 것들인데,
네가 볼 수 없고 들을 수도 없는 꿈같은 것들이니.

아아! 저토록 푸르고 아름다워 보이는 산꼭대기들!
나도 저기서 몰려오는 무서운 바람과 어둠에 대해 들었어.
저 작은 개울들도, 늘 장난치며 늘 놀고 있는 듯하지만,
화가 날 때면, 마치 먹잇감을 노리는 사자처럼 포효하지.

여기 있으면 하늘의 까마귀도 두려워할 필요 없이,
밤에도 낮에도 너는 안전할 거야 — 우리 집이 옆에
있으니까.
왜 그렇게 울며 나를 부르니? 왜 그렇게 사슬을 당기니?
자라 — 그리고 날이 밝으면 내가 다시 너에게 올게!"

— 오솔길을 지나서 집으로 느긋하게 걸어오는 길에,
나는 혼자서 이 노래를 자주 반복해서 불렀다.
그러면서 이 민요를 한 행 한 행 되짚어보았는데,
그 절반만 소녀의 것이고, 나머지는 내 노래 같았다.

다시, 또다시 나는 그 노래를 반복해서 불러본 후에,
말했다, "아니야, 분명 반 이상이 그 소녀의 것이야,
그녀가 바라보던 표정과 그녀가 말했던 어조에,
내가 거의 공감했던 소녀의 심정이 내게 배어들었으
니까."

독일에서 쓴 시

Written in Germany on one of the coldest days of the Century

당신네 언어에는 관심 없으니, 독일인과 노르웨이인이여!

나에게 주전자의 노래를 들려주오.

이 황량하고 칙칙한 흑색 금속판 위에서

아주 격렬하고 힘차게 질주해가는

저 말* 대신, 집게와 부지깽이의 노래를.

우리의 대지는 분명 탁월한 물질로 이루어졌다.

그런데 그녀의 맥박이 점점 느리게 고동친다.

40년대에도 날씨가 살을 에듯 혹독해서,

그때도 하늘이 알 듯, 수은주가 몹시 낮았는데,

지금 기온이 4도나 더 낮다.

여기 불행한 생물, 파리 한 마리가 있다.

아마도, 들이나 숲의 자식일 텐데,

슬프게도! 이 활기 없고 부실한 열기가

그 불쌍한 바보를 그의 겨울 은신처에서 유혹했기에,

---

* [원주] 북부 독일의 난로는 일반적으로 질주하는 말의 모습을 띠고 있는데, 이것이 브런즈윅 문장(紋章)의 일부임을 독자에게 알려줘야겠다.

나의 난로 가장자리로 기어드는 것이리라.

아아! 이 불편한 오븐이 둘러싸는 영역을
그 파리가 하염없이 더듬거리며 돌아다닌다!
어떤 길로 접어들어도 만족하지 못하고,
타일로 돌아갔다가, 벽으로 돌아갔다가,
다시 쇠 난로의 끄트머리에서 멈추는 파리.

파리가 넋 빠진 여행자처럼 거기에 가만히 서 있다.
그 파리도 내내 최고의 기술을 발휘해서,
그의 더듬이들을 동쪽과 서쪽으로,
또 남쪽과 북쪽으로 내뻗어보았지만,
이정표나 지표를 찾지 못한 모양이다.

보라! 발, 다리와 퇴절, 그의 축들이 무너진다.
그의 시력과 청력도 사라진다.
삶과 죽음 사이에서 그의 피가 얼어붙어 녹는다.
파릇하고 거무스름한 그물 무늬의 예쁜 두 날개도
서리를 맞아서 그의 옆구리에 들러붙는다.

그에게는 형제도, 친구도 곁에 없지만 — 나는
내 연인의 뺨에서 온기를 얻을 수 있으니,

이 황량한 어둠 속에서도 복 받은 즐거운 사람,
마치 녹색 여름 풀밭이 내 방의 마루요,
인동덩굴이 천장에 늘어져 있는 것처럼.

그렇지만, 신께 맹세코, 작고 무력한 생물아!
네 목숨을 내가 기꺼이 부지하게 해주고 싶구나
여름이 남쪽에서 올라와, 너의 형제 무리와 함께
네가 구름을 헤치고 행진의 나팔 소리 울리며,
다시 숲으로 돌아갈 때까지.

자식 없는 아버지
The Childless Father

"일어나세요, 티모시, 지팡이 쥐고 일어나 가자고요!
오늘 아침에는 아무도 마을에 머물러 있지 않을 거예요,
토끼가 해밀턴의 땅에서 이제 막 도망쳤나 봐요,
스키도 산이 사냥개들의 울음소리에 기뻐하잖아요."

―회색, 주홍색과 녹색, 온갖 색깔의
외투와 조끼들이 초원의 비탈들에 나타났다.
예쁜 파란 앞치마에, 눈처럼 하얀 모자를 쓴
소녀들이 언덕들에서 나들이옷을 뽐냈다.

회양목 대야가,* 겨우 6개월 전에,
티모시 집의 문 앞 탁자 위에 놓여 있었다.
관 하나가 이 티모시 집의 문턱을 통과했는데,
그 관에 실려 나간 아이가 그의 마지막 자식이었다.

---

* [원주] 영국 북부의 여러 지역에서, 장례식이 치러질 때, 관이 들려 나오는 집의 문 앞에 회양목 가지가 가득 담긴 대야가 놓여 있고, 장례식에 참석하는 사람마다 일반적으로 이 회양목 가지 하나를 가지고 가서, 그것을 고인의 무덤에 던져준다.

이윽고 골짝 위로 소음과 소동, 말과 뿔피리 소리가
연달아 울려 퍼졌다, 쫓아라! 어서 쫓아가라!
늙은 티모시가 그의 지팡이를 잡아 들었고,
느긋한 동태로 그의 오두막집 문을 닫았다.

아마 그 순간에 혼잣말로 그가 "나의 엘렌이
죽었으니, 열쇠를 가져가야겠구나" 했으리라.
그러나 내 귀에는 그런 말을 한마디도 하지 않은 채,
뺨으로 눈물 한 방울을 흘리며 사냥에 나섰다.

컴벌랜드의 늙은 거지
The Old Cumberland Beggar : A description★

나는 길을 걷다가 한 늙은 거지를 보았다.
그는 커다란 언덕 기슭의 공공 도로 옆의
나직하게 쌓인 조잡한 석조 구조물 위에
앉아 있었는데, 말을 끌고 가파르고 험한
산길을 내려오는 사람들이 다시 편안하게
말에 오를 수 있는 지점이었다. 그 늙은 남자가
그 돌담에 얹혀있는 널찍하고 매끄러운 돌에
지팡이를 가로뉘어 놓고, 마을 부인들의
의연품인 밀가루 범벅의 하얀 가방에서
먹다 남은 음식과 부스러기들을 하나씩 꺼내,
하릴없이 따져보듯 확고하고 진지한 표정으로
음식들을 살펴보았다. 햇빛 속에서,
사람이 살지 않는 야생의 언덕들에 둘러싸인
그 작은 돌담의 두 번째 단에

★ [원주] 여기서 묘사되는 노인이 속한 거지의 부류는 아마 머지않아 없어질 것이다. 이 부류는 가난하고, 대부분, 늙고 병약한 사람들로 이루어져 있었으며, 그들은 일정한 주변 지역에 머물며, 날을 정해놓고, 각기 다른 집에서, 정기적으로 희사를 받았는데, 가끔 돈을 받기도 했으나, 대부분 먹을 것을 얻었다.

그는 앉아, 혼자서 음식을 먹었다.
그런데 계속, 그의 마비된 손에서 흘어져,
버려지는 음식을 아껴보려고 애를 썼으나
번번이 실패하여, 부스러기들이 작은 소나기처럼
땅바닥에 떨어졌다. 그러자 작은 산새들이
그들에게 주어진 밥을 대담하게 쪼아먹진 않았지만,
어느새 그의 지팡이 길이의 절반 거리에 들어와 있었다.

나는 어렸을 때부터 그를 알고 있었다. 그때
그는 무척 늙었었는데, 지금도 더 늙은 것 같지는 않다.
그는 계속 걸어 다니는 고독한 남자로,
그 모습이 하도 무력해 보여서, 그에게는
말을 타고 느긋하게 여행하는 사람도
무심한 손길로 자선금을 땅바닥에 내던지지 않고,
말을 멈추어, 노인이 안전하게 동전을 챙길 수 있게
그의 모자 안에 넣어준다. 또 그를 그냥 두고
떠나지 않고, 말의 고삐를 당긴 후에도
그 늙은 거지를 향해 반쯤 몸을 돌린 채
곁눈질로 계속 바라본다. 톨-게이트*를

---

* 유로도로 또는 턴파이크-로드(turnpike-road)의 요금징수소를 말한다. '턴파이크'는 원래 적이나 외부인의 진입을 막기 위해 길에 끝이 뾰족한

관리하는 여인도, 여름에 문 앞에서
바퀴 달린 장치를 돌리다가, 길에서 다가오는
그 늙은 거지를 보면, 자신의 업무를 멈추고,
그가 지나갈 수 있도록 빗장을 들어준다.
우체부-소년도, 그의 덜컹거리는 마차가
나무 우거진 오솔길에서 그 늙은 거지를
따라잡을 때면, 뒤에서 그에게 소리치고, 그래도
노인이 진로를 바꾸지 않으면, 소년이
속도를 늦추어 시끄럽지 않게 마차를 길가로 틀어서,
그의 입에 저주를 머금거나 가슴에 분노를
품지 않은 채, 조심조심 지나간다.
그는 계속 걸어 다니는 고독한 남자로,
늙은 나이에 동행도 없다. 땅바닥으로
두 눈이 향해 있어서, 그가 나아가면,
두 눈도 땅을 따라 나아간다. 그래서 언제나,
시골 일들을 하는 들녘, 언덕과 계곡,
푸른 하늘 같은 흔하고 일상적인
광경 대신, 아주 적은 넓이의 땅이

막대기(pike)를 걸쳐놓고 있다가 그것을 돌려서(turn) 지나가게 했던 예전의 관습에서 유래하여, 요금징수소(오늘날의 톨게이트)나 유료도로의 뜻으로 쓰이게 된 말이다. 영국에서 18세기부터 본격적으로 건설되기 시작하여 1830년대에 정점에 달한 이 유료도로망은 영국의 근대화뿐 아니라, 영국의 식민지를 비롯한 세계 곳곳의 근대화에도 큰 영향을 미쳤다.

그가 바라보는 모든 전망이다. 그렇게, 매일매일,
수그린 눈으로 하염없이 땅을 응시한 채,
그는 피곤한 여행길을 왕복한다. 그러면서
지푸라기, 간간이 떨어져 있는 이파리,
아니면 어떤 길에 수레나 마차 바퀴의 못들이
하얀 길에 같은 줄로 찍어놓은 자국들을
먼 길에서도 똑같이 보지만, 부지불식간에
계속 바라볼 따름이다. 가여운 나그네!
그의 지팡이는 그를 따라가고, 그의 두 발도 거의
여름 먼지를 흩뜨리지 않는다. 그는 아주 조용히
응시한 채 움직이기에, 오두막의 똥개들도,
그가 대문을 지나가기 직전에야 그를 보고 짖다가
지쳐서 고개를 돌리고 만다. 소년들과 소녀들,
한가하거나 바쁜 처녀들과 청년들,
새 반바지를 입은 개구쟁이들도 모두 그를 지나치고,
느릿느릿 나아가는 짐마차도 그를 두고 떠난다.

그러나 이 사람을 쓸모없는 자로 여기지 말라. — 정치인들!
자신만의 지혜에 빠져서 안절부절못하는 너희여,
두 손에 빗자루를 쥐고 가만히 대기하고 있다가
세상에서 골칫거리들을 쓸어버리려고 하는 너희여,

오만하고 거만한 너희여, 자만심에 빠져서 너희가
너희의 수완, 힘과 지혜를 심사숙고할 동안에, 그를
대지의 짐으로 여기지 말라. 창조된 피조물 중에서
가장 미천한 생물, 창조된 형상 중에서 가장 비참하고
야만적인 형상, 가장 둔하고 가장 유독한 생물도
선善 — 선의 정신과 맥동, 모든 존재 형태에
불가분하게 관련되어있는 원동력이자 영혼
— 과 단절되어 존재하면 안 된다는 것이
바로 자연의 법칙이다. 그렇기에 그가 이 집
저 집 굽실거리는 동안에, 마을 사람들이 그에게서
과거의 행적들과 자선의 소임들을
결부시키는 어떤 기록을 보는 것이다.
기억되지 않더라도, 그 친절한 감정은
가슴속에 계속 살아 있지만, 세월이 흐를수록,
어중간한 지혜가 어중간한 경험을 초래하듯이,
점점 무감각해지다가, 결국에는 이기주의와
냉정하고 무심한 돌봄에 맡겨버린다.
농장들과 외딴 오두막들,
작은 마을들과 드문드문 흩어진 마을들에서
그 늙은 거지는 어디에서 돌아다니든,
평범한 필수품이라고 할지라도 쓸모가 있다면
사랑의 행동들을 강요하고, 습관이 이성을

작동시키지만, 그것을 얻으면 이성은
그 기쁨을 소중하게 간직한다. 그렇게 영혼은
뜻하지 않은 기쁨의 그 달콤한 맛에 이끌려,
미덕과 진실한 선행을 베풀도록 타고난
자신의 성향을 부지불식간에 깨닫는다. 그리고 세상에
각자의 훌륭한 작품들로 칭송받는 고결하고
사려 깊은 마음씨의 작가들이 있기에,
그 환희와 행복의 불씨는 시간이 끝날 때까지
살아남아, 퍼지고, 불붙을 것이다. 이런 마음씨는
어쩌면 어린 시절에, 이 고독한 존재,
이 무력한 방랑자에게서 받았는지 모른다.
(사랑에 관한 책들이나 염려들이 할 수 있는
온갖 일들보다도 훨씬 귀한 경험!)
동정심과 배려의 그 온화한 손길을 처음으로
경험하고, 결핍과 슬픔이 존재하는 어떤 세상과
자신의 동질감을 깨달았으리라. 그 편안한 남자가
자기 집의 문 앞에 앉아, 마치 녹색 담에서
머리를 쑥 내밀고 있는 배처럼,
햇살을 들이켜는 사이에, 건강한 어린이들,
부유하고 생각 없는 이들, 근심 걱정 없이
살며, 저마다 일가친척이라는 작은 숲에서
무럭무럭 자라는 아이들, 모두가 그에게서

조용한 훈계를 본다. 그 훈계가 그들의 마음에
일시적으로나마 자축自祝의 덧없음을 각인시키고,
각자의 가슴에 자신이 누리는 특별한 혜택들,
특권들과 면책들을 떠올리게 한다. 그리하여
그 노인이 아이들에게 각자의
현재 복들을 지키고, 계절의 여유분을
비축하는 데 필요한 꿋꿋함과 신중함을
심어주지는 못할지라도, 적어도,
그 아이들이 느끼게 만들기 때문에,
그것은 결코 천박한 도움이 아니다.
아니 그 이상이다.─나는 덕스럽고 품위 있는
삶을 사는 사람이 많이 있다고 믿는다
십계명을 듣고도 전혀 자책감을
느끼지 않고, 그들이 사는 땅에서 확립된
도덕률을 엄격하게 지키면서도, 그들이
함께 사는 사람들, 그들의 친척과
그들의 혈육인 자식들에 대한
진심 어린 애정이나 사랑의 행위에
소홀히 하지 않는 이들이 많이 있다고.
그런 이들에게 칭찬을, 그들의 잠에 평화를! ─
그러나 가난한 사람, 극빈자에게 물어보라,
그에게 가서 따져보라, 만약에 이 세상이

이처럼 악한 행동들과 그로 인한 불가피한
자선 행위마저 냉정하게 절제하는 곳이라면,
어디에서 인간의 영혼이 만족을 찾겠는가?
없다. ― 사람은 사람에게 소중하다. 극빈자들도
피곤한 삶 속에서 누군가의 아버지이자
작은 복이나마 나눠주는 사람들로서,
필요한 이들에게 정답게 친절을 베풀며
살아왔다고 자각하고 느낄 수 있을 만한
순간들을 갈망한다. 이 유일한 대의를 위해,
우리 모두에게 똑같은 사람의 마음이 있는 것이다. ―
그런 기쁨이 친절한 존재에게 알려지기에,
나의 이웃 아낙이, 자신도 궁핍에
시달리면서, 금요일이 올 때마다
시간에 맞추어, 자신의 밥그릇에서
이 늙은 거지의 짐보따리에
아낌없이 한 움큼 덜어주고,
아주 즐거운 마음으로 문간에서 돌아와,
화롯가에 앉아서 그녀의 희망을 천국에 쌓는 것이다.

그러니 노인이 머리에 축복을 이고, 지나가게 하자!
그리고 저 광막한 고독 속에서 내내
세파에 휩쓸려 사느라, 오직 자신만을 위해

숨을 쉬며 사는 것처럼 보일지라도,
그가 비난받지 않고, 상처받지 않은 채,
천국의 자애로운 법이 그의 주변에 매달아 놓은
선한 열매들을 품어가게 하고, 살아있는 동안에,
글을 쓸 줄 모르는 마을 사람들에게 변함없이
다정한 도움과 사려 깊은 생각을 불어넣게 하자.
그러니 그가 머리에 축복을 이고, 지나가게 하자!
그리고 그가 배회할 수 있는 한, 계곡의
상쾌한 공기를 들이쉬고, 그의 피가
서리처럼 차가운 바람과 겨울 눈을 이겨내고,
히스 황야를 휩쓰는 고삐 풀린 바람이
그의 잿빛 머리칼로 쇠약한 얼굴을 치게 두자.
목숨 부지의 갈망, 그 마지막 인간적 관심을
그의 가슴에 심어주는 소망을 존중하자.
산업이라는 미명으로, 절대 가두지 않기를!
그가 그 답답한 소음, 공기를 막아서
생기를 앗아가는 그 소음들의 포로가 아니라,
노년의 자연스러운 고요를 즐기며 살게 하자!
그가 산의 고적한 장소들에 자유롭게 드나들고,
들리든 들리지 않든, 그의 주변에서
즐겁게 노래하는 숲속 새들과 함께하게 두자.
기쁜 일이 거의 없기에, 두 눈이

너무 오랫동안 땅에 익숙해져서 이제는
뜨거나 지는 지평선의 태양도
거의 바라보지 않지만, 하다못해 그 빛이라도
그 노곤한 동공에 자유롭게 드나들기를.
그리고 그가 원하면, *어디서든 언제든*,
나무들 밑이나, 공공 도로 길가의
풀로 뒤덮인 둑 가에 앉아서, 작은 새들과
운 좋게 얻은 그의 밥을 나눠 먹다가, 마침내,
자연의 눈앞에서 그가 살아왔듯이,
자연의 눈앞에서 죽음을 맞이하게 하자.

시골 건축물
Rural Architecture

조지 피셔, 찰스 플레밍과 레지널드 쇼어,
불그레한 뺨의 세 남학생이 있었는데, 그중에서
제일 큰 아이도 겨우 변호사의 가방 높이였다.
그레이트 하우* 꼭대기에 오르기를 좋아했던
세 소년은, 회반죽이나 석회도 없이,
그 바위산 정상에 어떤 사람 상을 세웠다.

셋은 널린 돌들을 모아서 그 돌 상을 쌓았다.
셋은 하루 만에 그 상을 쌓고, 활기차고 건장한
부랑아 같은 모습의 그에게 세례명까지 붙여서,
거리낌 없이 그를 랠프 존스라고 불렀다.
이제 랠프는 그의 기다란 뼈들로 유명한
레그버스웨이트 계곡의 마곡**이다.

---

* [원주] 그레이트 하우(Great How)는 케스윅과 앰블사이드 사이의 큰길을 따라 펼쳐진 아름다운 레그버스웨이트 계곡 서쪽의 설미어 호수 방향으로 우뚝 솟은 유일한 산이다.
** 마곡(Magog)은 노아의 셋째 아들인 야렛의 둘째 아들로, 곡과 함께, 사탄의 유혹에 빠져서 성도 예루살렘을 공격했다가 하늘에서 떨어지는 불에 멸망하는 나라들의 우두머리로 그려진다(『신약성서』「요한계시록」 20장 참고).

딱 반-주일 후에, 바람이 출격하여,
성이 났거나 신이 나서, 북쪽에서
끔찍하게 야단법석 떨며 불어닥쳐,
바위산 정상에서 그 거인을 날려버렸다.
그러자 이 학생들이 어찌했을까? — 바로 다음 날
셋이 가서 또 다른 상을 쌓았다.

어느 시인의 비문
A Poet's Epitaph

그대는 교육받으며 성장한 대로
공공사업에 앞장서는 정치인인가? ―
먼저 살아있는 사람을 사랑하는 법을 배우라.
그 후에 죽은 자들을 기억해도 좋다.

그대는 법률가인가? ― 다가오지 마라.
가라, 매정한 그대의 그 비겁한 눈,
거짓된 그대의 그 누런 얼굴을
어디든 다른 데로 치워라.

그대는 자줏빛 활기의 사람인가?
보기 좋게 통통한 장밋빛의 사람인가?
다가오라, 박사, 너무 가까이는 말고.
이 무덤에는 그대에게 내줄 방석이 없다.

그대는 왕겨에 싸인 사내가 아니라
용맹한 긍지를 지닌 사내, 군인인가?
환영한다! ― 다만 그대의 칼을 치워두고,

이제 농부의 지팡이에 기대어 살라.

그대는 자연과학자인가? 모든 눈이 하나같이
자연철학자! 만지작거리는 노예,
하나같이 자기 어머니의 무덤을
훔쳐보며 식물을 채집하는 노예 아닌가?

그대의 육감적인 양털로 바짝 감싼 채,
오 돌아서라, 그리고 제발, 그 밑에 있는
분이 평화롭게 쉴 수 있도록,
그대의 보잘것없는 영혼을 치우라!

— 웬 도덕주의자가 혹시 나타나서,
하늘만 아는 방법으로! 이 가여운 뗏장에 이르면,
그에게는 눈도 없고 귀도 없어서,
그 자신이 그의 세계요, 그만의 신이고

크든 작든, 어떤 형상도, 어떤 감정도
들러붙지 못하는 매끄러운 영혼의 소유자,
이성적이고, 자족적인 존재,
어떤 전인적인 지식인일 테니!

문들 꼭 닫고, 빗장을 바짝 내린 후에,
그대의 지적인 껍질에 싸여 잠들라,
그대의 시계가 이 무익한 흙 근처에서
열 번이나 째깍거리게 두지 말고.

그런데 겸손한 표정에, 담백한
적갈색의 옷을 입은 그*는 누구인가?
그가 흐르는 개울 부근에서
물소리보다 즐거운 음악을 속삭인다.

그는 한낮의 이슬이나, 한낮 숲속의
샘처럼 은둔해 있는데,
당신이 그를 사랑하면, 금시에 당신에게
그도 당신의 사랑을 받을만한 사람 같으리라.

그는 하늘과 땅, 언덕과 계곡의
겉모습들을 내내 바라보았는데,
그사이에 더욱 깊은 탄생의 충동들이
고독한 그에게 찾아왔다.

우리 주변에 있는 평범한 사물들에

---

* '시인'을 가리킨다.

그는 자연스러운 진실들을 투사할 수 있다 —
자신의 가슴에 대해 곰곰이 생각하는
고요한 눈의 수확물들을.

그는 나약한, 어른이자 소년으로,
땅에서 한량으로 살아왔지만,
다른 사람들이 이해하는 것들을
즐길 수 있다면 그도 만족하였다.

— 그대가 강건할 때 여기로 오라,
부서지는 파도처럼 힘을 빼고, 오라!
여기에 그대의 몸을 쭉 뻗어라,
아니면 이 무덤에 그대의 집을 지어라.

단장
A Fragment

황야의 두 자매 실개천 사이에
언덕의 작은 꽃들에게 성스럽게,
하늘을 향해 성스럽게
펼쳐져 있는 듯한 장소가 있다.
이 평탄하게 펼쳐진 골짝에는
폭풍에 시달린 나무 한 그루,
번갯불에 깎인 주춧돌 하나,
웬 오두막의 마지막 돌이 남아 있다.
그 외에 이 골짝에서 보이는 것은
어떤 폭풍우도 파괴할 수 없는 무엇,
어느 덴마크 소년의 유령뿐이다.

하늘의 구름 속에서, 종달새 소리가 들리고,
그도 아주 즐겁고 멋진 노래를 부른다.
그러나 이 쓸쓸하고 외진 곳에 그 새는
절대로 자신의 둥지를 짓지 않았다.
여기에는 어떤 짐승, 어떤 새의 집도 없었다.
산들산들 부는 바람에 실려 온 벌들도

그 향긋한 종 꽃들 위로 높이 날아서
다른 꽃들에게, 다른 골짝들로 가버리고,
거기서는 절대로 머뭇거리지 않는다.
그 덴마크 소년은 여기서 홀로 거닌다.
그 아름다운 골짝은 모두 그의 차지다.

그는 한낮의 정령이지만,
살과 피를 지닌 어떤 형상 같다.
그는 피리 부는 양치기도 아니고,
그 숲의 소몰이-소년도 아니다.
그는 갈가마귀의 날개 같은 색깔의
우아한 모피 조끼를 입고 있는데,
비도, 바람도, 이슬도 걱정 없이
폭풍우 속에서는 마치 봄에 싹트는
소나무처럼 싱그럽게 검푸르다.
투구에는 그의 얼굴에 맺힌 꽃처럼
싱그러운, 봄의 기품이 배어있다.

하프가 그의 어깨에 걸려있다.
그는 그 하프를 무릎에 올려놓고
연주하면서 어떤 잊힌 언어로
지저귀듯 노래를 부른다.

그는 이웃 언덕들에 있는
가축들의 총아이자 기쁨이라서,
이따금, 소리의 진원을 모른 채,
산 조랑말들이 귀를 쫑긋 세우고
덴마크 소년의 노래를 듣지만,
그 작은 골짝에서 그는 홀로
그 나무와 주춧돌 옆에 앉아 있다.

그곳에 그는 앉아 있다. 그의 얼굴에서는
구름 한 점 없는 하늘도 그리 한결같고,
그토록 맑았던 적이 없을 만큼,
사나운 바람의 흔적을 찾아볼 수 없었다.
그 사랑스러운 덴마크 소년은
자신의 꽃 골짝에서 즐겁고 행복하다.
유혈이 낭자한 일들을 잘 모르지만,
그도 전쟁에 대한 노래를 부르는데,
그 노래들이 꼭 사랑의 노래들 같다.
그의 표정이 고요하고 온화하고,
그도 죽은 소년처럼 평화롭기에.

장소의 명명에 관한 시편들
Poems on the Naming of Places

시골에 거주하며 시골의 물상들에 애착을 느끼는 사람들은, 이름이 없거나 알려지지 않은 이름을 지닌 장소들을 발견하고, 그런 곳에서 사소한 사건들이 발생했다거나, 여러 가지 감정을 경험하면, 그 장소들에 사적인 특별한 관심을 두게 된다. 그런 사건들을 일종의 기록으로 남겨두거나, 그런 감정들의 만족감을 보완하고 싶어서, 저자와 몇몇 친구들이 여러 장소에 이름을 붙여주었는데, 다음의 시편들은 그 결과로 집필되었다.

— 워즈워스의 소개 글

1

어느 4월 아침이었다. 시원하고 맑은
냇물이 기뻐하며 힘차게,
젊은 남자의 속도로 흘렀고, 겨울이
공급했던 물의 소리가 어느새
부드러운 봄의 음성으로 변해있었다.
기쁨과 갈망, 희망과

소망들의 기운이, 모든 생명체에서
무수한 소리처럼, 맴돌아 나오고 있었다.
새싹이 돋아나는 숲들이 마치 다급하게
6월의 발걸음을 재촉하는 것처럼, 다양한
녹색의 색조들이 그 발걸음과 목적지 사이사이에
장애물처럼 도드라져있었다. 그런데, 그새,
공기에 아주 깊은 안도감이 배어들어서
헐벗은 물푸레나무들과 굼떠서 아직 잎이
나지 않은 나무들이 모두, 마치 여름날
고유의 빛깔을 띤 채 이 기쁜 날을
구경하고 있는 것 같았다. — 소란했던 내 마음도
냇물 따라 상류로 나아가며 온갖 사물들에
감응하다 보니 어느새 진정되어 있었다.
이윽고 나는 갑작스러운 갈림길에 이르러
이 끝없는 협곡으로 들어갔는데, 전과 같은 수로로
몹시 격렬하게 흘러가는 냇물이 한 바위를 타고 넘어
폭발하듯 아주 즐거운 소리를 내뿜었다.
그때까지 내가 들었던 모든 소리는 그저
평범한 기쁨의 소리 같았다: 짐승과 새, 새끼 양,
양치기 개, 홍방울새와 개똥지빠귀가
이 폭포수와 경쟁하며 노래를 불렀는데
가만히 듣고 있자니, 야생에서 생겨나거나

멈추지 않는 바람이 자연스럽게 만들어내는
선율 같았다. 녹색 잎들이 여기에 있었는데,
석송, 자작나무, 주목, 호랑가시나무와
눈부시게 빛나는 금작화들이 숱한 섬처럼
떠 있는 밝은 녹색 가시나무의 이파리들이었다:
그리고 조금 떨어진, 산의 정상에서
누구든 그 작은 골짝을 넘어다보면,
아마 산막 한 채를 볼 수 있을 것이다.
나는 응시하고 응시하다가, 혼잣말로 말했다,
"우리의 생각은 적어도 우리 것이니, 이 야생의
은신처를, 나의 엠마, 당신한테 바치리다." ―
이내 그 장소는 나의 다른 집,
나의 주거지요, 나의 외부 거주지가 되었다.
그래서, 그곳에서 나를 보았던 양치기 중
몇 명과 실없는 대화를 나누다가 이따금
이런 상상을 얘기하곤 했다, 우리가 죽어서
무덤에 묻히고, 한 2~3년 지나고 나면,
혹시, 그들이 이 야생의 장소를
엠마의 골짝으로 부를 날이 올지 모르겠다고.

2. 조애너에게

도시의 연기 속에서 당신은 어린 시절을
보내고, 거기서 몇 년 동안 조용히
일하며, 집안의 난롯가에서
너무나 헌신적으로, 살아있는 존재들을
사랑하는 법을 배웠기에, 당신의 가슴은
언덕들을 다정하게 바라보며,
냇물과 숲들과 소중한 우정을 나누는
사람들을 쉽사리 공감하지 못하겠지요.
우리는, 그런 식으로 보면 무법자들이겠지만,
속세를 떠나 숲과 들판에서 소박하게
살고 있을 뿐, 당신을 무척 사랑한답니다,
조애너! 벌써 2년이나 오랫동안 우리와
아주 멀리 떨어져 있었기 때문에,
거기에 있더라도, 한때 당신과 함께 행복했던
사람들이 옛 시절과 당신에 대해 스스럼없이
얘기한다는 소리를 들으면, 사소한 소식이나마
당신도 아마 기꺼이 듣고 싶겠지요.

내가, 한 열흘 전쯤에, 낡은 교회 첨탑을
아주 오래된 이웃 삼아, 우뚝 솟은
저 높은 전나무들 아래 앉아 있었는데,

교구 목사가 바로 옆의 울적한 자기 집에서
나와서 나에게 인사를 건네고, 묻더군요,
"조애너, 그 격렬한 가슴의 처녀는 잘 지내겠지!
그런데 언제 그녀는 우리에게 돌아오려나?" 그가 멈
췄다가,
짤막하게 마을 소식을 주고받은 후에,
심각한 표정으로, 한물간 우상숭배를
상기시키며, 내게 따져 묻더군요, 무슨 이유로,
마치 룬문자를 쓰는 사제처럼,
거대한 크기의 글자들로, 로타 강* 위의
숲 가에 있는 천연의 바위에
상스러운 이름을 새겨넣었느냐고요. —
이제는, 악의와 진실한 사랑 사이에서
생겨난 가슴의 귀한 면역력 덕분에,
그런 교리문답에 까다롭지 않은 편이라서,
내가 이렇게 대꾸했지요: "어쩌다가,
어느 여름날 아침 동이 틀 무렵에
조애너와 내가 야외산책을 하게 되었어요.
— 금작화가 만발해서, 비탈마다
그 잡목림이 금빛으로 물들어가는 모습이

---

* [원주] 이 시에 언급된 로타는 그래스미어 호수와 라이데일 호수를 지나서, 윈더미어로 흘러 들어가는 강이다.

환히 보이는 정말 기분 좋은 계절이었죠.
오솔길 따라 로타 강둑으로 갔다가,
동쪽을 바라보는 저 커다란 바위 앞에
이르렀을 때, 내가 거기서 잠깐 멈추어,
그 높은 장벽을 기부에서 꼭대기까지
자세히 살펴보았어요. 그러다가 관목과 나무에서,
돌과 꽃에서도, 그토록 거대한 표면에
동시에 배어들어, 아름다운 색조들을
결합하는 힘으로, 가슴속에 한 가지 인상을
각인시키는 멋진 색조들의 절묘한 혼합이
엿보이는 것을 발견하고는 어찌나 기쁘던지. —
내가 한 2분 정도 응시하고 있었는데,
조애너가, 내 눈을 들여다보며, 나의
그 황홀감을 알아채고는, 크게 웃었지요.
그 바위가, 마치 자다가 깜짝 놀란 듯이,
그 숙녀의 목소리를 받아서, 다시 웃었고,
헬름-바위에 앉아 있는 고대의 여인도
자신의 동굴로 선뜻 응하고, 해머스카와
드높은 실버 하우 절벽도 요란한
웃음소리를 내보내서, 남쪽 라우리그가 들었고,
페어필드도 산의 음성으로 응답했지요.
헬벨린 산이 맑고 푸른 하늘로 멀리

그 숙녀의 목소리를 데려갔고 — 늙은 스키도가
말하는 트럼펫을 불어서 — 글라라마라의 구름에서
남쪽으로 그 목소리가 다시 빠져나오자,
커크스톤이 안개에 싸인 머리로 받아서 튕겨냈지요.
자, (놀란 와중에도 내 얼굴을 보며
미소하는 우리의 다정한 친구에게
내가 말했어요) 이것이 단순하게 말해서
고대 산들의 형제애에 의해
이루어진 일인지, 아니면 내 귀가
꿈들과 환상적인 충동들에 따라 그랬는지는
나도 말할 수는 없지만, 정말로
그 산들이 아주 크게 울려 퍼졌어요.
그래서 우리 둘이 듣고 있는 동안, 고운 조애너가
마치 두려워하는 어떤 대상으로부터
숨고 싶은 듯이, 내 곁으로 다가섰지요. —
그 후로, 한참이 지나, 열여덟 개의 달이
스러졌을 때쯤, 어느 고요하고 조용한
아침, 해가 뜰 무렵에, 이 바위 밑에서
홀로 걷게 되었는데, 그때 앉아서,
예전의 진실한 애정들을 추억하며,
그 천연의 바위에다 투박한 글자들로
조애너의 이름을 새겨넣었지요.

그 후로 나와, 내 난롯가에 사는 모두가

그 사랑스러운 바위를 **조애너의 바위**로 불렀고요."

3

우뚝 솟은 산이 있다 — 이 산들 중에서

지는 해와 이야기하는 마지막 산이다.

우리 과수원-자리에서도 보이는 산으로,

저녁에 우리가 공공 도로를 따라

산책할 때면, 우리 위로 아주 높이,

아주 먼 곳에 우뚝 솟은 이 절벽이

나타나, 종종 저만의 깊은 고요를 보내서

우리의 가슴을 회복시켜 주는 것 같다.

유성들이 자주 찾아오는 산:

하늘 한복판에 있는 아주 아름답고 커다란

조브의 별*도, 그 산 위에서 빛날 때와

비교하면, 절반도 곱지 않다. 그 산은 정녕

구름 속에 우리가 간직해둔 가장 외로운 장소다.

그래서 나랑 함께 살고, 나랑 내내 사랑하고

특별한 교감을 나누며, 지상의 어떤 곳도 나에게

---
* 주피터(목성).

외로운 장소가 되지 않도록 해주는 여인이
이 외로운 산은 나의 이름을 갖게 될 거라고 말했다.

4

좁다란 띠처럼 펼쳐진 거친 돌들과 바위들,
냇물과 구불구불한 경사면의
관목과 덤불 사이로 난 울퉁불퉁한
야생의 둑길을 벗어나자, 그래스미어 호수의
동쪽 기슭이 안전하게 저만의 사생활에 잠긴다.
그곳에서, 나 자신과 사랑하는 두 친구가
어느 고요한 9월 아침, 안개가
햇빛에 완전히 굴복하기 전에,
그 구석지고 힘든 길을 한가로이 거닐었다.
— 급한 사람에게는 마뜩잖은 길이겠지만, 우리는
주어진 시간을 즐겼고, 함께 걸어가며,
파도가 물가에 팽개쳐놓은 깃털이나,
나뭇잎이나, 잡초나, 시든 나뭇가지 같은
물체들이 물가의 마른 퇴적물을 따라
서로 뒤엉켜 쌓여있는 모습을 구경하는 것이
우리의 일이었다. 그리고 다들 멍한 기분으로,

간간이 멈춰서 민들레의 씨앗 떨기나
엉겅퀴의 수염을 지켜보곤 하였다.
그것들이 거의 생기를 잃은 채, 간신히
어떤 내적인 충동에 이끌려, 죽은 듯한 고요 속에
잠들어 있는 호수의 표면에 닿을락 말락
스치듯 날아다녔다 — 아니, 그 죽은 듯이
고요한 호수에 바짝 붙어서, 이리, 저리, 떠다니며,
하염없이 신나게 돌아다니는 모습으로
어떤 보이지 않는 산들바람이 그것의 날개,
그것의 마차이자, 그것의 말이고, 그것의 놀이 친구이자
그것을 움직이는 영혼임을 알려주었다.
— 그리고 이따금, 모든 것에 똑같이 빠져드는
특권을 즐기며, 우리는 때로는 여기에,
때로는 저기에 멈추어, 너무도 고와서
자라는 장소에서 차마 떼어내지 못하거나,
아름다움에 반해서 그대로 둘 수도 없는
꽃이나 수초를 손으로 가리키거나,
꺾고는 하였다. 거기에는 그처럼 아름다운
양치류와 꽃들, 특히 오스문다 여왕이라는 이름의
아주 당당하고 커다란 양치식물이 많았다.
그래스미어 호숫가의 외딴곳에도

그리스의 냇가에 사는 물의 요정들이나,
옛날 로맨스의 물가에 홀로 앉아 있는
호수의 여인보다 사랑스러운 식물이 있었다.
— 우리는 그 달콤한 아침을 그렇게 보냈다: 그사이에
들판에서 시끄러운 소리가 들렸다, 남자와 여자,
소년과 소녀 추수꾼들의 떠들썩한 웃음소리였다.
아주 기쁜 마음으로 그 소리에 귀를 기울이고,
내가 묘사했던 방식으로,
두서없는 공상들을 살찌우며, 우리는
들쑥날쑥한 물가를 따라 나아갔는데, 갑자기,
가물거리는 연무의 엷은 베일 사이로,
우리 앞의 불쑥 튀어나온 땅 끄트머리에
농부 옷을 입은 웬 남자의 커다랗고 꼿꼿한
형체가 나타났다. 그가 홀로 서서
호수의 가장자리에서 낚시를 하고 있었다.
그쪽으로 우리는 발걸음을 돌렸고, 이내
우리는 그 순간에 보았던 광경에 대해
마치 서로 입이라도 맞춘 듯이
한목소리로 소리쳤다. 정말로 한가한
사람인가 보네, 한창 추수철에 저렇게
하루를 허비하고 있으니까. 일자리가
많을 때라서, 조금이라도 저축해두면

그것으로 즐겁게 겨울을 날 수 있으련만.
우리가 그 농부에 대해 그렇게 얘기하며
그 지점으로 가까이 다가가자, 홀로 서서
낚시하던 남자가 고개를 돌려서 우리에게
인사를 건넸다 — 그런데 우리가 본 것은, 병으로
쇠약해져서, 움푹 꺼진 뺨에 여윈 수족의
수척하고 마른 남자였다. 두 다리가 하도 길고 가냘파서
나는 그 다리를 바라보느라 그 다리들이
떠받치는 몸을 잊어버릴 지경이었다. —
수확기의 들에서 일하기엔 너무 허약해서,
그 남자는 그의 궁핍한 사정을 모르는,
죽은 듯이 무감한 호수에서 적은 수입이나마
벌어보려고 자신의 최고 기술을 발휘하고 있었다.
그 순간에 어떤 생각들이 우리에게 떠올랐는지,
또 어쩌다가 그 즐거운 아침의 행복한 무위가,
아름다운 모습들과 함께 모두, 진지한 고민과
자책으로 변해버렸는지도, 말하지 않겠다.
우리는 말을 자제하고, 우리의 모든 생각을
관용으로 조절할 필요가 있다는 것도
진심으로 깨달을 수 있었다. —
그래서, 그날을 잊지 않으려는
나의 친구, 나, 그리고 그날 똑같은 교훈을

얻은 그녀가, 그 장소를 추억하는
한 이름으로 부르게 되었는데, 만 혹은
새로 발견된 해안의 갑에 수부의
이름을 붙이듯, 정말로 투박하게 지은
그곳의 이름이 **경솔한-판단 돌출부**다.

5. M. H.*에게

우리는 고목들에 에워싸여 한참을 걸었지.
거기에는 큰길은커녕 나무꾼의 오솔길도 없었지.
빽빽한 나뭇잎들이, 잡초와 어린나무의
거친 성장을 억제하며, 나뭇가지들 아래
폭신한 녹색 잔디 위에다 자연스레 깔아놓은
작은 길이 우리를 어느 비탈진 풀밭과
숲속의 작은 저수지로 데려다주었지.
양 떼와 소 떼가 모두 이 연못을 에워싼 채
단단한 가장자리에서, 마치 그들의 목을
축여주려고 목동이 손수 만들어놓은 샘,
혹은 돌-수반 같은 그곳의 물을 마실 수 있을 듯했지.
어떤 방향에서도 햇빛이나

---

* 워즈워스의 아내 메리 허친슨(Mary Hutchinson)을 말한다.

바람이 좀체 들어오지 않는
이 고요하고 깊숙한 곳에, 마치 축복처럼,
이 물이 있는 작은 빈터와 이 녹색 풀밭이 있었지.
그 장소는 자연이 자신을 위해 만든 곳이라서,
집시들도 그곳을 모르고, 알려지지 않은 채
그대로 남아 있겠지. 그렇지만 아름다운 곳이기에,
누구든 그 부근에 자신의 오두막을 짓고서
그 은신처의 나무들 밑에서 잠을 자고,
하루 끼니에 그 물을 곁들여 먹고산다면,
그는 그곳을 너무나 사랑해서 죽는 순간에도
그곳의 모습이 그의 생각들 속에서 생생하겠지.
그래서, 나의 다정한 메리, 너도밤나무 숲이 있는
이 고요한 은신처를 우리가 당신의 이름을 따서 지었지.

저녁에 보트 타고 항해할 때 쓴 시
Lines Written when sailing in a boat at evening★

눈앞의 파도가 아주 다채롭게

저녁 황혼의 여름 색조들에 찍혀 있는

동안에, 그처럼 붉게 물든 서쪽을 향해

작은 배가 조용한 항로를 나아간다!

아주 거뭇하게 물러나는 강물을 보라!

조금 전에는, 그렇게 미소하며!

고요히, 아마도, 믿을 수 없는 빛으로,

빈둥거리는 이의 마음을 끌더니만.

그런 광경들이 젊은 시인을 유혹한다.

그러나 뒤따르는 어둠을 신경 쓰지 않는

시인은 자신이 평화롭게 무덤에 들 때까지

그런 색조들이 영속하리라 생각한다. —

그렇게 자신의 어리석은 기만을 품고 살다가,

결국 슬퍼하며 죽은들 어쩌랴!

슬픔과 고통이 내일 닥친다고 한들,

★   이 시와 이어지는 「콜린스에 대한 추억」은 『서정민요』 초판에 「저녁에 리치먼드 근처, 템스강 위에서 쓴 시」("Lines Written near Richmond, Upon the Thames, at Evening")라는 제목으로 수록된 작품들이다. 즉, 1편이 2편으로 나뉘었다.

누가 그리 달콤한 꿈들을 품고 싶지 않으랴?

콜린스에 대한 기억
Remembrance of Collins★ Written upon the Thames near

Richmond

부드럽게 흘러라, 그렇게 영원히 흘러라,
오 템스강이여! 다른 시인들도 네 곁에서
지금처럼 사랑스러운 환상들을
볼 수 있도록, 고운 강아! 나에게 오라.
오 흘러라, 고운 강물아! 영원히 그렇게,
너의 고요한 영혼을 모두에게 나눠주며,
너의 깊은 물이 지금 흘러가듯이,
우리 마음도 모두 영원히 흘러갈 때까지.

부질없는 생각! …… 하지만 지금 네가 그러듯,
너의 물속에 한 시인의 심상이
아주 맑게, 엄숙하게, 고요하게 비쳤으면!
그 시인이 고통에서 벗어날
어떤 은신처를 찾지 못한 채
나약한 연민의 슬픔에 젖어서,

★ 윌리엄 콜린스(William Collins, 1712~1759)는 젊은 나이에 미쳐서 죽은 영국 시인.

여기에 작별의 소곡을 쏟아부으며
축복했던 그 날처럼.

자 우리라도, 배를 타고 떠가다가,
그를 기리며 부딪치는 노를 잠시 걸어두고,
노래의 자식이 그 시인의 슬픔들을
다시는 겪지 않게 해달라고 기도하자.
어찌나 고요하고! 어찌나 조용한지! 유일한 소리는
걸어둔 노에서 떨어지는 물방울 소리뿐! ―
저녁의 어둠이 미덕의 거룩한 힘들을
거느리고 사방으로 모여든다.

두 도둑

The Two Thieves, Or the last Stage of Avarice

오 뷰익*의 천재성, 그가 타인강 강둑에서
배웠던 기술이 지금 나의 것이라면!
그러면 뮤즈들이 바라는 대로 나랑 은밀히 타협하련만,
나는 운문에도 산문에도 마지막 작별을 고하고 싶기에.

나의 마법 손으로 어떤 재주를 부려볼까!
책 공부도 책들도 이 땅에서 추방해버려야지.
굶주림과 갈증같이 성가신 것들을 부르짖으면!
그러면 맥주-집마다 벽들에 축연 장면을 그려줘야지.

여행자가 젖은 옷을 의자에 걸어놓고,
거리낌 없이, 담배를 피우고, 불을 태우게 둬야지.
돌아온 탕아, 요셉의 꿈과 그의 곡식단이
오, 나의 두 도둑 이야기와 무슨 상관이 있으랴?

---

* 영국 뉴캐슬 출신의 삽화가이자 목판화가 토머스 뷰익(Thomas Bewick, 1753~1828). 작고 세밀한 목판화 또는 삽화(비네트)로 유명하며, 영국 조류사 같은 자연사 책과 전원생활을 묘사한 삽화들로 큰 인기를 누렸다.

어린 댄은 아직 반바지도 입지 않은 세 살배기,
그의 조부는 그보다 서른 배 이상의 나이라고 했다.
그 둘 사이에 맑고 궂은 날씨의 호시절이
아흔 번이나 있는데, 둘 다 함께 훔치러 다닌다.

목수가 바닥에 나무 부스러기를 흩뜨리고 있다면?
웬 늙은 여자네 문 앞에 토탄 한 짐이 쌓여있다면?
늙은 대니얼은 그 보물에 슬그머니 손을 대고,
그의 손자도 그의 곁에서 바쁘게 작업할 것이다.

늙은 대니얼이 개시하려다가, 멈칫하면 — 망령 난
얼빠진 표정에 깃든 눈빛이 교활하고 간사하다.
그것은 바로 지금의 눈빛이라기보다는,
흘러가는 나날의 꾸밈없는 얘기를 말해주는 눈빛.

댄*도 한때는 온갖 기쁨과 숱한 욕망의 현들에
뭉글하는 가슴을 지니고 있었다.
그런 그가 자신의 지갑을 소중히 여긴다면? 그것 역시
수천 명이 밟은 길을 밟고 있을 따름이었다.

그것은 수천 명이 밟은 한 길이었다. 다니엘은 그저

---

* 조부 대니얼을 가리킨다.

남들보다 좀 더 멀리 나아간 사람일 따름이다.
그럼 이제 늙은 다니엘이 어떻게 그 짓을 하는지 보자,
그가 어떤 목적으로 자신의 백발을 써먹었는지 보자.

그 한 쌍은 서로 손을 잡고 기습한다. 태양이
너도밤나무숲을 넘어다보기 전에 둘의 작업이 시작된다.
그렇지만, 그들이 어떤 죄에 빠지더라도,
이 아이는 그 죄를 절반만 알거나, 아예 모른다.

그들은 신중한 발걸음으로 거리를 속속들이 뒤지며,
서로 번갈아서 앞서거나 뒤따르고,
그들이 함께 음모와 간계를 꾸미는 곳마다,
마을의 모든 얼굴에 미소의 보조개가 피어난다.

부자도 빈자도 배회하는 그들을 가로막지 않는다.
백발의 댄에게는 집에 딸이 한 명 있는데,
어떤 손해를 입더라도 기꺼이 다 보상해주고,
그런 요구가 있으면, 셋이 하나로 똘똘 뭉치기에.

내가 그토록 자주 가엾게 바라보았던 노인!
나는 당신을 사랑하고, 당신 곁의 행복한 소년도 사랑해요:

당신이 부디 오래 살기를! 선생님처럼 당신 안에 있는 우리 본성의 베일을 들어서 우리에게 보여주면서.

회오리바람이 언덕 뒤에서
A whirl-blast from behind the hill

회오리바람이 언덕 뒤에서
무섭게 소리치며 불어닥쳐 숲을 휩쓸었다.
그런데 갑자기 대기가 고요해지더니,
소나기 같은 우박이 후두두 사방에 쏟아졌다.
잎 없는 참나무들이 탑처럼 높이 솟은 곳에서,
나는 그 밑의 아주 커다란 호랑가시나무숲,
커다랗고 파릇파릇한 숲속에 앉아 있었는데,
그보다 좋은 나무 그늘은 본 적이 없었다.
해마다 그 널찍한 땅바닥에
시든 나뭇잎들이 휘덮여서,
머리카락 한 올 빠져들 틈이 없고
1년 내내 그 나무 그늘은 녹색이다.
그러나 보라! 우박들이 떨어지는 곳마다
그 죽은 잎들이 탁탁 통통 마구 튄다.
거기에는 바람 한 자락 — 공기의 숨결조차 없다 —
그런데 우거진 호랑가시나무들이
드리운 그늘 밑의 땅바닥을 따라서,
여기, 저기, 곳곳에서

나뭇잎들이 무수히 펄쩍 뛰고 솟구친다,
마치 로빈 굿펠로우* 같은 누군가가 거기서
피리를 불며 진기한 노래를 연주하고,
펄쩍 뛰고 솟구치는 그 잎들이 모두
저마다 즐거운, 생물인 것처럼.

오! 하늘이 내게 편안한 가슴을 내려주어,
이 잎들과 같은 현상들 속에서도,
내가 끊임없이, 내 마음을 키우고
자극하는 것을 충분히 찾게 해주기를!

---

* 로빈 굿-펠로우(Robin Goodfellow)는 영국의 민화에 등장하는 장난꾸러기 꼬마요정. 흔히, 셰익스피어의 희극 『한여름 밤의 꿈』(A Midsummer Night's Dream)에 등장하는 퍽(Puck)과 동일시된다.

방랑하는 유대인을 위한 노래
Song for the Wandering Jew

급류도 원천에서 으르렁거리며
숱한 바위 절벽을 따라 쏟아지지만,
산들 사이에서
고요하고 깊은 휴식처를 찾지요.

스위스 영양도 독수리의 날개를
지닌 듯이 바위들을 넘어 다니지만,
분명, 자기 집이라고 부르는
작은 영토를 가지고 있지요.

바람 부는 날이면 갈가마귀도
춤추는 돛단배처럼 뒤뚱거리지만,
절벽의 품에 있는
자신의 안식처를 더없이 사랑하지요.

대양에 사는 해마도
소중한 동굴집을 소유하진 못했지만,
떠돌지 않고 고요하고 잔잔한

파도 위에서 잠을 자지요.

밤낮으로 나의 고생은 늘어나죠!
목적지에 다가가지 못한 채,
밤낮으로 나는 방랑자의 고통을
나의 영혼으로 절감하니까요.

마이클

Michael : A pastoral poem

여러분도 공공 도로에서 발걸음을 돌려서
소란한 그린-헤드 길 냇물을 거슬러 가다가,
오르막길을 힘겹게 올라가다 보면,
아주 가파른 경사의 목가적인 산들을
눈앞에서 맞닥뜨리게 될 것이다.
그래도, 용기를 내라! 그 활기찬 냇가의
산들이 모두 스스럼없이 모습을 드러낸 채,
저만의 은밀한 계곡을 이루고 있으니.
거기서는 마을이 보이지 않는다. 그곳으로
여행하다 만나는 것은 그저 그 산들과
양 몇 마리에, 바위들과 돌들, 그리고 머리 위의
하늘에 떠 있는 솔개 몇 마리뿐이다.
그곳은 사실 아주 외딴 장소다.
보더라도 알아보지 못한 채, 지나치기 쉬운
한 물체만 없었다면, 나도 이 골짝을
언급하지 않았을 것이다. 그 개울가에
자르지 않은 돌들이 뒤죽박죽 쌓여있다!
그런데 그 장소에 얽힌 사연이 있다.

다양한 사건들을 곁들이지 않더라도,
난롯가, 아니면 여름날 그늘에서 나눌 만한
얘깃거리가 아닐까 싶다. 그 사연은
목동들, 계곡에서 사는 사람들에 대해
내가 아주 어렸을 때 처음으로 들었던 이야기로,
내가 일찍부터 그 사람들을 사랑했던 것은,
솔직히 말해서 그들 자신 때문이 아니라, 그들의
일터이자 거주지인 들판과 언덕들 때문이었다.
그래서 이 이야기가, 내가 아직 책에
무관심한 소년이었을 때, 자연의 힘을
절감하게 해주었고, 자연 물상들의
온화한 작용으로 나를 이끌어서 내 것이 아니었던
열정들을 느끼게 했고, (정말 닥치는 대로
불완전하게나마) 인간, 인간의 가슴과
인간의 삶에 대해 생각하게 해주었다.
그렇기에, 비록 소박하고 투박한
사연이지만, 자연스럽게 가슴으로 기뻐해 줄
몇몇 사람들을 위해서, 그리고 더 애틋한 마음으로,
내가 떠났을 때 이 언덕들에서
나의 두 번째 자아가 되어 줄
젊은 시인들을 위해서 그 이야기를 소개한다.

그래스미어 계곡에 있는 그 숲의 산허리에서
한 양치기가 살았는데, 마이클이라는 이름의
굳센 마음과 튼튼한 팔다리를 지닌 노인이었다.
그는 젊었을 때부터 노년에 이르도록
남다른 힘을 지닌 체격에, 예민하고 열정적이고
소박한 정신의 소유자로, 모든 일에 능통했으며,
양치기로서도 보통 사내들보다
기민하고 빈틈이 없었다.
그런 까닭에 그는 모든 바람, 저마다 다른 음조를 지닌
강한 바람들의 의미를 알았다. 그래서 그는 종종,
다른 사람들이 주의하지 않을 때도,
마치 아득한 하이랜드 언덕들에서
백파이프를 불듯이, 연주하는 남풍의
은밀한 음악 소리를 듣곤 하였다.
그 양치기는, 그런 경고를 들으면, 자신의 양 떼를
걱정하며, 혼잣말로 말하곤 했다,
"바람이 지금 나의 일감을 궁리하고 있구나!"
그러면 정말로, 여행자를 은신처로
몰아붙이는 폭풍우가 어김없이 그를
산 위로 소환하였다. 그는 그에게 몰려와서
그를 높은 언덕 위에 계속 붙들어두는
수천 번의 안개 속에서 홀로 지내곤 하였다.

그가 그렇게 사는 사이에 80번째 해가 지나갔다.

그랬으니 그 녹색 계곡과 냇물들과 바위들이
그 양치기의 생각들과 무관한 것들이라고
상상하는 사람은 큰 잘못을 범하는 것이다.
그가 명랑한 영혼들과 함께 같은 공기를
호흡했던 들판들, 그가 힘찬 발걸음으로
그리 자주 올라갔던 언덕들이, 그의 마음에
고생, 슬기나 용기, 기쁨이나 두려움을 안긴
수많은 자잘한 사건들을 깊이 새겨넣어서,
그 마음이 마치 책처럼 그가 구조해서 먹이거나
보호해주었던 말 못 하는 동물들에 대한 기억,
그런 행위들을 그 자체로 아주 고맙게 여기며
믿음을 가지고 정직하게 벌어먹은 삶을
고스란히 간직하고 있었다. 이 들판들, 이 언덕들이
그의 피보다 소중한 — 어찌 덜 소중할 수
있겠는가? — 그의 살아있는 신으로서,
그의 애정을 강하게 붙들고 있었기에, 그에게는
맹목적인 사랑의 즐거운 감정처럼,
삶 자체에 존재하는 기쁨이었다.

그는 독신으로 나날을 보내지는 않았다.

그에게는 늙었지만 — 그보다 스무 살이나 어린 —
아내, 어여쁜 부인이 있었다.
그녀는 바쁜 삶을 사는 여자로,
마음이 온통 집 안에 있었다. 그녀에게는 두 틀의
구식 물레가 있어서, 큰 물레로 털실을 짜고,
작은 물레로 아마포를 짰는데, 한 물레가 쉬고 있으면,
그것은 다른 물레가 작업 중이기 때문이었다.
이 부부의 집에는 동거인이 한 명밖에 없었는데,
마이클이 나이를 들먹이며 자신이 늙었다고
여기기 시작했을 무렵에 — 양치기의 표현으로,
한쪽 발이 무덤에 박힌 나이에 — 그들에게 태어난
유일한 자식이었다. 이 유일한 아들도,
더할 나위 없이 귀중한 자식으로서, 두 마리의
용맹한 양치기 개들과 함께 숱한 폭풍우를 겪으며,
그들의 온갖 집안일을 돌보았다. 그들은
그 계곡에서 끝없는 근면의 귀감이었다고
말해도 무방할 것이다. 날이 저물어,
집 밖에서 하던 일들을 멈추고
아들과 아버지가 집으로 돌아온 후에도, 그때도
그들의 노동은 끝나지 않았다. 모두가
말끔한 저녁-상으로 돌아와서, 거기에다
저마다 죽 한 그릇과 탈지유를 차려놓고,

귀리 빵과 집에서 만든 소박한 치즈가 수북이 담긴
바구니 주변에 둘러앉지 않는 한은. 그러나 식사가
끝나면, 루크 (그렇게 아들의 이름을 지었기에)
그리고 그의 늙은 아버지는 둘 다
난롯가에서 손을 써서 할 만한 간편한 일을
시작하여, 양털을 소모기로 빗어서
아내의 물렛가락에 감거나, 낫, 도리깨,
큰 낫, 아니면 집이나 들에서 쓰는
다른 도구에 생긴 흠을 수선하였다.

옛날의 투박한 시골 방식으로
커다랗게 튀어나와 그 밑의 넓은 공간을
눈썹처럼 휘덮은 굴뚝-가장자리 옆의
천장에다, 날이 어두워지면 시의적절하게
아내가 등불을 걸었는데, 그것은
단순한 등불 이상의 여러 가지 역할을 했던
아주 오래된 도구였다.
이른 저녁이면 그 등불은 늦게까지 불타며,
헤아릴 수 없는 시간을 함께 견뎌온 동지로서,
그 부부가 한 해 한 해를 보내며
즐겁거나 명랑하게 사는 모습보다는,
목표와 희망을 품고, 부지런히 일하며

사는 모습을 내내 지켜보았다.
루크가 열여덟 살이 된 지금도,
아버지와 아들은 이 낡은 등불 가에
앉아 있었고, 밤이 늦도록
주부도 그녀만의 일을 하고 있었다.
그 조용한 시간 내내 오두막 안이
마치 여름 파리 소리처럼 웅웅거렸다.
그 등불은 그 근방에서 유명했다.
그 검소한 부부가 살아온 삶을
대변하는 상징이었다. 마침, 그들의 오두막집이
우뚝 솟은 지대에 독채로 서 있었고,
북쪽과 남쪽으로는, 이스데일 산에서
던메일-오름까지, 서쪽으로는 호수지방 근처의
마을까지, 드넓은 전망을 품고 있었기 때문에,
매우 규칙적으로 아주 멀리까지 보이는
이 한결같은 빛의 근원, 그 오두막집 자체가
그 계곡의 경계 안에서 거주하는 모든
젊은이와 늙은이에게 **저녁별**로 불리고 있었다.

그토록 긴 세월을 그렇게 살아오면서,
그 양치기는, 자기 자신뿐 아니라, 틀림없이
그의 배우자도 사랑했겠지만, 마이클의 가슴에는

노년에 얻은 이 아들이 더한층 소중하였다 —
모든 사람의 핏속에 똑같이 들어있는
저 본능적인 애정, 그 맹목적인 마음 때문에
아마 생겨난 결과이리라 —
아니면 자식은, 다른 어떤 선물보다도 귀한
희망을 안고 태어나, 앞날에 대한 기대와 함께,
불안한 걱정들도 안기기 때문이리라, 물론
그 모두가 본성적으로 시들해지기 마련이지만.
그런, 저런 이유로, 그 노인의 생각에는
그의 유일한 아들이 이제 지상에서
자신이 아는 가장 소중한 대상이었다.
그의 가슴이자 그 가슴의 기쁨인 아들에게
그가 품었던 사랑은 대단했다! 그가
품 안의 아기였을 때, 늙은 마이클은
아버지들이 흔히 그러듯이, 그와 놀아주며
즐겁게 해준 것은 물론이요, 억지스럽게나마
인내심을 가지고 그에게 살가운 짓들을 하며,
여인처럼 부드러운 손길로 그의 요람을
흔들어주는 엄마 역할도 종종 하곤 했기에.

그 후, 그 아들이 아직 소년의 옷을
입기 전에도, 마이클은, 엄격하고

꿋꿋한 성정임에도, 그 어린 것을 자기 눈앞에
두고 보는 것을 좋아했다. 그가 집의 대문 옆에서
일할 때나, 그 문 근처에 서 있는
커다란 참나무 밑에서 양들과 함께 앉아 있을 때도
자신의 양치기-걸상에 아이를 앉혀두곤 하였다.
그 참나무는 엄청나게 넓은 그늘 때문에
양털 깎는 사람의 햇빛 가리개로 선택된 날부터
우리네 시골 사투리로 **털깎기 나무**라고
불리게 되었고, 아직도 그 이름을 지니고 있는데,
그 그늘에서, 두 부자가 정말 열렬하고 행복한 표정으로
다른 사람들에 둘러싸여 앉아 있을 때,
혹시라도 아이가 양의 다리들을 붙잡고
괴롭히거나, 고함을 질러서 양들을 겁주면,
마이클이 아이에게 애정 어린 꾸중과 교정의
표정을 지으며 자기 마음을 괴롭히는 동안에,
다른 이들은 그 나무 아래 조용히 앉아 있었다.

그리고 하늘의 은총으로 그 아들이
건강한 소년으로 자라나서, 두 뺨에
다섯 살배기의 어엿한 장미 두 송이가
피었을 때, 마이클은 겨울 관목숲에서
어린나무를 손수 잘라서, 그것을 인두로

둥글게 구부리고, 적절한 요건들을
다 갖춘 완벽한 목동의 지팡이를 만들어
아들에게 선물하였다. 그렇게 장비를 갖춘
소년은 파수꾼으로서 문 앞이나 빈 틈바구니에
종종 배치되어, 양 떼를 막거나 돌려보냈는데,
너무 이른 나이에 임무를 받은 탓에
그런 곳에 그 개구쟁이가 서 있으면, 짐작대로,
걸리적거리기도 하고 도움이 되기도 하였다.
그 아이도 지팡이나 목소리, 표정이나, 위협적인
몸짓들로 할 만한 짓은 남김없이 해보았지만,
아마 그런 연유로, 그의 아버지로부터
늘 칭찬받는 일꾼은 아니었다.
그러나 어느새 루크는, 어엿한 열 살로,
강한 산바람에 맞설 수 있게 되어, 그도
고생이나 길고 피곤한 여정을 두려워하지 않고
아버지와 함께 매일같이 고지대로 올라갔다. 둘은
잘 통하는 벗이었다. 그 양치기가 아꼈던
사물들이 지금 더 소중한 것처럼
내가 이야기하는 것은, 바로 거기서 그 소년의
다양한 감정과 감화력이 마치 해에 빛이 깃들고
바람에 음악이 실리듯이 생겨났고,
그 노인의 가슴도 다시 태어난 듯했기 때문이다.

그렇게 아버지의 눈앞에서 그 소년은 성장했다.
그리고 어느새 열여덟 번째 해를 맞게 된
그는 그 아버지의 위안이자 일상의 희망이었다.

내가 지금껏 묘사했던 모습으로
이 소박한 가정이 그렇게 하루하루
살아가고 있을 때, 마이클의 귀에
괴로운 소식이 전해졌다. 내가 이야기하는
시간보다 한참 전부터, 그 양치기는 형의 아들을 위해
서준 보증에 묶여있었다. 근면하게
살아서 넉넉한 재산을 축적한 조카였건만 —
예상하지 못한 불행이 갑자기 그를
덮친 모양이었다 — 그래서 늙은 마이클에게
당장 부채를 갚으라는 소환 통보가 왔다.
그의 재산에서 절반에 약간 못 미쳤으나,
무거운 위약금이었다. 어떤 늙은이도 그 정도는
잃을 수 있겠거니 하고 첫 번째 심리에 나갔지만
이 예기치 않은 청구가, 잠깐 사이에,
많은 희망을 그의 삶에서 앗아갔다.
그가 그 난관을 직시할 수 있을 만큼
힘을 회복하고 나서 따져보니,
대대로 물려받은 전답의 일부를

파는 것이 유일한 방편 같았다.
그것이 그의 첫 결심이었고, 다시 생각해도
뾰족한 수가 없었다. "이사벨," 그가
그 소식을 듣고 이틀 저녁이 지나서 말했다,
"나는 70년 이상을 힘들게 일했고,
하나님의 사랑이 깃든 바깥 햇살 속에서
우리 모두 살아왔지만, 우리의 그 밭들이
낯선 사람의 손에 넘어가 버린다면, 나는
무덤 속에서도 조용히 누워있지 못할 것 같아.
우리의 운명도 참 가혹하구면. 저 태양도
나보다 부지런한 적이 거의 없었는데,
나 자신의 가족 때문에 결국 내가 바보처럼
산 꼴이 되고 말았으니 말이야. 그놈이 우리를
기만했다면, 사악한 놈이었으니까
사악한 선택을 했겠지만, 기만하지 않았다면,
이런 손실을 안겼다고 슬퍼하진 않았겠지.
수많은 사람이 그러듯, 나도 그놈을 용서해 — 물론
그렇게 말하느니 입을 다무는 게 낫겠지만.
내가 말을 꺼낸 것은, 몇 가지 해결책과
약간의 밝은 희망을 얘기하고 싶어서야.
우리 루크를 떠나보냅시다, 이사벨. 그 땅을
넘기지 말고, 우리가 자유롭게 이용하다가,

그곳을 지나가는 바람처럼 자유롭게, 걔가
그 땅을 소유하게 해줍시다. 당신도 알다시피,
우리의 또 다른 친척이 — 이렇게 곤경에 처한
우리의 친구가 되어 줄 거야. 무역으로 번창한
부유한 사람이니까 — 루크를 그에게 보냅시다.
그 친척이 도와주고 그 아이도 절약해서
걔가 금시에 이 손실액을 배상하고 나면, 다시
우리한테 돌아오겠지. 걔가 여기서 산다면,
뭘 할 수 있겠어? 모든 사람이 가난한 곳에서
무슨 돈을 벌 수 있겠냐고?" 이 말을 하고 노인이 멈췄고,
이사벨은 조용히 앉아 있었다. 그녀의 마음이
바쁘게, 지나간 시절을 되돌아보고 있었기에.

리처드 베이트먼이 있었지, 그녀는 혼자 생각했다.
교구 소년이었는데 — 교회 문 앞에서
이웃들이 그를 위해, 실링, 펜스와 반페니를
십시일반 모아서, 그 돈으로 바구니를 사고,
거기에 행상인의 물품들을 가득 채워주었지.
그래서 이 바구니를 팔에 안고 그 소년이
런던까지 갔다가, 거기서 웬 선주를 만났는데,
그가 여럿 중에서 믿음직한 그 소년을 뽑아서
해외에 나가 자신의 상품을 관리하라고

보냈지. 거기서 그는 엄청난 부자가 되어,
가난한 사람들에게 재산과 돈을 남겨주었고,
그의 출생지에다, 그가 외국에서 보낸
대리석으로 마루를 깐 예배당을 지어주었지.
이런 생각들과 여러 가지 비슷한 생각들이
이사벨의 마음을 빠르게 스쳐 가면서,
그녀의 얼굴이 밝아졌다. 그 노인도 기뻐서,
다시 입을 열었다: ―"글쎄, 이사벨! 이 계획이
지난 이틀 나에게도 고기와 음료 같았지 뭐야.
아직은 우리가 잃은 것보다 남아 있는 게 많고 말이야.
―아직은 충분하지 ― 정말로 내가 더 젊었으면
좋겠지만 ― 이 희망은 꽤 괜찮은 희망이니까.
―최상품의 옷을 몇 벌 사서, 루크에게 최고로
좋은 옷을 입혀주고, 내일이나, 그다음 날,
아니면 오늘 밤에, 그 아이를 보내줍시다:
― 걔가 가겠다면, 오늘 밤에라도 보내줘야겠지."
여기서 마이클은 말을 멈추고, 가벼운 마음으로
들판으로 나갔다. 그 주부는 5일 동안
아침에도 저녁에도 쉬지 않고, 종일토록
아들의 여행에 필요한 물건들을
장만하느라 부지런히 손가락을 움직였다.
그렇지만 주일이 와서 일을 멈추게 되자,

이사벨도 기뻤다. 지난 이틀 밤 동안,
마이클이 그녀 곁에 누워서, 잠결에
너무나 괴로워하는 소리를 들었기 때문이었다.
아침에 일어났을 때 그녀는 그의 모든 희망이
사라졌다는 것을 알 수 있었다. 그날 정오에
두 모자가 문 앞에 앉아 있을 때, 그녀가
루크에게 말했다, "그냥, 가지 마라.
우리에게 자식은 너밖에 없는데 잃어버리면,
기억해 줄 사람이 없잖니 — 떠나지 마라,
네가 떠나면 너의 아버지는 죽고 말 거야."
청년이 명랑한 목소리로 대답했고,
이사벨도, 자신의 두려움들을 말하고 나서,
기운을 차렸다. 그날 저녁에 그녀는
자신의 최고 음식을 내왔고, 성탄절 화롯불에
둘러앉은 행복한 사람들처럼, 모두 함께 앉았다.

다음 날 아침에 이사벨은 일을 재개하였고,
이어지는 주간 내내 그 집은
봄날의 숲처럼 즐거워 보였다. 드디어
그들의 친척한테서 고대하던 편지가 도착했는데,
아들의 행복을 위해서 최선을 다하겠다는
다정한 확언들과 함께,

당장에 그를 자기한테 보내달라는
요청들이 덧붙여져 있었다. 열 번 이상
그 편지는 반복해서 읽혔고, 이사벨은
밖에 나가 이웃들에게 돌아가며 편지를 보여주었다.
그 당시 영국 땅에서 루크의 가슴보다
자랑스러운 가슴은 없었다. 이사벨이 아쉬운 듯이
집으로 돌아왔을 때, 늙은 남편이 말했다,
"그는 내일 출발할 거야." 이 말에
아내가 대답하며, 그렇게 갑작스럽게 그가
떠나버리면, 많은 일이 너무 쉽게
잊히고 말 것이라고 말했다. 그러나 결국
그녀도 승낙하였고, 마이클은 안심하였다.

그 깊은 계곡의 소란한 그린-헤드 길 개울
근처에다, 마이클은 양-우리를 지을
계획이었다. 그래서, 그가 자신의 가슴 아픈
손실액에 대한 소식을 듣기 전에,
그 우리를 지으려고 개울 근처에
널려 있는 돌들을 모아다가 쌓아놓고,
조만간 작업에 들어갈 참이었다.
그는 그날 저녁에 루크와 함께 그곳으로 걸어갔다.
그들이 그 장소에 도착하자 노인이 멈추어,

아들에게 이렇게 말했다: ―"내 아들,
내일이면 너는 나를 떠나지만, 너를 바라보는
내 마음이 뿌듯하구나, 너는 한결같이
태어나기 전에는 나에게 어떤 약속이었고
너의 모든 삶이 내 일상의 기쁨이었으니까.
내가 우리 둘의 지난 일들에 대해 조금만
이야기해주마. 내가 하는 말들을 당장은
이해하지 못하더라도, 네가 나를 떠나면
이 얘기가 너에게 도움이 될 거야.―네가
처음으로 세상에 나온 후에, 갓난아기들이
왕왕 그러듯이, 너도 이틀을 내내 잠만
자는 바람에, 이 아버지도 그 후에야 너에게
축복의 말들을 쏟아냈단다. 하루하루가 지날수록,
커가는 사랑으로 한결같이 나는 너를 사랑했지.
우리 화롯가에서 네가 처음으로 뜻 모를
어떤 자연스러운 음조를 옹알거렸을 때,
또 네가, 젖먹이로, 네 엄마의 젖가슴에 안겨서
기쁨에 겨워 노래할 때면, 살아있는 귀에
그보다 달콤하게 와닿는 소리가 없었단다. 한 달 두 달이
가고, 드넓은 들판과 산속에서
나의 삶도 지나갔지. 그러지 않았다면 네가
이 아버지의 무릎에 앉아서 자랐으련만.

그래도 우리는 놀이 친구였잖니, 루크, 너도
잘 알다시피, 이 언덕들에서 늙은이와 젊은이가
한 몸이 되어 놀았고, 나와 함께 아들로서
알 만한 기쁨을 부족하지 않게 누렸으니까."
루크는 씩씩한 마음을 지녔지만, 이 말들을 듣고
크게 흐느꼈다. 노인이 그의 손을 움켜잡고
말했다. "아니다, 그렇게 받아들이지 마라 — 내가
말할 필요도 없는 얘기들을 괜히 했구나. —
극단적일 정도로 나는 너에게
참 상냥하고 착한 아버지였지. 그런데
나는 그저 다른 사람들이 물려준 성품대로
살 뿐이란다. 나도 벌써 사람의 평균수명
이상으로 늙었지만, 젊었을 적에 나를
사랑해주셨던 그분들을 아직도 기억한단다.
두 분 다 함께 잠들어 있지만, 조상들이
모두 그랬듯이, 그분들도 여기서 살다가,
결국 때가 되어서, 싫은 내색 없이
자기들의 몸을 가족 땅에 내주셨지.
난 너도 그분들이 살아온 삶을 살기를 바랐단다.
돌아보면 참 긴 시간인데, 애야,
60년의 세월 동안 얻은 것이 거의 없더구나.
이 밭들도 내가 물려받았을 때 저당에 잡혀 있었단다.

내가 마흔 살이 될 때까지도, 내가 받은
그 유산의 절반도 내 것이 아니었어.
나는 일하고 또 일했고, 하나님이 내 노력을 축복해 주시어,
지난 3주를 보낸 후에야 비로소 땅의 저당이 풀렸지.
— 도저히 그 땅을 다른 주인한테
넘기지 못할 것 같아. 미안하구나, 루크,
내가 너 때문에 오판하는지는 모르겠다만,
네가 떠나는 게 좋을 듯하구나." 노인이 말을 멈추고,
그들이 서 있던 장소 근처의 돌무더기를 가리키며,
짧은 침묵 끝에, 다시 입을 열어 이렇게 말했다:
"이건 우리 둘의 일이었는데, 이제는, 얘야,
나의 일이 되었구나. 그래도, 돌 하나는 놓거라 —
나를 위해, 루크, 네 손으로 여기에 놓아주려무나.
아니다, 얘야, 좋은 희망을 품거라 — 우리 둘 다
살다가 더 좋은 날을 봐야지. 여든네 살이지만
나는 여전히 강하고 튼튼하단다 — 넌 너의 역할을,
난 내 역할을 하면 돼. — 너에게 맡겼던
여러 가지 일들도 내가 다시 시작해야겠구나.
네가 없더라도 고지대로 다시 올라가서,
폭풍우가 몰아치더라도, 내가 네 얼굴을
알기 전에 혼자서 하곤 했던 모든 일을

해야겠구나. — 애야, 하늘이 너를 축복하기를 바란다!
네 심장이 지난 2주 동안 많은 희망에 부풀어
빠르게 뛰었을 거야 — 당연히 그러겠지 — 암 — 암 —
난 너에게 나를 떠나고 싶은 마음이 절대로
생기지 않을 줄 알았다, 루크. 너는 사랑의 고리들로
나에게 꼭 묶여있었으니까. 그런데 네가 떠나고 나면,
우리에게 뭐가 남아 있을지! — 그건 그렇고, 나의
목적을
잊고 있었구나. 자, 내가 요청한 대로,
초석을 놓거라. 그리고 훗날, 루크,
네가 멀리 떠났다가, 혹시 사악한 사람들이
너의 동료가 되거든, 애야, 나와 이 순간을
생각하거라. 여기로 너의 생각들을 돌려보거라.
그러면 하나님이 너에게 힘을 주실 것이다.
온갖 두려움과 온갖 유혹 속에서도, 루크,
너의 조상들이 살았던 삶을 유념하기를 바란다.
그분들은, 순수했고, 그 명분을 위해
선행을 베풀며 살았단다. 그럼, 잘 가거라 —
네가 돌아오면, 이 장소에서 아직 여기에 없는
어떤 작업의 결과물을 보겠지. 그게
우리 사이의 어떤 계약이 되겠구나 — 그렇지만 너에게
어떤 운명이 닥치든, 끝까지 나는 너를 사랑하고,

무덤까지 너의 기억을 품고 갈 거야."

양치기의 말이 끝났다. 루크가 몸을 수그려,
아버지가 요청한 대로, 그 양-우리의
첫 번째 돌을 놓았다. 그 모습에
노인의 슬픔이 북받쳐서, 가슴으로
그가 아들을 껴안고, 그에게 키스하며 울었다.
이윽고 그들은 함께 집으로 돌아갔다.

다음 날 아침에, 결정된 대로, 소년은
여정을 시작했고, 그가 공공 대로에
도달했을 때는, 담대한 표정을 띠고 있었다.
그가 이웃들의 문 앞을 지나갈 때마다 모두가
밖으로 나와서, 그가 보이지 않을 때까지
따라가며 잘 살라고 작별의 기도를 올렸다.

그들의 친척한테서 루크와 그의 선행에 대한
좋은 소식이 전해졌고, 그 소년도 굉장히 멋진
소식들로 가득한, 애정 어린 편지들을 썼다.
그 주부의 표현대로, 지금껏 본 편지 중에서
가장 예쁜 편지들이었다.
두 부모는 기쁜 마음으로 그 편지들을 읽었다.

그렇게, 여러 달이 지나갔고, 그 양치기는
굳건하고 발랄한 생각들을 품고
다시 일상의 일들을 시작하였다. 그러다가
이따금 여유 시간이 생길 때면
그는 그 계곡으로 걸어갔고, 거기에서
양-우리 작업을 하였다. 그사이에 루크는
업무를 게을리하기 시작하다가, 결국
방종한 도시에서 나쁜 길로
빠져들고 말았다. 추문과 망신이
그를 덮치는 바람에, 그는 쫓겨나서 결국에는
바다 건너에서 은신처를 찾아다니게 되었다.

사랑의 힘에는 어떤 위로가 배어있다.
그것이 어떤 일을 견디게 한다. 그게 없다면
마음이 부서진다: — 늙은 마이클도 그리 생각했다.
나는 그 노인뿐 아니라, 이 힘겨운 소식을 듣고
몇 년간 그가 어떤 모습이었는지도 잘 기억하는
한 명 이상의 사람들과 대화를 나누었다.
그의 체격은 청년기부터 노년이 될 때까지
남다른 힘을 지니고 있었다. 그는 바위산에
올라가서, 여전히 태양을 바라보았다.
바람 소리에도 귀를 기울이고, 예전처럼

그의 양들과 물려받은 작은 땅을 위해서
온갖 종류의 일을 하였다.
그리고 이따금 그의 양 떼에게 필요한
우리를 짓기 위해, 그 텅 빈 골짝으로
가곤 하였다. 그런 노인을 보면서
모두의 가슴에 일었던 연민의 감정은
아직도 잊히지 않았다 — 많고 많은 날을
그는 거기에 갔지만, 차마 돌 하나
쌓지 못했을 것이라고 다들 생각한다.

그 양-우리 옆에서, 이따금 그의 충실한 개와
단둘이 앉아 있는 그의 모습이 보이곤 했는데,
노인 곁의 발치에 누워있던 개도 늙어있었다.
7년의 긴 세월이 다 흐르도록 간간이
그는 이 양-우리를 짓는 작업을 했고,
그 일을 완성하지 못한 채 죽었다.
이사벨은 3년, 아니 조금 더
남편보다 오래 살았다. 그녀가 죽자 그 토지는
팔려서, 낯선 사람의 손으로 들어갔다.
저녁별이라는 이름의 그 오두막집은 이제
사라지고 없다 — 그 집이 서 있던 땅은
쟁기에 갈렸고, 그 주변에도 모두

큰 변화들이 생겼다: — 그러나 그 집의 문 옆에서
자라던 참나무는 남아 있고, 그 미완성
양-우리의 잔해들도 활기 넘치는
그린-헤드 길 개울가에 가면 볼 수 있다.

윌리엄 워즈워스

William Wordsworth, 1770.4.7~1850.4.23

영국 낭만주의 문학의 효시로 통하는 시집 『서정민요』의 저자 윌리엄 워즈워스는 잉글랜드 북서부 호수지방에서 태어나 케임브리지 대학교를 졸업하였고 영국의 계관시인을 지냈다. 대학을 졸업한 후에 그는 프랑스에서 1년 남짓 체류하며 프랑스혁명에 적극적으로 가담했으나 혁명이 공포정치로 치달으며 깊은 좌절을 맛본다. 흔히 "자연의 시인"으로 불리는 그는 서민들의 언어와 삶을 시에 과감하게 도입하였고, 제임스 톰슨(1700~1748)과 윌리엄 쿠퍼(1731~1800)의 시에서 싹트기 시작한 인간의 자연에 대한 감수성을, 상상력을 통해 고양된 시어로 발전·심화시켜서 낭만주의 문학의 지평을 열고 완성한 영국 낭만주의의 아버지로서, 영국 문학에서 '시의 대중화'는 그에게 힘입은 바가 크다. 자연과 인간의 합일을 추구하는 워즈워스의 시 세계는 근본적으로 동양의 범신론적인 자연관, 인간관과 상통하는 측면이 적지 않으며, 산업화 이후로 본격화된 인류의 환경파괴 역사로 인하여 거대한 생명체 지구의 자정능력이 상실되어, 갈수록 뜻밖의 기상이변과 대재앙이 속출하고 있는 현시점에서 절실하게 요구되는 생태 감수성을 거듭 환기하게 만든다는 점에서 다시 살펴보고 음미할 여지가 많은 시인이다.

죄수
The Convict★

저녁의 장관이 서쪽 하늘에 펼쳐져 있었다.
— 어느 산의 비탈에 나는 서 있었다.
기쁨이 고요한 휴식의 계절을 앞에 두고
초원과 숲으로 크게 소리쳤다.

"이제 저토록 고운 집과 작별해야겠지?"
고통스러운 마음으로 내가 말했다.
그리고 깊은 슬픔을 안고 돌아서서, 다시
죄수가 누워있는 감방으로 향했다.

문에 그늘을 드리우는 굵은 늑골-같은 벽들이
울리며, 지하 감옥이 드러난다.
나는 멈췄다가 마침내, 어른거리는 쇠창살 사이로,
그 가련한 부랑자를 바라본다.

어깨에 기댄 엉겨 붙은 검은 머리를 수그린 채,

★ 『서정민요』 초판에 실렸다가 1800년에 출간된 개정 증보판 이후에 배제된 작품이다.

한숨 쉬듯 뱉어내는 깊은 숨소리,
요지부동의 실의에 찬 두 눈으로 자신을
죽음에 결속하는 족쇄를 응시하고 있다.

그 얼굴을 응시하는 것으로도 충분한 슬픔이다.
그 몸도 이미 그의 관심 밖에 있다.
그런데 내 상상이 그의 가슴으로 꿰뚫고 들어가,
그 안의 더 끔찍한 심상들을 그려낸다.

뼈들이 소멸하고, 생혈生血마저 말라버렸다,
과거를 되돌리고 싶은 소망들과 함께.
그를 압도하는 고통 사이로 보이는 그의 범죄가
시야를 검게 물들이며 점점 커질 따름이다.

암흑의 집회나, 피-터지는 전장을 누빈
군주라도 감방으로 끌려오면,
감각의 위안거리들이 모두 부드러운 힘을 잃고,
머리를 기댈 데는 정적靜寂뿐이다.

그러나 슬픔이, 자멸하여, 망각 속에서 졸고,
양심이 자신의 고문들을 완화해준다면,
소란과 소동 속에서도, 이 사내는 쉴 것이다

질병이 난무하는 쓸쓸한 지하 감옥에서도.

족쇄가 한밤에 그의 수족을 너무 압박해서
 그 중압감을 도저히 감당할 수 없을 때,
선잠이 들어서 기억이 몽롱해지는데, 혹시라도
 이 비참한 사람이 짚 요에서 뒤척이다가

철컥대는 둔탁한 사슬 소리에 감옥-맹견이 으르렁대면,
 그의 머리칼 뿌리들에서 수천의 예리한 구멍이
뚫리며 고통스러운 식은땀이 솟구치기 시작하고,
 이내 공포가 그의 심장을 엄습할 것이다.

그런데 그때 그 죄수가 움푹 꺼진 눈을 살짝 든다.
 그 움직임에 눈물 한 방울이 떨어진다.
마치 그 눈물이 슬픈 침묵을 메우며, 나에게
 자기가 왜 여기에 있는지 묻는 것 같다.

"가련한 희생자여! 안일하게 우쭐대며 현장을
 점검하는 한가한 침입자가 아니라,
무엇보다도 도움을 주고 싶은 바람으로,
 형제처럼 그대의 슬픔을 나누려고 찾아왔다네.

그대의 이름을 들으면 연민도 자신의 본분을 버리겠지만,

그대의 평판도 덕의 당당한 명성을 먹칠하지만,
나의 관심은, 나에게 막강한 팔이 있다면, 그대를
다시 꽃 피울 만한 곳에 옮겨 심고 싶다는 것이네."

어떤 인물
A Character, In the antithetical Manner★

자연이 그의 얼굴에서 보이는 육중함과 가벼움에
어울리는 공간을 찾을 수나 있을지 궁금하다.
생각과 무념이 배어있고, 창백함과 불그스름함,
부산함과 느릿함, 기쁨과 울적함이 배어있는 얼굴.
약점에, 불필요하고 헛된 강점도 배어있는 얼굴.
그런 강점은, 마치 하염없는 고뇌와 고통이
병에 허약한 기질을 관통해버리듯이,
합리적인 평화 ― 철학자의 안락을 누린다.
실패할 때나 성공할 때나 똑같은 무심함,
필요 이상으로 열 배나 많은 엄청난 주의력,
질투 따위는 없이, 기쁨에 넘치는 자부심,
온화함, 당돌하면서 수줍은 정신이 배어있는 얼굴.
자유, 그리고 이따금 수치심이 있는지도 거의
모르는 듯이 부끄러워하는 소심한 눈길의 얼굴.
덕이 있어서, 그 자격을 분명히 주장할 수도 있으나,

★ 이 시는 1800년과 1802년 판의 『서정민요』에서 「어느 시인의 비문」 다음에 배치되어, 서로 짝을 이룬 작품이었으나, 1805년 판에서 제외되었다. 시 제목의 "상반된 형식으로"는 「어느 시인의 비문」과 대조적인 관점의 시라는 뜻이다.

그냥 그 명성에 걸맞게 살고 싶어 하는 얼굴.
타고난 재능이나 기교 없이 그려진, 훌륭한 그림!
— 그런 사람이면 당장 그대의 마음을 훔쳐 가겠지만,
나는 5세기가 걸리더라도 정말로 기꺼이 그처럼
야릇하고, 다정하고 행복한 사람이 되고 싶다.

외로운 추수꾼
The Solitary Reaper

보라, 들에 홀로 있는 소녀,
　저 외로운 산골 소녀!
혼자서 추수하며 노래한다.
　여기 멈추거나, 조용히 지나가라!
소녀 홀로 곡식을 베어 묶으며,
　슬픈 노래를 부른다.
오 들어보라! 깊은 계곡이
　그 노랫소리로 흘러넘친다.

아라비아 사막 한가운데
　어느 그늘에서 쉬는
피곤한 여행자들에게 나이팅게일도
　그리 반가운 노래를 부른 적 없고,
머나먼 헤브리디스제도 사이*
　바다의 적막을 깨뜨리는
봄날의 뻐꾸기 소리도
　그리 황홀하게 들리지 않았다.

---
*　헤브리디스제도는 스코틀랜드 북서쪽의 열도(列島).

무슨 노래 부르는지 알려줄 사람 없을까? ―
  혹시 아득한 옛날의 불행한 일들과
오래전의 전쟁들을 기리기에
  저리 애처로운 음률이 흐를까,
아니면 아주 소박한 노래,
  오늘날의 일상적인 주제일까?
내내 있었고, 다시 있을 법한
  자연스러운 슬픔, 상실, 혹은 아픔일까?

주제가 무엇이든, 소녀는 노래했다
  마치 그녀의 노래는 끝이 없는 듯이.
나는 노래하며 일하는, 허리를
  굽히고 낫질하는 소녀를 보았다 ―
나는 가만히 조용히 귀를 기울였다.
  그러다가 나는 언덕을 올라갔는데,
그 소리가 들리지 않는 한참 후에도
  내 마음속에 그 음악이 남아 있었다.

그녀는 기쁨의 유령이었다
She Was a Phantom of Delight

그녀가 처음 내 눈에 어른거렸을 때
그녀는 기쁨의 유령이었다.
한순간의 장식품이 되어주라고
누군가가 보내준 사랑스러운 환영.
두 눈이 고운 황혼의 별들 같았고,
거뭇한 머리칼도 황혼 빛깔이었다.
그러나 그 외의 모습들은 모두
오월과 명랑한 새벽이 그려준 것이었다.
자꾸 나타나, 놀라게 하며, 불러 세우는
어떤 춤추는 형상, 어떤 즐거운 심상.
그녀를 더 가까이 들여다보았는데,
어떤 혼령이면서, 또한 어떤 여인이었다!
집안일을 하는 가뿐하고 여유로운 동태에
처녀처럼 자유로운 발걸음,
달콤한 경험들, 달콤한 약속들이
만나서 어우러진 용모.
인간 본성의 일상적인 음식,
순간적인 슬픔, 단순한 책략들, 칭찬,

비난, 사랑, 키스, 눈물과 미소 따위에
너무 밝거나 능하지 않은 사람.
마침내 나는 고요한 눈으로 그 두근거리는
초자연적인 존재를 바라본다.
생각의 숨결을 들이쉬는 존재,
삶과 죽음 사이의 여행자.
확고한 이성, 차분한 의지,
인내, 예지력, 힘과 기술.
고결한 계획에 따라, 경고하고,
위로하고, 명령하는 완벽한 여자.
천사 같은 빛에 밝게 빛나지만
그래도 여전히 어떤 혼령.

아름다운 저녁이다
It is a Beauteous Evening

아름다운 저녁이다, 고요하고 자유로워
성스러운 시간이 마치 숨죽여 경배하는
수녀처럼 조용하다. 넓은 태양이
정적 속에서 저물어가고,
온화한 하늘이 바다를 품는다.
들어보라! 위대한 존재가 깨어나,
저만의 영원한 동태로 천둥 같은
소리를 내고 있다 — 끊임없이.
여기서 나랑 걷는 귀한 아이! 예쁜 소녀야!*
장엄한 생각에 감동하지 않은 듯하지만,
그렇다고 네 천성이 덜 신성한 건 아니다:
너는 일 년 내내 아브라함의 품에 안겨
교회 안 예배소에서 기도를 올리나니,
우리가 모르는 순간에도 신이 너와 함께하리니.

---

* 이 시에서 워즈워스와 함께 걷고 있는 소녀는 그의 딸 캐롤라인(Caroline)이다. 캐롤라인은 워즈워스가 프랑스혁명의 대열에 동참했을 때 만난 아네트 발롱(Annette Vallon)과의 연분으로 태어난 딸이다.

1802년 런던
London, 1802

밀턴! 그대가 이 시대에 살아있었으면.
영국에는 그대가 필요하다. 영국은 지금
썩은 물의 늪이다: 제단, 검과 펜,
화롯가, 저택과 침실의 웅대한 부富가
내적인 행복이라는 옛 영국의 유산을
몰수해버렸다. 우리는 이기적인 사람들,
오! 우리를 일으켜주기를, 다시 돌아와
우리에게 예절, 덕, 자유, 힘을 주기를.
그대의 영혼은 한 별처럼 멀찍이 머물렀으나,
그대에게는 바다 같은 목소리가 있었다.
꾸밈없는 하늘처럼 맑고 당당하고 자유롭게
그대는 만인의 인생길을 즐겁고 경건한
마음 자세로 나아갔다. 그러나 그대의 가슴은
아주 비천한 책무라도 스스로 짊어졌나니.

1802년 9월 3일, 웨스트민스터 다리에서 지은 시
Composed upon Westminster Bridge, September 3, 1802

대지에 이보다 아름다운 광경이 있을까:
저토록 장엄하게 감동적인 광경을
그냥 지나치는 이의 영혼은 칙칙하리라:
이 도시가 지금, 아침의 아름다움을
옷처럼 걸친다. 조용히, 드러난
배들, 탑들, 둥근 돔들, 극장들과 교회당들이
들판과 하늘을 향해 열린 채,
연기 없는 허공에서 아주 밝게 반짝인다.
태양도 첫 광채로, 계곡, 바위나 언덕을
이보다 아름답게 함빡 적신 적이 없고,
나도 이렇게 깊은 고요를 보거나 느낀 적이 없다!
강물이 저만의 행복한 의지로 소리 없이 흘러간다:
사랑하는 하나님! 당신의 집들이 잠들어 있어서,
그 전지전능한 가슴도 조용히 누워있는 듯합니다!

우리는 세상살이에 너무 치우쳐
The World Is Too Much With Us

우리는 세상살이에 너무 치우쳐, 늦게 자고
일찍 일어나 벌고 쓰느라 힘을 낭비한다.
우리의 근원인 자연에서 보는 게 거의 없는
우리는 가슴을 저버리고 더러운 이익을 택했다!
달에 제 가슴을 드러내는 저 바다,
시도 때도 없이 울부짖을 것 같다가도
잠든 꽃처럼 금시에 움츠러드는 바람,
이 모든 사물과의 조응을 우리는 잃어버려서,
그것에 감동하지 않는다 — 위대한 신이시여!
차라리 케케묵은 신앙의 젖을 빤 이교도라면,
저 즐거운 풀밭에 서서, 나의 고독을
덜어줄 얼핏 설핏한 광경들이나 구경하며
바다에서 떠오르는 프로테우스를 보거나,
늙은 트리톤의 화환 장식 소라 나팔 소리나 들을 것을.*

---

* 프로테우스는 그리스신화에 등장하는 늙은 해신으로, 예언 능력을 타고 났으며 변신술의 귀재로도 통한다. 역시 바다의 신 트리톤은 포세이돈의 아들로, 상반신은 인간, 하반신은 물고기의 형상이며, 커다란 소라 나팔을 불어서 파도를 다스린다고 알려져 있다.

수선화
I Wandered Lonely as a Cloud

계곡과 언덕 너머 높이 떠가는
구름처럼 외로이 배회하다가,
너무도 뜻밖의 한 무리를 만났다.
군락을 이룬 금빛 수선화들이
호숫가 나무 밑에서
미풍에 살랑살랑 춤추고 있었다.

은하수에서 반짝반짝
빛나는 별들처럼 끊임없이,
수선화들이 한없이 줄지어
내포 물가 따라 뻗쳐 있었다.
머리 쳐들고 쾌활하게 춤추는
만 송이 꽃을 나는 한눈에 보았다.

파도도 옆에서 춤췄지만, 꽃들이
들떠 반짝이는 파도보다 나았다.
그리 쾌활한 동무들과 함께하는
시인은 즐거울 수밖에 없었다.

그래서 보고 또 보았을 뿐, 그 장관이
가져온 행복 따윈 생각하지 않았다.

공허하거나 구슬픈 기분에 젖어,
소파에 누워있을 때면 시시때때로
그 수선화들이 고독의 축복,
저 마음의 눈에 번득 떠오른다.
그럴 때면 내 가슴이 기쁨에 넘쳐
수선화들과 함께 춤을 춘다.

뻐꾸기에게
To the Cuckoo

오 쾌활한 새-손님! 내내 들었건만,
다시 들으니 기쁘구나.
오 뻐꾸기! 너를 새라고 부를까,
아니면 그냥 방랑하는 목소리?

풀밭에 누워있는 사이에
들려오는 너의 이중 외침.*
언덕에서 언덕으로 나아가는 듯,
아득해지면서도 가까운 소리.

그냥 햇살과 꽃들의
계곡에만 재잘댈지라도,
환상적인 시절의
얘기를 나에게 선물하나니.

세 배로 환영한다. 봄의 총아!
너는 아직도 나에게는

* "뻐꾹 뻐꾹" 두 번 우는 소리를 가리킨다.

새가 아니라, 보이지 않는 생물,
어떤 음성, 어떤 신비일 뿐.

학생 시절에 귀여겨들었던
그 소리, 나에게 수없이
덤불과 나무와 하늘 곳곳을
살펴보게 했던 그 울음소리.

너를 찾으려고 가끔 숲과
풀밭을 샅샅이 뒤지곤 했는데,
너는 늘 어떤 희망, 어떤 사랑처럼,
늘 갈망했지만, 보이지 않았지.

아직도 너의 소리를 들으면,
평원에 누워서 듣고 있으면,
결국에는 나도 다시
저 금빛 시간을 누리나니.

오 신성한 새여! 우리가 밟는 대지가
다시 꿈 같은, 상상의
장소, 너에게 딱 어울리는
집으로 바뀌는 듯하구나!

무지개
My Heart Leaps Up

하늘에 떠 있는 무지개를 보면
  내 가슴이 뛴다.
내 삶이 시작되었을 때 그랬고
어른인 지금도 그러고
노인이 되어도 그러리라,
  아니면 죽어도 좋으리!
아이는 어른의 아버지니,
내 생애 하루하루 경건하게
자연에 순종하며 살고 싶다.

불멸 송가

Ode : Intimations of Immortality from Recollections of Early Childhood

아이는 어른의 아버지니,
내 생애 하루하루 경건하게
자연에 순종하며 살고 싶다.

1

초원, 숲과 시내,
대지와 온갖 평범한 광경이
천상의 빛으로,
꿈처럼 화려하고 생생한 옷을
차려입은 듯이 보였던 때가 있었다.
예전엔 그랬는데 지금은 아니다 —
밤이나 낮이나
어디를 둘러봐도,
그간 보아온 것들을 이제는 다시 볼 수 없다.

2

무지개는 뜨고 지고,
장미는 사랑스럽다,
빈 하늘에서
달은 여전히 기쁜 얼굴로 주위를 둘러보고,
별 총총한 밤
바다는 아름답게 곱고,
햇빛은 찬란한 탄생이다.
그러나 나도 안다, 내가 어디를 가든,
대지에서 한 영광이 사라져버렸다는 것을.

3

지금도, 새들이 저리 즐거운 노래를 부르고,
어린 양들도 작은 북소리에
장단을 맞추듯 펄쩍펄쩍 뛰는데,
내게만 어찌 슬픈 생각처럼 다가오는지.
그럼에도 때맞춘 표현이 그런 생각에 위안을 건네면,
나는 다시 강해진다.
큰 폭포도 절벽에서 저만의 나팔을 부나니,

내 슬픔도 더 이상 계절을 헛되이 보내지 않으리라.
메아리들이 산으로 몰려드는 소리가 들리고,
바람도 잠의 들판에서 나에게 불어오나니,
온 대지가 즐겁다.
육지와 바다
모두 환락에 빠져 있고,
오월의 가슴으로
온갖 짐승이 저마다 휴일을 즐기고 있나니 —
너, 기쁨의 아이야,
　내 곁에서 소리쳐라, 너의 외침을 들려다오, 너 행복한 목동아!

4

너희 축복받은 신의 창조물들아, 너희가 서로
부르는 소리를 들어왔고, 지금도 하늘이
환희에 찬 너희와 함께 웃는 정경을 본다.
내 가슴도 너희의 축제에 놀러 가서,
머리에 화관 쓰고,
　너희의 충만한 행복을 느낀다 — 그 모두를 나도 느낀다.

이 아름다운 오월 아침
어머니 대지가 몸단장을 하고,
아이들이 사방 곳곳
아득히 드넓은 수천의 골짝에서
갓 피어난 꽃들을 따고,
태양이 따뜻하게 빛나고,
아기가 엄마 팔에 펄쩍 안기는 이때,
나 홀로 찌무룩하다면 오 흉악한 날이리라! ―
그러나 내게도 들린다, 내게도 들린다, 기쁘게 내게
도 들린다!
― 그럼에도 내가 한동안 바라보았던
한 나무, 여럿 중 한 그루, 한 들판이 있어,
둘 다 가버린 무언가를 말하고,
내 발치에 피어 있는 팬지마저
똑같은 얘기를 반복하나니:
환영같이 어렴풋한 빛은 어디로 날아갔나?
그 영광과 꿈은 지금 어디에 있나?

5

우리의 탄생은 그저 잠과 망각일 뿐이다:

우리와 함께 뜨는 우리 인생의 별, 영혼은
어딘가 다른 곳에 졌다가,
아득히 먼 곳에서 온다.
철저히 망각한 채 오는 게 아니라,
완전히 벌거벗은 몸으로 오는 게 아니라,
찬란한 구름을 끌고, 우리의 집,
하나님을 떠나, 우리는 오나니.
우리의 유년기에는 천국이 주변에 널려 있다!
감옥의 그림자들이 커가는 소년을
덮기 시작하지만,
그래도 소년은 그 빛과 그것이 흘러나오는 원천을
바라본다,
그것을 알아보고 기쁨에 젖는다.
하루하루 동쪽에서 먼 곳으로 여행을 떠나야 할
청년도 아직은 자연의 사제司祭이기에,
찬란한 환상이
그가 가는 길에 동행한다.
마침내 어른이 되면 그 빛이 잦아들고,
흐릿해져서 일상의 빛으로 변했음을 자각한다.

6

대지는 저만의 즐거운 일들로 무릎을 그득 채운다,
대지 자신의 천성에 깃들어 있는 갈망들로 그득히.
그리하여, 어머니의 마음 같은 무언가와,
그것에 버금가는 목적을 품고서,
그 수수한 유모는 온 힘을 다하여
자신의 양자이자, 동거인인 인간이
한동안 알고 지낸 영광들과 오래전에 떠나온
저 지고至高의 궁전을 잊게 하려고 애쓴다.

7

갓 태어난 축복들에 싸여 있는 아이를 보라,
피그미족만 한 여섯 살배기 귀염둥이!
아이가 손수 만든 작품들에 둘러싸여
엄마의 뽀뽀 세례에 괴로운 표정으로,
아빠의 눈길 받으며 누워있는 모습을 보라!
아이의 발치에 널려 있는 작은 설계도나 도표,
새로 배운 기술로 손수 제작한
그의 인생 꿈에서 오려낸 조각을 보라.
결혼식 혹은 축제,

상喪 혹은 장례식,
이것이 이내 그의 마음을 사로잡아,
이에 따라서 그는 자신의 노래를 짓는다.
그다음에는 일, 사랑, 아니면 투쟁의
대화들에 그의 혀를 맞추게 되리라.
그러나 오래지 않아
이런 삶을 제쳐 놓고,
새로운 기쁨과 긍지를 품고서
그 작은 배우는 또 다른 역할을 배워,
중풍 걸린 노인이 될 때까지, 인생이라는
마차에 실려 올 온갖 인물로, 시시때때로
그만의 "변덕스러운 무대"를 채워 가리라,
마치 그가 할 일은
끝없는 모방뿐인 양.

8

외모는 실망스러우나, 영혼의 광대함을
지닌 그대여,
아직 천성을 품고 있는
그대, 최고의 철학자여, 귀먹어 고요해도,

영원한 정신이 하염없이 드나들어
영원의 심연을 들여다보는 그대, 봉사들 사이의 눈이여
—

위대한 예언자! 축복받은 견자!
그대에게 저 진리들이 놓여 있나니,
아무리 애써도 우리네 인생은 어둠 속에서
길을 잃고, 결국에는 무덤의 암흑을 발견할 뿐이다.
그러나 그대의 불멸이 위에서
마치 일광처럼, 노예를 굽어보는 주인처럼,
무시할 수 없는 혼처럼, 그대를 품고 있나니.
[그대에게 무덤은
낮이나 따듯한 빛을
감지하거나 보지 못하는 한낱 쓸쓸한 침대,
우리가 들어가 누워서 기다리는 사고의 장소일 뿐.]
그대 작은 아이야, 하늘에서 타고난 강력한 자유를
품고 있어 여전히 찬란한, 존재의 절정이거늘,
왜 그토록 진지하게 애쓰며 세월을
자극해서 피치 못할 멍에를 지려고 하느냐,
왜 그리 맹목적으로 그대의 행복과 싸우느냐?
그대의 영혼이 속세의 짐을 지면 금시에,
관습이 무겁게, 서리처럼 빽빽이,
거의 목숨처럼 깊숙이, 그대를 짓누를 텐데!

9

오 기쁨이여! 우리의 깜부기불에
살아 있는 무언가가 여전히 남아 있어서,
천성이 아직도 너무나 덧없는
과거의 무언가를 기억하나니!
그래서 우리의 지난 세월에 관한 생각이 내 마음속에
영구한 축복을 번식시키나니. 축복받을 만큼
아주 가치 있는 그런 생각 때문만은 진정 아니다.
기쁨과 자유, 어린 시절의
소박한 신조가, 바쁠 때나 쉴 때나,
갓 생긴 깃털 같은 희망으로 가슴에서 여전히 퍼덕
이기 때문이다 ─
내가 감사와 찬사의 노래를
드높이는 것은 이런 것들 때문만은 아니다.
감각과 외부의 사물들에 대한
저 완고한 질문들, 우리에게서
떨어져 나간 것들, 사라진 것들 때문이요,
실현되지 않은 세계들에서 돌아다닐
어떤 녀석에 대한 막연한 걱정들 때문이요,

맞닥뜨리면 필멸의 우리 본성이
기습당한 죄인처럼 벌벌 떠는 고결한 본능 때문이다.
저 최초의 애착들,
그 아련한 기억들 때문이다.
그것들이 무엇이든,
아직은 우리 일생의 근원-빛이요,
아직은 우리 눈에 비치는 만물의 주인-빛으로,
우리를 지탱하고 품어주며, 그 영원한 침묵의 존재 속에는
우리의 소란한 세월을 순간처럼 보이게 만드는
힘이 깃들어있다. 그런 진리는 깨달으면,
절대 사라지지 않는다.
그 진리는 무관심도, 미친 노력도,
어른도 소년도,
기쁨과 반목하는 그 무엇도
완전히 폐지하거나 파괴할 수 없다!
그래서 고요한 날씨의 어느 계절에
우리가 먼 내륙에 있을지라도,
우리의 영혼은 우리를 여기로 데려다준
저 불멸의 바다를 시야에 두고,
한순간에 거기로 돌아가서,
해변에서 노는 아이들을 바라보고,
영구히 굽이치는 위대한 바닷물 소리를 듣는다.

10

그러니 노래해라, 너희 새들아! 불러라, 불러, 즐거운 노래!

그래 어린 양들아 펄쩍펄쩍 뛰어라
작은 북소리에 장단을 맞추듯이!
우리도 생각으로나마 너희 무리에 낄 테니,
피리 부는 너희야 뛰어노는 너희야,
바로 오늘 온 가슴으로 오월의
기쁨을 만끽하고 있는 너희야!
한때는 그토록 밝게 빛났던 눈빛이건만
당장 영원히 내 눈에서 사라진다 해도,
풀밭에 광채가 깃들고, 꽃에 영광이 배어드는
그 시절을 되돌릴 길이 없다고 해도 좋다.
우리는 슬퍼하지 않고, 차라리 뒤에
남아 있는 것들에서 힘을 얻을 테니,
늘 있었고 앞으로도 영원할
근원적인 공감 속에서,
인간의 고통에서 샘솟는
위로하는 생각들에서,

죽음을 직시하는 믿음 속에서,
철학적인 정신을 일깨우는 세월 속에서.

11

그러니 오, 너희 샘들, 초원, 산과 숲들아,
우리와 사랑하는 것들의 단절을 예감하지 마라!
아직은 내 가슴 깊이 너희의 힘을 느끼나니,
나는 그저 한 기쁨을 단념했을 따름이요
더 습관적으로 너희의 영향을 받으며 살고 있나니.
나도 수로 따라 일렁이며 흘러가는 시내를 사랑하나니,
내가 그 냇물처럼 경쾌하게 걸었던 시절보다도 더욱.
새로 태어나는 날의 맑고 깨끗한 광채도
여전히 아름답고,
지는 해를 에워싸며 몰려드는 구름도
필멸의 인간 운명을 내내 지켜본
눈에서 수수한 색채를 취하나니.
그간 또 다른 경주가 있었고, 다른 종려 관이 씌워졌나니.
우리 삶의 바탕인 인간의 가슴 덕에,
그 가슴의 애정과 기쁨과 두려움 덕에,
피어나는 아주 하찮은 꽃마저도 나에게는 왕왕

눈물로 다하기엔 너무 깊이 묻혀 있는 생각들을 선물하나니.

사무엘 테일러 콜리지

Samuel Taylor Coleridge, 1772.10.21~1834.7.25

잉글랜드 남서부의 한 시골 마을에서 목사 아버지의 막내로 태어난 사무엘 테일러 콜리지는 어렸을 때부터 다방면의 책을 탐독하였고 기억력이 남다르고 박학다식한데다 말재주도 뛰어났으며 케임브리지 교내백일장에서 노예무역에 관한 송가로 금상을 수상할 만큼 시재도 남달랐다. 대학재학시절(졸업은 못했다)에 만난 친구와 미국 펜실베이니아주의 한 황무지를 매입해서 거기에 만민공동체를 건설하기로 계획했으나 실현하지는 못했다. 워즈워스와 『서정민요』를 공동 집필한 콜리지는 시인으로서 「노수부의 노래」(또는 「노수부」), 신경통 완화제로 아편을 복용하고 잠들었다가 잠에서 깨자마자 꿈속에서 본 환상적인 장면들을 그대로 옮겨 적는 와중에 손님이 찾아와서 잠시 펜을 놓는 바람에 미완성작으로 남았다는 「쿠블라 칸」, 훗날 뱀파이어 소설에 많은 영향을 주었다고 평가되는 「크리스타벨」 같은 작품들을 통해 현대의 초현실주의를 방불케 하는 신비롭고 초자연적인 세계를 탐색함으로써 시와 인간사고의 지평을 넓히고, 사회비평가, 문학평론가, 신학자이자 심리학자로서 인간과 사회, 문학의 본질과 의의, 우주의 창조원칙 등을 해명하고자 부단히 노력한 백과사전적인 인물이었다.

지하 감옥
The Dungeon★

이곳을 우리 선조들이 사람을 위해 만들었다!
이것이 우리의 사랑과 지혜를 처리하는 방식,
우리를 거스르는 모든 가련한 형제에게 ―
어쩌면, 가장 결백하리라 ― 또 유죄인들 어쩌랴?
이것이 유일한 구제책인가요? 자비로운 신이시여?
모든 털구멍과 타고난 배출구가
무지와 가엾은 결핍으로 인해 오글쪼글해져서,
죄수의 활기가 제 가슴으로 역류하여,
썩고 부패하다가, 결국 독으로 변해
지긋지긋한 역병의 발진처럼 온몸에 퍼진다.
그제야 우리는 제멋대로인 돌팔이들을 불러들인다 ―
이것이 그들의 최상책! 위로받지 못한 채
벗 하나 없는 고독, 신음과 눈물,
철커덩하는 시간이면, 지하 감옥의
연무와 증기 사이로, 램프의 음산하고 흐릿한
불빛에 비치는 황량한 얼굴들! 그렇게 죄수는

★ 이 시는 『서정민요』 초판, 1800년과 1802년 판에 수록되었다가, 1805년 판에서 제외된 작품이다.

해악에 둘러싸여 있다가, 끝내 영혼마저
정수를 잃어버리고, 갈수록 심해지는
흉악한 환경에 절망하여 불구가 되고 만다!

오 자연! 그대는 다른 치유책들을 가지고,
그대의 방황하다가 병든 자식을 치유한다.
그대는 자식에게 따스한 감화력, 그대의
밝은 색조들, 고운 형상들과 생생한 향기들,
숲과 바람과 물의 온갖 멜로디를 쏟아붓는다,
자식이 누그러져서, 더는 삐걱거리는 존재
부조화의 존재로 견디며 살지 않도록,
이 보편의 춤과 노래를 만끽하는 가운데
절로 눈물을 터뜨리며, 다시 자신의 길을 찾고,
사랑과 미美의 자애로운 감촉에 성난 정신을
치유 받아서 조화를 회복할 때까지.

류티

Lewti, or The Circassian Love Chant✶

한밤에 냇가에서 나는 배회하였네,
내가 사랑했던 형체를 잊어보려고.
류티의 모습! 내 마음에서
떠나가네, 류티는 다정하지 않기에.
달이 높이 떠서, 달빛이 반짝거리고,
  한 별의 그림자가
타마하 냇물에 깃들어 들썩거렸네.
  그러나 바위가 훨씬 밝게 빛났네,
치렁치렁한 주목 가지들에 반쯤 가려져
잘 보이지 않는 바위였지만. —
내 류티의 고운 이마도 그렇게 빛난다네,
새까만 머리칼 사이로 반짝거린다네.
류티의 모습! 내 마음에서

✶ 이 시는 '익명으로' 출판된 『서정민요』 초판(브리스틀 판)에 수록했다가, 이미 발표된 작품이라는 이유로, 인쇄 전에 제외된 작품이다. 체르케스(Chircassia)는 카프카스산맥(또는 코카서스산맥) 북쪽의 흑해 연안 지역을 말한다. 『서정민요』 초판의 원고에서는 연을 구분히지 않았으나, 여기서는 콜리지가 연을 구분하고 여러 차례 교정을 거친 최종본을 번역하였다. Ernest Hartley Coleridge ed., *Coleridge : Poetical Works*(London: Oxford University Press, 1912; 1967) 253–55쪽 참고.

떠나가네, 류티는 다정하지 않기에.

나는 아주 엷은 색의 구름을 보았네,
  달을 향해 나아가고 있었네.
구름이 점점 밝아지고 더 밝아졌네,
여러 가지 색조들로 떠가던
  구름이 마침내 달에 도달했네.
그러자 구름이 온통 밝은,
  풍요로운 호박(琥珀) 빛깔로 변했네.
많은 희망에 부풀어 나도 찾는다네,
  기쁨에 겨워 나의 류티를 본다네.
그렇게라도 나의 핼쑥하고 창백한 뺨이
  아름다운 홍조를 깊이 들이켠다네!
아니, 배신자의 모습! 내 마음을 떠나주길,
류티가 내내 다정하지 않을 양이면.

그 작은 구름 — 구름이 떠가네,
  구름이 떠가네 — 너무 빨리 떠나가네!
아! 잠시 머물 힘도 없나 보네.
색조가 흐릿하네, 색조가 잿빛이네 —
  구름이 달에서 떠나가네.
너무도 애처롭게 날아가는 듯하네,

하염없이 점점 아련하게,
하늘의 쓸쓸한 영토로 사라지네 —
　　그런데 어느새 전보다 하얘졌네,
나의 가련한 뺨도 저렇게 하얘지리,
　　류티! 당신에 대한 사랑 때문에
내가 침상에 누워 죽어갈 때면.
아니, 배신자의 모습! 내 마음을 떠나주길 —
그렇지만, 당신은 박정한 것 같지 않았네.

나는 하늘에서 엷고, 하얗고,
아주 높은 운무를 보았네.
그리 엷은 구름은 본 적이 없었네 —
　　혹시 때로는 아래로 때로는 위로
　　날아다니는 산들바람이 낚아채서
부상시킨 — 사랑 때문에 죽은 —
　　고운 숙녀의 한랭사 수의일까.
청년들뿐 아니라 처녀들도, 너무나 다정하게
품었다가 결실 없는 사랑 때문에 죽었으니.
아니, 배신자의 모습! 내 마음을 떠나주길 —
류티는 절대로 다정하지 않을 테니.

쉿! 나의 부주의한 발들이 한없이

바스러지는 둑 밑으로 미끄러지네.
먼 천둥소리에 화답하는 메아리들처럼,
두 발이 조용한 강물로 빠져드네.
강-백조들이 나의 발소리를 듣고서,
갈대밭 잠자리에서 화들짝 놀라네.
오 아름다운 새들! 어떤 천상의 가락에
맞추어 움직이는 듯한 너희!
오 아름다운 새들! 달 밑으로 나아가는
너희를 보면 어찌나 즐거운지,
나도 너희처럼 진정한 기쁨을 누리며
낮에 자고 밤새 깨어있으면 좋으련만.

나는 고요한 밤에 류티가 두 눈을 감고
누워있는 장소를 알고 있네 —
그곳은 산들바람이 부는 재스민 정자,
나이팅게일이 머리 위에서 노래한다네.
밤의 목소리! 나에게도, 너처럼,
그 나뭇잎 무성한 미궁을, 발소리 없이
슬며시 빠져나가는 힘이 있다면,
나의 눈앞에서 그녀의 하얀 가슴이,
마치 저 두 백조가 부드럽게 부푸는
파도를 타고 함께 오르내리듯이,

사랑스럽게 부푸는 모습을 볼 수 있으련만.

오! 그녀가 꿈속에서 나를 본다면,
  근심 때문에 죽은 나를 꿈에서 만나,
내가 몹시 핼쑥하고 초췌하더라도,
  마치 정령들처럼, 고와 보인다면!
내가 그녀의 가슴이 부푸는, 나를 위해
부푸는 모습을 볼 수 있다면, 기꺼이 죽으리!
상냥한 형상이 달래주길! 내 마음을 달래주길!
내일이라도 류티가 부디 다정하기를.

한 아이의 물음에 답하다
Answer To A Child's Question

새들이 무슨 말을 하느냐고 묻는 거니? 참새, 비둘기,
　홍방울새와 개똥지빠귀는 말하지, "사랑해요 사랑해!"
겨울에는 새들이 조용한데 — 바람이 아주 강해서야,
　바람의 말은 나도 모르지만, 아주 우렁차게 노래한단다.
그런데 녹색 이파리들과 꽃들, 햇살 따듯한 날씨는
　모두 한꺼번에 돌아와 — 노래를 하고 사랑을 한단다.
그때가 되면 종달새가 기쁨과 사랑으로 넘치고 넘쳐,
　대지의 녹색 들판에서도, 드높은 푸른 하늘에서도,
노래하고, 또 노래하고, 끊임없이 노래한단다 —
　"난 내 임을 사랑해요, 내 임도 나를 사랑해요!"

사라에게
To Sara★

키스 한 번만, 임이여! 나는 말하고 한숨 쉬었소.
당신의 비웃음은 그 작은 은혜를 거부하였지.
아 그 죄 없는 축복을 왜 거절하오?
설마 한 번의 키스에 위험이 숨어들까요?

골짜기의 저 보이지 않는 방랑자,
서풍의 신은,
밝아오는 아침에도, 저무는 저녁에도,
장미의 향내를 들이마시고
그 상처 입지 않은 꽃을 맴돌며
한숨 쉬듯 은은한 향기를 다시 토해내지요.
제피로스의 날갯짓에 활기를 찾은
장미는 꽃꿀 넘치는 키스를 퍼붓고,
제피로스는 반짝이는 이슬 빛깔을
장미의 색조에 흩뿌려서 덧씌우지요.
보구려! 수줍은 장미가 고개를 수그린 채,
한결 짙붉은 홍조를 띠고 흘깃 쳐다보는 모습을!

★ 사라(Sara Fricker)는 훗날 콜리지의 아내가 된다.

그 사랑스러운 입술은 피어나는 장미의
환희를 너무나도 잘 드러내나니,
아 곱고! 아 우미한! 그 입술도
사랑의 숨결에 순종하게 해주구려.
가냘프고 나직한, 부드러운 말씨로,
'안 돼요!' 속삭이는 소리를 듣고도 흡족하네요.
'안 돼요' 속삭이는 그 소리는 — 거의 무의미한 소리!
달콤한 거짓말, 애타게 승낙을 고대하게 만드나니!
그 사랑스러운 입술에 그새
보드랍고 싹싹한 미소가 번지네요,
부끄러워서 말리는 척했을 뿐이라고
점잖은 폭력을 기쁘게 부추기네요.

장미
The Rose

느지막이 아주 곱게 피어나는 꽃을
  꺾었다, 정원의 자랑!
한 장미꽃의 꽃잎 속에서
  잠자는 사랑을 발견하였다.

이마에 오만가지 빛깔의
  빛나는 화관을 두른 채,
온통 보랏빛으로 달아오른 뺨, 꽃잎 아래는
  이슬에 흠뻑 젖어 있었다.

나는 그 무방비의 권력자를 살며시 붙잡아,
  그의 향긋한 휴식이 달아나지 않게
꽃 속에서 취한 그대로,
  순결한 사라의 가슴에 올려놓았다.

그런데 간계 따위는 짐작도 못 한 채
  깨어난 그 즐거운 포로가
잠시 달아나려고 몸부림치며

매혹적인 발을 굴렀다.

아! 금시에 넋을 앗아가는 미모가
　　조급한 소년을 압도하였다!
소년은 응시했다! 깊은 기쁨에 전율했다!
　　기뻐서 탁탁 날개를 맞부딪쳤다.

"오!" 소년이 소리쳤다 — "다정한 마법의
　　매혹에 이 보좌를 사랑할 수밖에 없나니!
비너스께는 다른 사랑을 찾아보라 그러고
　　나는 여기에 나의 제국을 세워야지."

이 라임-나무 그늘 나의 감옥
This Lime-tree Bower My Prison

동인도회사 런던 본부에서 근무하는

찰스 램*에게 바친다

1797년 6월에 오랫동안 학수고대하며 기다렸던 친구 몇 명이 저자의 집을 방문하였다. 그런데 하필이면 그들이 도착한 날 아침에 저자에게 작은 사고가 생겨서, 그들이 집에 머무는 내내 걷지를 못하였다. 어느 날 저녁에, 벗들은 외출하고 몇 시간 동안 홀로 집에 남게 되었을 때, 저자가 정원 정자에서 지은 시가 다음 작품이다.**

그래, 벗들은 떠났고 나는 여기 남아 있어야 한다,
이 라임-나무 그늘 나의 감옥에! 나이가 들어서
눈이 흐릿해지다가 장님이 될지라도 내 기억에는

---

* 찰스 램(Charles Lamb, 1775~1834)은 수필가이자 비평가로, 엘리아(Elia)라는 필명을 썼다.
** 콜리지를 방문한 친구들은 워즈워스 남매와 찰스 램이었고, 이들이 방문한 시기는 6월이 아니라 7월이었다. 이때 콜리지의 아내 사라가 실수로 남편의 발에 끓는 우유를 쏟아서 발을 데는 바람에 콜리지가 한동안 거동을 못 하게 된 것이었다.

아주 달콤하게 남아 있을 그런 아름다운 일들과
감동들을 놓쳐버리고 말았다! 그동안, 벗들은
내가 다시 못 만날지도 모르는 친구들은
푹신한 히스 들판에 올라, 산정 가장자리 따라
즐거이 돌아다니다가, 굽이굽이 내려가서, 아마,
내가 일러준 한없이 법석대는 그 협곡에 닿았으리라
나무가 우거지고 폭이 좁고 깊어서, 한낮 태양도
점만 몇 개 찍고 마는 그 포효하는 골짜기에.
물푸레나무가 가느다란 몸통을 바위에서 바위로
아치를 그리며 다리처럼 뻗쳐 있는 곳 — 가지가 없고
볕도 안 들어서 축축한 그 나무의 초라한 노란 잎들은
질풍에도 끄떡하지 않지만, 폭포의 부채질에는
하염없이 바들거리지! 그래 거기서 나의 벗들도
길고 부드러운 잡초들의 진녹색 행렬을 바라보리라,
너무나도 갑작스럽게 (정말 환상적인 정경이지!)
남빛 점토암의 가장자리에서 똑똑 떨어지는
물방울에, 바위 밑에서 하염없이 끄덕거리며
방울방울 튕겨내는 잡초들을.

                지금쯤, 내 벗들은
넓디넓은 하늘 아래로 나와 — 다시 구릉지의
밭들과 초원이 어우러져서 장관을 이루는

숱한 뾰족탑 모양의 지대와 바다를 바라보리라.
어쩌면, 예쁜 범선이 떠 있어서, 배의 돛들이 보랏빛
그림자를 드리운 두 섬 사이의 잔잔하고 맑고 푸른
협로를 밝게 비추리라! 그래! 다들 기쁨에 젖어
계속 나아가겠지만, 아마, 자네가 가장 기쁘리라.
나의 온화한 가슴의 찰스! 자네는 거대한 도시에
갇혀서,* 여러 해나 자연을 갈망하고
열망했을 테지만, 슬프면서도 인내하는 영혼으로,
불운과 고통과 이상한 불행까지 겪고, 이제야
본연의 길을 찾았으니까!** 아아! 서서히 가라앉아라,
서녘 산마루 너머로, 그대 찬란한 태양이여!
저 가라앉는 천체의 비스듬한 빛살에 젖어서 빛나라,
보라색 히스 꽃들아! 더한층 화려히 타거라, 구름아!
그 노란 빛에 물들어 살아나라, 너희 먼 숲들아!
그리고 불붙어라, 그대 푸른 대양이여! 나의 벗이
벅찬 기쁨에 취해서 서 있도록, 내가 그랬듯이,
눈물 넘치는 감격에 겨워서 말없이. 그래, 드넓은
풍경을 두루 응시하고 또 응시하다 보면 만상이
거칠기보다는 몸처럼 느껴지고, 베일처럼 가리는

---

* 콜리지의 생각과는 달리, 램은 자연보다는 도시, 그중에서도 특히 런던을 좋아했다.
** 이때를 기준으로 약 열 달 전에 램의 누이 메리(Mary)가 광기에 사로잡혀 어머니를 칼로 찔러 죽이는 사건이 발생하였다.

그런 색조들에도, 전능한 영혼이 모든 영혼에게
자신의 현존을 지각하게 하나니.

한 기쁨이

내 마음에 갑작스레 찾아들어, 나도 흐뭇하다,
마치 나 자신도 거기에 있는 양! 이 나무 그늘,
이 작은 라임-나무 그늘에도, 나를 위로해준 것이
많았는데 미처 깨닫지 못했다. 타는 햇살에 힘없이
매달려있던 투명한 이파리들. 나는 넓고 밝은
나뭇잎 하나를 바라다보았는데, 그 잎과 바로 위
잎자루의 그림자가 햇빛에 얼룩을 묻혔다!
보기만 해도 흡족한 정경이었다. 호두나무 또한
풍성한 색조로 물들고, 강한 광선 한줄기가
고령의 담쟁이덩굴에 한가득 얹혀 있었다. 맞은편
느릅나무들을 침범하는 새까만 담쟁이 무리로 인해,
거뭇한 느릅나무 가지들이 늦은 황혼 속에서
한결 엷은 색조로 반짝거리곤 한다. 또 이따금 박쥐가
선회하며 조용히 날아가고, 제비는 지저귀지 않지만,
그래도 고독한 땅벌이 하염없이
콩꽃 속에서 노래하나니! 이제부터라도 자연은
슬기롭고 순수한 이들을 저버리지 않음을 알아야겠다.
자연이 존재하는 한, 그렇게 좁은 땅도,

그렇게 공허한 황야도 없으니, 감각의 각 기능을
적절하게 쓰면서, 가슴을 사랑과 미美에
늘 깨어있게 할 수 있으리라! 그러다가 가끔
기약된 행복을 잃어버리더라도 괜찮으리라,
우리가 영혼을 북돋아서, 생생한 환희로나마
나누지 못할 기쁨들을 기도祈禱해 볼 수는 있을 테니.
나의 온화한 가슴의 찰스! 마지막 띠까마귀가
직선 행로를 잡고 으스름한 대기를 따라 집으로
날아갈 때, 그 새를 축복했다네! 그 검은 날개가
(희미한 점인가 싶더니 금세 빛 속에서 사라지는군)
저 강력한 천체의 드넓은 원광圓光을 가로지를 때,
자네도 서서 응시했겠지, 아니면 사방이 고요할 때
깍깍대며 머리 위로 날아가다가 마법을 걸었겠지, 생
각하면서.

나의 온화한 가슴의 찰스, 자네한테는
인생을 얘기하는 어떤 소리도 조화롭지 않은 게 없
을 테니.

한밤의 서리
Frost at Midnight

서리가 자신의 은밀한 성직을 수행하고 있다,
전혀 바람의 도움 없이. 새끼올빼미 소리가
크게 들렸다 — 가만, 다시! 전처럼 큰 소리다.
내 오두막의 가족들, 모두 잠들어,
저 고독에 나 홀로 남겨졌다, 더욱 심오한
명상에 어울리는 고독에: 내 곁에서 요람에 든
내 아기*가 평화로이 자는 것을 빼고는.
정말 고요하다! 너무 고요해서, 그 낯선
극단의 고요함이 명상을 방해하고
어지럽힐 정도다. 바다, 작은 산과 나무,
이 붐비는 마을! 바다, 작은 산과 나무,
헤아릴 수 없는 삶의 온갖 행위들마저도
꿈인 양 들리지 않는다! 가느다란 푸른 불꽃이
나직이 타 내려간 화롯불에 남아, 미동도 없다.
쇠살대에서 나풀거리던 얇은 막만이
아직도 거기서 나부낄 뿐이다, 유일하게 불안한 존재.
그 막의 동태가 자연의 이 침묵 속에서

---
*   콜리지의 아들 하틀리.

살아 있는 나와 아련한 공감대를 이루어,
그것이 동무 삼아도 좋을 형상으로 변하고,
그 미약한 나부낌과 별난 동태를, 한가로운 영혼이
바로 자신의 기분들로 해석하여, 사방에서
저 자신의 메아리 혹은 거울을 찾으며, 사색의
장난감으로 삼는 듯하다.

          그런데 오! 얼마나,
얼마나 자주, 학창 시절에는 금방 믿는 마음으로,
저 빗장들을 응시하며, 저 나풀거리는
이방인을 지켜보리라 예견했던가! 또 그만큼 자주
눈꺼풀을 치켜뜬 채, 미리 꿈꾸고는 했었지,
나의 즐거운 고향 마을과 낡은 교회 탑,*
가난한 사람의 유일한 음악, 교회 종들이
아침부터 저녁까지, 온통 떠들썩한 장날마다
정말 기분 좋게 울려서, 그 소리들이 야생의 기쁨으로
나를 들뜨게 해서는, 좀체 가시지를 않고, 거의 다가올
일들의 또렷한 소리들인 양 내 귀에 내리 와 닿았지!
그렇게 응시하다가, 내가 꿈꾸었던 편안한 일들이
나를 얼러서 잠이 들면, 잠이 내 꿈들을 연장해주었지!

---

* 콜리지는 데번셔의 오터리 세인트 메리에서 태어났으나 아홉 살 때부터 런던에 있는 학교에 다녔다.

그러면 나는 다음날 오전 내내 생각에 잠겨 있다가,
완고한 선생님*의 얼굴에 덜컥 겁을 집어먹고, 눈을
공부하는 척 어질어질한 교과서에 고정하고 있었지:
교실 문이 반쯤 열려도, 슬쩍 쳐다보고 얼른
고개를 돌렸을 뿐, 여전히 가슴이 벌렁거렸지.
그래도 나는 이방인의 얼굴, 도회지 사람이나,
이모, 아니면 누구보다 사랑스러운 누나, 나랑 똑같은
옷을 입었던 나의 놀이 친구**를 보고 싶었기에!

  내 곁의 요람에 잠들어 있는 어여쁜 아가,
이 깊은 고요 속에서 들리는 너의 조용한 숨소리가
사색의 사이사이에 흩어져 있는 공간들과
순간순간의 휴지(休止)를 메워주는구나!
정말 예쁜 내 아기! 내 마음은 상냥한
기쁨으로 떨린단다, 이렇게 너를 보면서
네가 전혀 다른 지식을 전혀 다른 정경들에서
배우게 해야지 생각하노라면. 나는 거대도시에서
자랐고, 어둑한 수도원 한복판에 갇혀
하늘과 별들 말고는 사랑스러운 것을 못 보았기에.

---

* "완고한 선생님"은 콜리지가 다닌 크라이스트 하스피틀의 제임스 보이어 신부.
** "나의 놀이 친구"는 콜리지의 누나 앤을 말한다. 콜리지는 막내였다.

그러나 너는, 내 아가! 산들바람처럼 유랑하리라
호숫가와 모래 해변, 고대의 울퉁불퉁한
바위산 아래로, 그리고 아주 방대해서
호수와 해변과 바위산을 모두 닮은
구름들 밑에서. 그래서 너는 너의 신이
퍼뜨리는 저 영원한 언어의 아름다운 형상들과
지적인 소리들을 보고 들으리라.
그분은 영원 세계에서 만물에 깃든 그분 자신과
그분 속에 배어있는 만물을 가르치는
위대한 우주의 스승! 그분이 너의 정신을
형성시키고, 주시면서 스스로 묻게 하리라.

 그래서 모든 계절이 너에게는 즐거우리라,
여름이 온 대지에 초록 옷을
입히든, 울새가 이끼 덮인 사과나무의
벌거숭이 가지에 쌓인 눈 뭉치 사이에
앉아 노래하든, 그 사이에 근처 지붕이
햇볕에 녹아 김을 피우든, 처마에서 떨어지는
물방울 소리가 소란한 돌풍 속에서 유독 크게 들리든,
은밀하게 성직을 수행하는 서리가
그 물방울들을 조용한 고드름으로 매달아,
고요한 달빛에 고요히 반짝거리게 하든.

아이올로스의 풍금
The Eolian Harp★

 생각에 잠긴 나의 사라!★★ 당신의 보드라운 볼을 그렇게
 내 팔에 기대고 우리의 오두막, 하얀 꽃을 피운
 재스민과 넓은 잎의 도금양(순수와 사랑에
 걸맞은 표상들!)으로 휘덮인 우리 오두막 옆에 앉아,
 금방까지 빛으로 화려하던 구름이 시나브로
 주변을 충충히 물들이는 모습을 바라보다가, 은은하게 찬란한
 (그런 게 바로 지혜이리라) 저녁별이
 맞은편에서 반짝이는 모습을 주시하고 있자니
 정말 마음이 편하고 즐겁구려! 저기 콩밭에서 확 풍겨온
 향기는 또 어찌나 진한지! 세상마저 아주 조용하오!
 먼바다의 고요한 속삭임도 우리에게 정적을
 알려주는구려.

★ 그리스신화의 바람 신 아이올로스가 연주하는 풍금을 말한다. 스치는 바람에 소리를 내는 자연의 만물이 모두 바람 신의 풍금이라고 하겠다.
★★ 1795년 10월 4일에 결혼한 콜리지의 아내 사라 프리커를 가리킨다. 이 시는 일종의 결혼 축가, 그의 아내에게 주는 결혼선물이다.

그리고 저 수수하기 짝이 없는 류트,*

걸쇠 달린 덮개에 세로로 놓여 있는 류트의 소리, 들어보오!

변덕쟁이 산들바람의 애무를 받아,

마치 연인에게 반쯤 넘어간 수줍은 소녀처럼,

어찌나 달콤한 잔소리를 퍼붓는지, 어리석게도

그 잔말을 또 해달라고 부추기는 듯하구려! 다시, 현들이

한결 대담하게 휩쓸려, 길게 이어지는 곡조들이

즐거운 놀을 타고 가라앉았다가 높아지는 소리,

마치 황혼 녘에 꼬마요정들이 내는 소리인 양

부드러이 떠다니는 요술 같구려, 저녁에 요정 나라에서

순한 실바람 타고 나들이를 나설 때 내는 소리처럼 말이오.

그 나라에서는 온갖 선율이 꿀-흘리는 꽃들을 휘감고,

발이 없어서 더 사나운 낙원의 새들처럼,

멈추거나 앉지도 못한 채 야성의 나래를 치며 계속 떠다니지!**

오! 우리 몸의 안과 밖에서, 모든 활동에

응해서 그것의 영혼이 되는 일자—彎 생명이,

---

* "류트"는 14세기~17세기의 현악기로, 만돌린과 비슷하다. 이집트와 아라비아를 거쳐 중세시대에 유럽으로 들어와 18세기 말까지 독주나 합주용 악기로 사용되었다.

** 발이 없어서 하염없이 날아다니며 공기를 먹고 산다는 전설의 새.

바로 소리 속의 빛, 빛 속의 소리 같은 힘,
모든 사고 속의 리듬, 곳곳에 편재한 기쁨이리니 —
생각건대, 그토록 충만한 세상에서는 만물을
사랑하지 않고는 못 배겼을 성싶구려.
거기서는 산들바람이 속살대도, 말없이 고요한 공기가
바로 자기 악기 위에 잠들어 있는 음악일 테니 말이오.

  그래서 그런지, 내 사랑! 저기 저 언덕
비탈 중간쯤에서 한낮에 팔다리를 쭉 뻗고,
반쯤 감은 내 눈꺼풀 사이로, 햇살들이
다이아몬드처럼, 바다 위에서 춤추는 광경과,
고요 위에 떠 있는 고요한 뮤즈를 바라보노라면,
부르지도 붙들지도 못하는 오만 가지 생각,
한가로이 휙휙 스쳐 가는 수많은 환상이
나른하고 활기 없는 내 뇌를 들락날락한다오,
이 복종하는 류트에 들이닥쳐 전율하는
변덕쟁이 질풍처럼 사납고 다양하게!

  그러니 활기찬 자연의 만물이 그저
다양한 형체의 살아 있는 풍금들이라면 어떨까,
그래서 동시에 각자의 영혼이자, 모두의 신으로서,
형성력을 지닌 거대한 일자 지적인 미풍이

그 풍금들을 휩쓸 때, 바들거리며 사고로 변한다면?

 그런데 당신의 한층 진지한 눈이 다정한 책망의
창을 던지는구려, 오 사랑스러운 여인! 흐릿하고
불경하기 짝이 없는 생각들이건만 무시하지 않고,
그저 나의 신과 더불어 겸손하게 살라고 명하는구려.
그리스도의 가족으로 사는 온순한 딸!
당신은 적절하게 표현하고 정결하게 나무랐소,
죄 많은 마음이 빚어내는 이런 형상들,
공허한 철학의 끝없이 졸졸대는 샘에서
솟구쳤다가 부서지며 반짝이는 거품들을 말이오.
한 점 부끄럼 없이 내가 그분을 말할 수는 없지,
경외감에 사로잡혀 마음 깊이 절감하는 믿음으로
숭배할 때를 빼고는 불가해한 분이기에!
그분이 구원의 자비로, 죄스러워서
비참하기 그지없는 사람, 길을 잃어 암담한
나를 치유하시고, 나에게 평화와 이 오두막,
가슴으로 존경하는 소녀, 당신을 선물하셨나니!

쿠블라 칸

Kubla Khan, Or A Vision in a Dream. A Fragment.★

상도에서 쿠블라 칸이

웅장한 환락궁을 지으라고 공포하였다:

알프, 그 성스러운 강이

인간은 헤아릴 수 없는 동굴들을 뚫고

  어느 볕 들지 않는 바다로 흘러가는 곳에.

그리하여 사십 리 비옥한 땅이

성벽과 탑들로 띠처럼 둘러쳐졌다.

구불구불한 시냇물이 반짝이는 정원들에서

온갖 향나무들이 꽃을 피웠고,

여느 산만큼이나 오래된 숲들이

해 밝은 녹지를 에워싸고 있었다.

그런데 오! 삼나무 숲 가로질러 녹색 언덕을

비스듬히 내리 가르는 저 깊은 낭만적 구렁!

★ 대체로 '쿠빌라이 칸'으로 표기하지만, 콜리지의 표기에 맞춰 '쿠블라 칸'으로 했다. 쿠빌라이 칸은 칭기즈칸의 손자로, 몽골제국의 5대 칸이며 원나라의 시조다. 쿠빌라이는 제4대 칸인 형 몽케에 의해 중국 방면의 대총독에 임명되어, 고비사막 남쪽의 금연천(훗날의 상도개평부)을 근거지 삼아 대리국을 멸망시키고, 현재의 티베트와 베트남을 공격하는 등, 중국 통치에 타고난 자질을 발휘한 영웅이었다.

쓸쓸한 곳! 언제든 이울어가는 달빛 아래서
악마 연인이 그리워서 울부짖는 여인이
드나들었을 듯이, 성스럽고 황홀한 곳!
끊임없이 부글부글 들끓는 이 구렁에서,
마치 이 대지가 가쁜 숨을 헉헉 몰아쉬는 양,
거대한 분수가 시시각각 터져 나왔다:
멎는듯하다가 순식간에 터지는 폭발에
거대한 파편들이 튀었다, 마치 되튀는 우박처럼,
타작하는 이의 도리깨질에 왕겨 싸인 곡식알이 튀듯.
이 춤추는 바위들 한복판으로 동시에 하염없이
분수가 시시각각 성스러운 강물을 박차 올렸다.
이십여 리를 미로처럼 구불구불 굽이치며
숲과 계곡을 헤치고 그 성스러운 강은 흘러 흘러서,
인간이 헤아릴 수 없는 동굴들에 닿아,
격동하며 어느 생명 없는 대양에 가라앉았다.
이 격동의 와중에 쿠블라는 멀리서
전쟁을 예언하는 조상들의 목소리를 들었다!
  환락궁의 그림자가
  파도 한가운데 떠 있었다.
  그곳에도 분수와 동굴들의
  뒤얽힌 가락이 들려왔다
그 궁은 진기한 착상의 기적이었다,

얼음 동굴들이 있는 해 밝은 환락궁!

   덜시머*를 든 처녀를
   언젠가 꿈에서 보았다:
   아비시니아의 처녀였는데
   그녀가 덜시머를 타면서,
   아보라 산을 노래하고 있었다.
   내 마음속 그녀의 화음과
   노래를 되살려낼 수 있다면,
   정말로 깊은 환희에 젖어,
드높이 울려 퍼지는 음악으로
허공에라도 그 궁전을 지어보련만,
그 해 밝은 궁전! 그 얼음 동굴들을!
그러면 들은 이마다 거기서 그것들을 보고,
한목소리로 소리치련만, 조심하라! 조심하라!
그의 번득이는 두 눈, 나부끼는 머리칼!
원을 짜서 그의 몸을 세 번 휘감아라,**
그리고 두 눈을 꼭 감고 정결하게 경외하라,
그는 꿀-이슬을 먹고 자랐고,

---

* "덜시머"는 공명 상자에 금속의 현을 치고, 자그마한 해머로 현을 두들기며 연주하는 현악기.
** 영감에 사로잡힌 시인이 방해받지 않도록 자신을 보호하려고 원을 그리며 치르는 마법 의식.

낙원의 우유를 마셨나니.

잠의 고통
The Pains of Sleep

나는 침대에 팔다리를 뉘기 전에,
습관적으로 무릎을 꿇고 입술을
오물거리며 기도하기보다는,
조용히, 시나브로 조금씩
내 정신을 사랑에 맡길 뿐이었다.
겸손한 믿음으로 눈꺼풀을 닫고
경건한 체념으로, 소원을 품거나
아무런 생각도 표하지 않은 채,
오로지 애원하는 마음뿐이었다.
내 영혼을 강하게 휘덮는 직감,
나는 약하지만 비참하진 않다고,
내 안에, 내 주변에, 모든 곳에
영원한 힘과 지혜가 있으니까.

그런데 간밤에는 큰 소리로 기도했다
괴로워서 고통스러워서,
나를 고문한 악마 같은 형상들과
상념의 무리에 놀라 벌떡 일어나서.

어떤 번득이는 빛, 짓밟는 군중,
견딜 수 없는 죄책감, 내가
경멸했던 그것들이 벅차게 강력해서!
복수의 갈망, 무력한 의지가
늘 좌절하면서도, 계속 불탔다!
욕망이 혐오와 이상하게 뒤섞여서
사납고 가증스러운 대상들을 겨냥했다.
환상적인 열정들! 미칠 듯한 소동!
만사를 휘어잡는 치욕과 공포!
숨기고 싶어도 숨겨지지 않는 행위들
그 모두가 뒤엉켜서 내가 당한 건지,
내가 행한 건지 도통 알 수가 없었다.
모두가 죄, 가책 혹은 비애 같았기에,
나에게나 다른 사람들에게나 똑같이
삶을 짓누르는 공포, 영혼을 조르는 수치.

그렇게 이틀 밤이 흘렀다. 밤의 낙담이
오는 낮을 슬프게 했다 아찔하게 했다.
만인의 축복, 잠이 나에게는
병病 중에서도 최악의 재앙 같았다.
나 자신의 커다란 비명이
극악한 꿈에서 나를 깨운 셋째 날 밤,

낯설고 사나운 고통에 압도된
나는 마치 어린애처럼 울었다.
그렇게 눈물로 마음이 가라앉아
고통이 좀 누그러지자,
나는 말했다, 그런 벌들은 죄로
아주 깊이 얼룩진 본성 때문이라고 ―
마음속의 측량할 길 없는 지옥에
하염없이 새로이 격동을 일으켜,
일어난 행위들의 공포를 보고는
깨달아 질색하면서도, 바라고 행하나니!
그런 슬픔들은 그런 사람들에게나 어울리거늘,
어이하여, 왜 하필 나를 덮치는가?
사랑받는 것이 나의 유일한 요구요,
내가 사랑하는 이를 진정 사랑할 뿐이거늘.

오터강에게
To The River Otter

소중한 고향 시내! 서부의 거친 실개천이여!
마지막으로 네 가슴 결에 반반하고 얇은 돌멩이를
날리고 돌이 통통 튀는 횟수를 헤아린 후로
참 많고도 다양한 운명 같은 세월이 지나갔구나,
행복한 시간들과 슬픈 시간들! 하지만 어린 시절
그 즐거운 정경들이 가라앉아 깊이 각인되었기에,
내가 눈 부신 햇살에도 두 눈을 감지 않고,
네 물결이 일으키는 온갖 물빛, 너를 건너는 널다리,
잿빛 버드나무들이 자라는 개울가와 다채로운 색조로
가늘게 줄무늬 져서 밝고 맑은 물 사이로 반짝이는
모래 층상까지 직시하는 것이리라! 살아오면서,
어린 시절의 꿈들! 너희도 가끔은 고독한 성년의
걱정들을 달래주곤 했지만, 깨고 나면 허망한 한숨뿐.
아! 다시 한번 속 편한 아이 시절로 돌아갔으면!

묘비명
Epitaph

지나가는 기독교도여, 멈추오! — 하나님의 자식이여, 멈추어,
따듯한 가슴으로 읽어주오. 이 잔디 아래
한 시인, 아니 한때 그리 보였던 이가 묻혀 있나니.
오, 잠시만 에스. 티. 콜리지를 떠올리며 기도해주오.
많은 세월 고통스럽게 숨 쉬며 죽음 같은 삶을
살았지만, 죽어서나마 여기서 삶을 찾을 수 있게!
그가 그리스도를 통해 청했던 찬미에는 자비를 —
바랐던 명성에는 용서를 구하나니. 당신도 그러기를!